城市轨道交通建设系列指南

城市轨道交通工程机电设备安装指南

江苏省住房和城乡建设厅
江苏省土木建筑学会城市轨道交通建设专业委员会　组织编写

中国建筑工业出版社

图书在版编目（CIP）数据

城市轨道交通工程机电设备安装指南/江苏省住房和城乡建设厅，江苏省土木建筑学会城市轨道交通建设专业委员会组织编写．—北京：中国建筑工业出版社，2020.5

（城市轨道交通建设系列指南）
ISBN 978-7-112-25048-6

Ⅰ.①城… Ⅱ.①江…②江… Ⅲ.①城市铁路-铁路工程-机电设备-设备安装-指南 Ⅳ.①U239.5-62

中国版本图书馆CIP数据核字（2020）第075124号

本指南共分10章，主要包括：概述、机电设备安装前准备及现场管理、机电设备安装通用技术、通风空调工程、给水排水系统、配电与照明系统、消防系统、机电设备安装信息化、机电设备安装装配化、调试及检测。全书结合工程实践及典型案例，具有较强的实用性和操作性。

本指南可供城市轨道交通工程设计、建设、施工、监理、建设主管部门、质量监督部门和大专院校等单位相关人员使用和参考，也可作为城市轨道交通相关专业培训教材。

责任编辑：万 李 张伯熙
责任校对：张 颖

城市轨道交通建设系列指南
城市轨道交通工程机电设备安装指南
江苏省住房和城乡建设厅
江苏省土木建筑学会城市轨道交通建设专业委员会 组织编写

*

中国建筑工业出版社出版、发行（北京海淀三里河路9号）
各地新华书店、建筑书店经销
北京红光制版公司制版
南京海兴印务有限公司印刷

*

开本：787×1092毫米 1/16 印张：19¼ 字数：472千字
2020年6月第一版 2020年6月第一次印刷
定价：59.00元
ISBN 978-7-112-25048-6
（35792）

版权所有 翻印必究
如有印装质量问题，可寄本社退换
（邮政编码100037）

《城市轨道交通工程机电设备安装指南》

主编单位：

江苏省土木建筑学会城市轨道交通建设专业委员会

无锡市工业设备安装有限公司

参编单位：

中铁一局集团建筑安装工程有限公司

上海市安装工程集团有限公司

广东省工业设备安装有限公司

中亿丰建设集团股份有限公司

江苏省建筑工程质量检测中心有限公司

南京地铁建设有限责任公司

苏州市轨道交通集团有限公司

无锡地铁集团有限公司

常州市轨道交通发展有限公司

徐州市城市轨道交通有限责任公司

本书编审委员会

顾　　问	钱七虎　陈湘生　缪昌文　周　岚　顾小平
	佘才高　周明保　徐　政　宋晓云　朱明勇
	王　智

本书编写委员会

主　　任	张大春
副 主 任	汪志强　卢红标
主　　编	朱　正　王炤文
副 主 编	刘旭东　詹崇业　董存元
编写人员	（按姓氏笔划排列）

王　晖　王开材　王炤文　卢红标　田炳权
朱　正　朱佳平　刘　玮　刘旭东　李存福
李振秾　豆泽春　吴殿江　沈慧华　张大春
张梦玲　陈小文　陈继龙　胡　静　柏万林
钱奕技　徐彩霞　唐秀芳　黄桂红　萧若霓
董存元　詹崇业　蔡志军　潘俊峰　薛成成

本书审定委员会

主　　任	徐学军
委　　员	鲁　屹　赵　军　王　鹏　马　记　张之启
	刘农光　朱　刚　刘懿敏　姚应征　郝　盛
	潘荣玉　张　猛　卢　蓉　刘光伟

序 一

自 20 世纪 90 年代至现在是中国城市轨道交通快速发展的新阶段。随着经济的快速发展，城市综合规模的迅速扩大，中国城镇化进程的加快，我国的轨道交通也进入了大发展时期。规划建设城市轨道交通的城市迅速增多，大中城市轨道交通正逐步形成网络化，中国正初步形成了以地铁为主体，轻轨、单轨、有轨电车、磁浮、APM 和市域快轨等其他制式为补充的多元化发展格局，城市轨道交通正在高位稳定发展。中国城市轨道交通用不到 30 年的时间，走过了国外发达国家 150 年的发展历程。

实践证明，城市轨道交通在优化城市地下空间结构，促进新型城镇化发展，缓解城市交通拥堵和保护环境等方面显示出无比优越的作用。在大规模、高速度、跨越式发展的阶段，我们必须清醒地认识到，当前我国城市轨道交通建设正面临着一些严峻的问题和挑战。轨道交通建设的前期线网规划、线路、可行性研究、方案设计、比较研究和优化工作不够；在大建设时期还未来得及形成一套系统、完善的管理、勘察、设计、施工、监理、运营等在内的技术与管理标准体系；强调快速建设而压缩工期，强调最低价中标而造成材料设备和施工竞相压价，导致建设投入不足；建设管理薄弱，管理信息化水平不高，风险管理意识薄弱，工程事故时有发生；由于建设项目多、规模大、专业性强，造成目前轨道交通行业技术和管理力量稀释，专业技术人员、管理人员和熟练岗位技术工人严重匮乏，特别是一线操作工人来源短缺，技术水平较低，难以适应需求；工程建设中常见质量问题仍较普遍，质量水平不容乐观。

可喜的是，江苏省土木建筑学会城市轨道交通建设专业委员会在江苏省住房和城乡建设厅、江苏省科协的大力支持下，从 2014 年 10 月成立以来，一直以"建设一批优质工程、带动一批骨干企业、培养一批优秀人才、研究一批急需成果"为己任，先后开展了城市轨道交通工程"835"、"926"科技创新计划，经过 5 年多的努力，终于完成了两轮科技创新任务。两轮科技创新计划涵盖了城市轨道交通科研项目、地方标准和建设指南。其中编写的一套《城市轨道交通建设系列指南》，始于城轨需求，源自城轨实践；有理论，更有经验的提炼；有系统性，更重操作性，可喜可贺！本套丛书的问世，顺应了"聚焦高质量发展"新时代的要求，将对我国城市轨道交通建设水平的提升起到积极和重要的促进作用。

中国工程院院士、国家最高科学技术奖获得者：钱七虎

2019 年 12 月 9 日

序 二

从 1863 年英国伦敦第一条地铁线到 1965 年我国北京地铁一号线建设以来，因快捷准点、运输量大、节能环保等优点，城市轨道交通已成为百姓出行首选的交通工具。截至 2019 年 9 月底，我国已有 43 个城市运营突破 6300 公里；在建里程达 6600 公里。截至 2019 年 12 月，江苏省城市轨道交通已有 7 个地级市运营或在建，其中运营地铁 18 条线 704.5 公里、有轨电车 5 条线 83.8 公里；在建地铁 19 条线 539.4 公里。

城市轨道交通工程建设涉及土木工程、机电工程和管理工程等近 40 个专业。随着我国城市轨道交通进入高速发展阶段，该领域的管理、勘察设计、监理、施工、检测、监测等专业人员紧缺，安全与质量管理面临着严峻的问题和挑战。因此，项目管理、安全与质量风险管控，技术与管理人员管理水平等亟待提升。

为此，江苏省土木建筑学会城市轨道交通建设专业委员会（以下简称江苏城轨专委会）自 2014 年成立以来，一直把科技创新工作放在首位。先后联合了省内外城市轨道交通建设 110 余家勘察设计、施工、监理、检测、监测、科研院所、监管等单位和部门，共同开展了两轮科技创新活动，取得了一批可喜的成果。已出版了第一批《城市轨道交通建设系列指南》7 本、省级地方标准 6 本和 10 余项重要科研成果，第二批《城市轨道交通建设系列指南》将有 10 余本陆续出版，相关成果对推动城市轨道交通建设高质量发展起到了很好的引领作用。

组织《城市轨道交通建设系列指南》的编写，反映了江苏城轨专委会想城轨建设所想，急城轨建设所急，具有前瞻眼光和强烈的责任感。组织编写这样一套系列丛书，工程浩大，需要组织协调和筹集大量人财物。从选题、立项、确定主参编单位和人员、每本书的大纲和定位，到编写过程中邀请国内相关专家的数轮指导审核把关，付出了艰辛的努力；他们坚持不流于形式、不急于求成，坚持实用、创新、引领和指导等原则，体现了编审委员会严谨、求实和负责的态度和精神。

系列指南涵盖了我国城市轨道交通建设的多个领域，涉及面广。它的陆续出版，是我国城市轨道交通建设的一件盛事和喜事。编写者在城轨一线边工作边写作，边调研边提炼总结，对现行标准规范融会贯通，集思广益，倾注了大量的心血。他们紧扣该领域建设的实际需要，突出问题导向，突出经验总结和梳理，突出实用性和操作性，奉献出了一本本图文并茂、可读性强，集指导性、实用性、专业性为一体的指南，可喜可贺！系列指南的问世将对我国城市轨道交通工程建设水平的提高和高质量发展具有重要的促进作用。

陈湘生，博士，教授，中国工程院院士
深圳大学土木与交通工程学院院长
深圳市地铁集团有限公司技术委员会主任
2019 年 12 月 9 日

序 三

随着城市建设的快速发展,城市轨道交通作为百姓出行的首选方式,其工程建设也进入迅猛发展时期。针对如此大规模的城市轨道交通建设任务,为提高工程整体建设水平,急需在施工质量控制、新材料研究及应用、安全管理标准化、检测监测技术研究、建设项目管理等多方面编写一系列指南来指导工程建设。

江苏省土木建筑学会城市轨道交通建设专业委员会(以下简称江苏城轨专委会)作为科技社团,2014年10月成立以来,紧紧围绕城市轨道交通建设"四大目标"和"六项任务"开展工作。"四大目标"即:建设一批优质工程、带动一批骨干企业、培养一批优秀人才、研究一批急需成果;"六项任务"即:搭建交流平台、开展标准(课题)研究、提供咨询服务、组织人才培训、指导工程创优、发挥助手作用。

通过5年多的努力,江苏城轨专委会充分发挥专家团队的技术优势,积极开展系列科技创新活动。先后牵头组织省内外110余家单位,近800人共同开展城市轨道交通"835"和"926"计划,参加的单位有城市轨道交通参建单位、高等院校、科研院所以及政府主管部门等,目前已基本完成全部科技创新计划任务。

系列指南的编写立足于城市轨道交通建设,内容丰富,书中大量的观点、做法、数据和案例都来自各编写单位一线工程实践经验,具有鲜明的工程特色,同时还引用了国内大量最新发布的标准和规范性文件,在写法上做到了图文并茂,整体具有较好的先进性、创新性和实用性。

本轮系列指南在编写过程中凝聚了全体主参编、审定人员的智慧和辛勤汗水,对推动城市轨道交通工程高质量发展具有非常重要的指导价值。

中国工程院院士:

2019年12月18日

序　　四

近年来，江苏省城市轨道交通工程建设进入大规模、高速度、跨越式发展阶段。自 2000 年南京地铁 1 号线开工建设以来，先后有苏州、无锡、常州、徐州、南通、淮安及昆山等地陆续开工建设，截至 2019 年 12 月，江苏省城市轨道交通在建和投入运营的线路（含有轨电车）共 42 条，共 1327.7 公里；预计到"十三五"末将达到 1400 公里左右。

城市轨道交通工程建设周期长、施工环境复杂、风险大，涉及专业众多。多年来，我省各级建设主管部门和奋战在我省城市轨道交通建设战线的广大管理和技术人员，在轨道交通工程建设和管理方面十分重视向北京、上海、广州、深圳等兄弟城市学习，同时结合江苏省的实际和特点进行探索，并注重实践经验的积累和总结。2014 年 7 月 25 日，江苏省住房和城乡建设厅下发了"关于开展江苏省城市轨道交通工程建设系列指南（标准）编写工作的通知"，并委托江苏省土木建筑学会城市轨道交通建设专业委员会具体实施。通过 110 余家单位、近 800 人的攻关，首批系列指南已正式出版发行。第二批指南也列入江苏省住房和城乡建设厅科技创新工作计划，计划到"十三五"末，基本建立和健全江苏省城市轨道交通建设标准体系。目前，已出版了第一批《城市轨道交通建设系列指南》7 本、省级地方标准 6 本和 10 余项重要科研成果，第二批《城市轨道交通建设系列指南》有 10 余本也陆续出版，相关成果对推动城市轨道交通建设高质量发展起到了很好的引领作用。

组织编写《城市轨道交通建设系列指南》，是我省城市轨道交通建设史上的一件大事，是全面总结和提高我省城市轨道交通建设水平的重要工作。江苏省土木建筑学会城市轨道交通建设专业委员会在组织编写系列指南过程中，积极协调各方资源，严密组织编写过程，坚持每本指南召开编写大纲、中间成果、修改后成果三次评审会和最终成果专家审定会，每次会议均邀请国内城市轨道交通建设专家学者严格把关，经过多次反复沟通修编，较好地保证了指南编写的质量。

由于江苏省城市轨道交通建设起步较晚，建设经验与兄弟省市相比还有较大的差距，系列指南（标准）的编写还存在许多不足，希望编委会和广大编写人员继续向兄弟省市学习，向实践学习，不断改进、总结和完善，为城市轨道交通建设作出积极的贡献。

江苏省住房和城乡建设厅党组书记：

2019 年 12 月 16 日

前 言

城市轨道交通机电设备安装技术发展日新月异，机电设备安装不仅关系到整个工程建设的质量，更是直接关乎城市轨道交通的运营质量。为指导城市轨道交通机电设备安装参建各方提高机电设备安装工程质量水平，江苏省住房和城乡建设厅、江苏省土木建筑学会城市轨道交通建设专业委员会组织无锡市工业设备安装有限公司等单位，共同编写本指南。

本指南编写组在广泛调研近年来国内部分城市轨道交通机电设备安装工程经验和做法的基础上，总结了城市轨道交通机电安装中的新材料、新工艺、新技术、新方法，以现行国家标准、行业标准及相关规定为依据，结合多家参编单位多年来从事城市轨道交通机电设备安装积累的经验，经提炼和梳理后献给读者。

本指南共分10章，涵盖了城市轨道交通通风空调、给水排水、配电与照明、消防等机电设备安装前的准备及管理、通用安装技术及典型做法、安装常见的问题及解决方法。其中，第1章概述。简述城市轨道交通机电安装的特点及发展、常见共性问题及主要解决方式。第2章机电设备安装前准备及现场管理。讲述机电安装进场前与业主、土建、设计及监理等单位协调所做的准备工作、地盘属地管理、地盘标准化管理、关键环节的质量控制措施、隐蔽工程质量控制措施和施工安全管理措施。第3章机电设备安装通用技术。主要讲述综合管线布置及综合支吊架应用、机电设备接地及管道等电位连接。第4章通风空调工程。主要讲述通风空调工程施工过程常见问题及处理措施、典型做法和工厂化加工在通风空调安装工程中的应用。第5章给水排水系统。第6章配电与照明系统。第7章消防系统。第8章机电设备安装信息化。第9章机电设备安装装配化，主要讲述机电设备装配化的实施模式、预制生产、运输及安装。第10章调试及检测。主要讲述联调的组织、联调统筹措施、系统间接口测试及局部联调、总联调及报告，同时对材料设备的检测及检查方法进行了论述。

本指南在编写过程中得到国内部分城市轨道交通相关单位和专家的大力支持和帮助，在此一并表示诚挚的感谢和敬意。同时，由于编者水平有限，难免存在不足之处，敬请读者谅解并提出宝贵意见，并反馈到江苏省土木建筑学会城市轨道交通建设专业委员会，以便于指南的进一步修订和完善。

本书编审委员会
2020年3月

目 录

第1章 概述	1
1.1 城市轨道交通工程机电设备安装特点	1
1.2 城市轨道交通工程机电设备安装现状	2
1.2.1 常见共性问题分类	2
1.2.2 主要解决方式	4
1.3 城市轨道交通工程机电设备安装发展	6
第2章 机电设备安装前准备及现场管理	8
2.1 进场前与各相关单位的协调所做的准备工作	8
2.1.1 外部协调管理组成	8
2.1.2 外部协调管理的主要措施	8
2.2 地盘属地管理	12
2.2.1 地盘管理权责	13
2.2.2 现场管理	14
2.3 地盘标准化管理	15
2.3.1 出入口标准化管理	15
2.3.2 施工期间车站平面布置	16
2.3.3 车站垃圾清运	17
2.3.4 地铁施工临时照明及疏散指示灯安装要求	18
2.3.5 施工围蔽及出入口大门标准	19
2.3.6 施工标识标牌	20
2.3.7 临边、孔洞防护管理	20
2.3.8 工程形象进度报告管理	22
2.3.9 成品保护管理	23
2.4 关键环节的质量控制措施	28
2.4.1 施工测量控制	28
2.4.2 设备材料质量控制保证措施	29
2.4.3 机电安装工程质量控制措施	31
2.4.4 装修工程质量控制措施	32
2.5 隐蔽工程质量控制措施	32
2.5.1 安装工程隐蔽工程质量控制措施	32
2.5.2 建筑装修隐蔽工程质量控制措施	33
2.6 施工安全管理措施	34
2.6.1 安全基础工作	34
2.6.2 施工现场的安全注意事项	35

    2.6.3 事故隐患的控制 ··· 38
    2.6.4 安全教育和培训 ··· 39
    2.6.5 消防保证措施 ··· 41
    2.6.6 施工现场安全保卫方案 ·· 42

第3章 机电设备安装通用技术 ·· 44
3.1 综合管线布置及综合支吊架应用 ·· 44
    3.1.1 综合管线布置 ··· 44
    3.1.2 综合支吊架应用 ··· 49
3.2 机电设备接地及管道等电位连接 ·· 52
    3.2.1 设备房接地 ··· 52
    3.2.2 设备管道等电位连接 ·· 53
    3.2.3 防雷接地 ··· 54
3.3 防火封堵 ··· 54
    3.3.1 风管防火封堵 ··· 54
    3.3.2 水管防火封堵 ··· 56
    3.3.3 电气线管穿墙防火封堵 ·· 56
    3.3.4 电气线槽穿墙防火封堵 ·· 56
    3.3.5 箱/柜防火封堵 ··· 57
3.4 标识 ··· 58
    3.4.1 电线电缆标识牌 ··· 58
    3.4.2 防雷接地点标识 ··· 59
    3.4.3 管道标识 ··· 60
    3.4.4 设备与阀门标识 ··· 61

第4章 通风空调工程 ·· 62
4.1 通风空调工程系统及组成 ··· 62
    4.1.1 系统简介 ··· 62
    4.1.2 风管制作 ··· 63
    4.1.3 风管部件与消声器制作 ·· 66
    4.1.4 风管系统安装 ··· 68
    4.1.5 通风与空调设备安装 ·· 73
    4.1.6 空调水系统管道与设备安装 ··· 76
    4.1.7 防腐与绝热施工 ··· 79
    4.1.8 系统调试 ··· 83
4.2 通风空调工程施工过程常见问题及处理措施与典型做法 ············ 86
    4.2.1 施工过程常见问题及解决办法 ··· 86
    4.2.2 通风空调工程施工典型做法 ··· 89
4.3 推广工厂化加工成品在地铁通风空调工程施工中的应用 ············ 92

第5章 给水排水系统 ·· 94
5.1 给水排水系统组成 ··· 94

5.1.1	城市轨道给水系统	94
5.1.2	排水系统及卫生器具	99

5.2 给水排水系统的典型做法 ··· 103

5.2.1	套管的预留	103
5.2.2	支架的制作及安装	104
5.2.3	螺纹连接处防腐处理	104
5.2.4	水管防火封堵	104
5.2.5	水泵接地	104
5.2.6	设备阀门安装	104
5.2.7	卡箍连接管道支架的设置	105
5.2.8	管道金属保护壳	105
5.2.9	区间废水泵房	106
5.2.10	卫生间洁具安装	106
5.2.11	管道标识、阀门挂牌	106
5.2.12	弯头托架	107
5.2.13	保温管道穿墙处理	107

5.3 给水排水工程施工过程常见问题及解决方法 ··· 108

5.3.1	管道支架形式选用不当	108
5.3.2	支架安装间距不合理	109
5.3.3	套管选用不匹配	109
5.3.4	管道穿越伸缩缝、沉降缝时未采取措施	109
5.3.5	阀门安装位置不符合要求	110
5.3.6	阀门关闭不严及有泄漏	110
5.3.7	卫生器具安装不规范	111
5.3.8	保温结构松散及保温层厚度不均	111

第6章 配电与照明系统 ··· 113

6.1 配电与照明系统 ··· 113

6.1.1	城市轨道交通工程配电与照明系统概况	113
6.1.2	城市轨道交通工程配电与照明系统施工流程、工艺及方法	115
6.1.3	城市轨道交通工程配电与照明单系统调试	143

6.2 配电与照明系统典型做法 ··· 148

6.2.1	车站照明配电房综合布置典型做法	148
6.2.2	环控电控室综合布置典型做法	151
6.2.3	车控室综合布置典型做法	153

6.3 配电与照明系统常见问题及解决方法 ··· 154

6.3.1	管槽敷设常见问题及解决方法	154
6.3.2	狭小空间的电气管线支吊架常见问题及解决方法	155
6.3.3	电气管槽与配电柜（箱）连接常见问题及解决方法	157
6.3.4	设备房接地系统施工常见问题及解决方法	158

  6.3.5 区间电气管线施工常见问题及解决方法 ································ 160
  6.3.6 区间隧道长距离电缆敷设常见问题及解决方法 ························ 162
  6.3.7 管槽防火封堵常见问题及解决方法 ·· 163
  6.3.8 设备吊装与运输常见问题及解决方法 ···································· 164
  6.3.9 专业接口及协调配合常见问题及解决方法 ······························ 165
  6.3.10 同一房间开关、插座常见问题及解决方法 ···························· 165

第7章 消防系统 ·· 167
7.1 防烟及排烟系统 ·· 167
  7.1.1 系统简介 ·· 167
  7.1.2 典型做法 ·· 167
  7.1.3 常见问题及处理措施 ·· 169
7.2 消火栓系统 ·· 174
  7.2.1 施工准备 ·· 174
  7.2.2 操作工艺 ·· 175
  7.2.3 施工过程质量控制 ·· 180
  7.2.4 消防水泵 ·· 184
  7.2.5 区间消防系统 ·· 186
7.3 自动喷水灭火系统 ··· 190
  7.3.1 喷淋系统安装要求 ·· 190
  7.3.2 施工工序 ·· 190
  7.3.3 消防水泵接合器安装 ·· 192
  7.3.4 报警阀组、水流指示器安装 ··· 192
  7.3.5 其他组件安装 ·· 194
  7.3.6 阀门安装 ·· 194
7.4 气体灭火系统 ·· 196
  7.4.1 管道安装 ·· 196
  7.4.2 设备安装 ·· 198
7.5 消防给水及灭火设施典型做法及常见问题和解决方法 ····························· 201
  7.5.1 卡箍连接管道支架的设置 ··· 201
  7.5.2 丝扣连接处防腐处理 ·· 201
  7.5.3 管道穿楼板 ·· 201
  7.5.4 设备地脚螺栓防水防腐保护 ··· 202
  7.5.5 常见问题及解决方法 ·· 202
7.6 消防配电与应急照明、疏散指示标志 ·· 206
  7.6.1 系统简介 ·· 206
  7.6.2 消防配电与应急照明 ·· 206
  7.6.3 疏散指示标识 ·· 211
  7.6.4 典型做法 ·· 212
  7.6.5 常见问题及处理措施 ·· 212

7.7 防火分隔 218
  7.7.1 系统简介 218
  7.7.2 防火卷帘 218
  7.7.3 防火门、窗 219
  7.7.4 典型做法 220
  7.7.5 常见问题及处理措施 221
7.8 挡烟垂壁 223
  7.8.1 系统简介 223
  7.8.2 施工工艺 223
  7.8.3 施工方法 223
  7.8.4 典型做法 225
  7.8.5 常见问题及处理措施 225

第8章 机电设备安装信息化 226

8.1 信息化概况 226
  8.1.1 信息化应用现状 226
  8.1.2 信息化应用特征 227
  8.1.3 信息化应用发展 227
8.2 信息化应用 228
  8.2.1 信息化建设内容 228
  8.2.2 信息化应用构建方式 229
  8.2.3 深化设计 229
  8.2.4 工厂化预制 233
  8.2.5 机械化施工 234
  8.2.6 机电设备全生命周期运维管理 237
8.3 信息化典型做法 240
  8.3.1 BIM深化设计 240
  8.3.2 工厂化预制信息化管理 241
  8.3.3 施工过程信息化管理 243
  8.3.4 全生命周期运维管理 244
8.4 信息化施工常见问题及措施 246
  8.4.1 信息化施工常见的问题 246
  8.4.2 有效措施 246

第9章 机电设备安装装配化 250

9.1 装配化概况 250
  9.1.1 装配化施工的优点 251
  9.1.2 装配化目前存在的问题 251
  9.1.3 装配化施工的发展 252
9.2 装配化的实施模式 253
  9.2.1 装配化实施流程 255

9.2.2	预制构配件的科学拆分	257
9.2.3	连接节点处理	258
9.2.4	设备、部件标准统一	260
9.2.5	数据传承及模拟施工	261

9.3 装配化的预制生产及运输 263
- 9.3.1 生产管理 263
- 9.3.2 预制生产 263
- 9.3.3 成品运输 268

9.4 装配化安装 268
- 9.4.1 管线组装式安装 268
- 9.4.2 整体式安装 269
- 9.4.3 模块化安装 271

第10章 调试及检测 276

10.1 城市轨道交通工程机电安装调试 276
- 10.1.1 机电系统联动调试概述 276
- 10.1.2 机电系统联动调试的组织 277
- 10.1.3 机电系统联动调试具备的条件 277
- 10.1.4 机电系统联动调试的统筹措施 277
- 10.1.5 机电系统间接口测试及局部联动调试 277
- 10.1.6 机电系统总体联动调试框图 279
- 10.1.7 机电系统调试报告 280

10.2 城市轨道交通工程机电安装检测 281
- 10.2.1 材料设备的检测 281
- 10.2.2 通风空调系统检测 285
- 10.2.3 给水排水系统检测 290
- 10.2.4 配电及照明系统检测 291

参考文献 294

第1章 概 述

随着我国城市化进程的加快，城市轨道交通迅速发展，城市轨道交通工程量在逐年增加。机电设备安装是轨道交通建设工程建设中一项重要的工作内容之一，其安装水平的高低直接决定着轨道交通建设工程质量和运营品质的好坏。机电设备安装属于一项综合性比较强的工程，在安装的过程中常常会和土建工程以及城市轨道交通的其他专业交叉施工，安装技术要求比较严格。为了保证城市轨道交通的安全和稳定运行，提高机电安装工程品质具有很重要的现实意义。

城市轨道交通机电设备安装工程一般包括通风系统、给水排水及其消防系统、动力供配电系统及照明系统等专业，这些专业不仅与城市轨道交通的其他专业存在着施工接口，还需要同其进行交叉施工。城市轨道交通施工过程中机电设备安装比重较大，质量要求高，存在大量的管理协调工作，在整个轨道交通工程建设中具有举足轻重的地位。

1.1 城市轨道交通工程机电设备安装特点

机电设备安装设计的工作环节多而复杂，既要安装好机电设备，还要与其他工程项目配合与协调，实现机电设备安装质量的提升。此外机电设备安装还涉及众多专业，如取暖、给水排水、消防、通风等，并且设备的安装、调试和运行，必须要有完善的施工技术和管理。

城市轨道交通工程机电设备安装特点：

（1）专业管线多且排布集中，需要综合平衡技术进行排布，施工作业难度大。除与车站公用建筑相关的管线外，还有列车的牵引系统、接触网、通信系统、信号系统，虽不属于建筑监督范围，但又和建筑系统管线有交叉关系。

（2）设备材料性能要求高。地铁的设计使用寿命达到100年，使用频率高，设备磨损率大，所以采用的材料必须耐磨、耐腐蚀且可靠性高。例如给水排水采用二次镀锌，电气设备和灯具的防护等级均为IP54以上，电缆桥架采用铝合金等。

（3）地下部分环境湿度大，影响施工中安全及运行后设备平稳工作。主体结构交出时间不一，对设备安装有较大影响。

（4）设备运输通道狭窄，设备不能到位时会造成砌体拆除。出入口均与地面交通网络相连接，地面可占用的面积小，进、出地铁站不易，对运输车辆管理和控制非常严格，对材料、设备的进场和吊装非常不利。为此，在施工前，必须对施工作业周密布置和安排。

（5）智能化程度高，试验、调试难度大。城市轨道交通工程采用先进的材料设备及控制系统，且机电系统多、控制点多。在设备及系统完成安装后，均要求进行深度全面的调试工作，以达到尽可能早发现存在问题的目的，因此调试工作量大，质量要求高。

城市轨道交通工程机电设备安装根据时代的发展，不断应用最前沿的安装技术和工艺，同时调整相应的检测技术和检测设备。为了适应城市轨道交通建设质量要求，不断引进先进安装技术，使用最新的安装设备，努力优化施工技术，这样才能在时代发展中为城市轨道工程机电设备安装技术提供坚实动力。针对当前城市轨道交通工程建设特点，需要在机电设备安装的整个过程注意施工新技术应用和加强质量管理，保证在规定期限内完成安装目标。

1.2 城市轨道交通工程机电设备安装现状

随着城市化率不断提高，城市轨道交通已经逐渐成为城市最主要的交通工具，在缓解日益拥挤的交通问题上发挥着举足轻重的作用，我国城市轨道交通在一个相当长的时期内快速、健康地发展。"十二五"以来，中国城市轨道交通进入了一个蓬勃发展时期，也是城市轨道交通工程机电设备安装行业的全面发展时期，因此如何做好城市轨道交通机电设备安装工程具有重要意义。

机电设备安装技术起步早且发展迅速，现已形成较为完整的技术体系，但是伴随社会经济不断发展，城市规模不断扩大，机电设备类型不断丰富，社会对于机电设备安装工作提出全新的要求及标准。同时随着城市轨道交通不断发展，我国适应于轨道交通工程环境下的机电设备及设备安装应用越来越广泛。现阶段，各大机电系统设备行业为了提升企业的竞争力，不断开发和引进较为先进的自动化设备、智能化设备，轨道交通工程机电设备安装涉及的知识面较广，其安装的对象变得复杂，安装的工艺方法也在不断的改变。现有的机电设备及设备安装技术、工艺正随着轨道交通服务品质要求的提升而逐步改进创新。

1.2.1 常见共性问题分类

对城市轨道交通机电设备安装工程建设中常见问题分类分析，总结城市轨道交通机电安装工程在质量、效率、工期、整体设计以及总体运行服务上的问题。

1. 来源于总体设计中的共性根源问题

（1）总体设计可能由于种种原因对机电安装各专业和其他相关专业、设计单位在联控、平衡、协调能力等方面考虑不到位，导致土建设计、装修深化设计与机电设备系统设计接口存在严重偏差。各专业设计变更频繁导致缺漏项较多，造成站台、站厅层综合管线设计布局紊乱，甚至出现各专业设备布置相互干涉、影响使用功能、不便维修等现象。

（2）城市轨道交通机电安装工程施工各个部分的专业强，不同的施工部位有专门的设计单位，设计单位与施工单位的交流互通不够，导致融合度不高，不能在整体上确保施工建设的高效率实施。

（3）设计交底与图纸会审不严谨。用于设计交底和图纸会审的时间很短，从会议组织、移交说明和设计交底书，各个专业分组审图到会议结束，一般就2～3h，而且若不能认真对待，直接会导致本该在会审时解决的问题未能解决。

2. 施工建设中的共性问题

（1）施工点多分散，管理难度较大。作业点多而分散，现场施工管理难度大。城市轨道交通工程一般位于城市最繁华的商业区，这增大了施工管理难度。

（2）城市轨道交通各个专业施工次序及交接标准问题。城市轨道交通建设涉及建筑装饰、机电安装工程，是多功能、多专业的综合性公共交通工程。包括土建、铺轨、牵引系统、接触网、信号系统、自动扶梯、电梯、电力监控（SCADA）、车站设备监控（BAS）、防灾报警（FAS）、屏蔽门、防淹门、防火门、公共区装修等多专业项目施工，专业工种交叉作业频繁，各施工单位之间的配合协调要求高。

（3）施工环境复杂，对外部关系协调及文明施工要求特别高。施工场地狭窄、施工环境恶劣，交通运输困难；施工所处的环境复杂、场地狭窄，其出入口均与地面交通网络相连接，地面可占用的面积小，进、出地铁站不易，对运输车辆管理和控制非常严格，对材料、设备的进场和吊装非常不利。城市轨道交通施工对城市交通、生活影响较大。

（4）主体结构交出时间不一，对机电设备安装有较大影响。例如地铁车站均设置在城市交通繁忙或重点建筑物的附近，每个地铁站均在一定程度上占用了公共交通区（各站有3个以上出入口与地面接触）。结构交出时间不一（特别是附属结构），造成机电设备安装交叉干扰大，同时，施工边界条件较为复杂，对工程的总工期和各关键工期形成限制条件。

（5）城市轨道交通机电设备安装管线布置易存在的问题。城市轨道交通工程的自动化程度较高，与之相对应的则是各个专业的管线系统的集成度越来越复杂。支吊架的吊杆过多导致走廊吊顶上方支吊架无法生根或者管线及支吊架间过分拥挤，运营维护无法进行有效检修。各专业需要各自在顶棚打孔安装膨胀螺栓固定吊杆底座，孔眼多达十余处，对结构面的破坏较为严重。各个专业独立施工，工序协调复杂，各个专业之间的容错率不高易引起返工。

（6）安全问题。在设备安装调试中存在高处作业、在搭设脚手架及施工操作中安全要求高。施工区间窄小，给材料、设备吊装、运输及安装造成很大难度，因此其安全问题是重中之重。

3. 调试中的共性问题

机电设备的调试是城市轨道交通工程建设中的重要工序。常见调试内容包括设备单机试运行、电气系统调试、给水排水系统调试、通风空调系统调试、消防系统调试等。

（1）专业系统多，难度大，需要大量经验丰富、了解各个专业系统工作原理的专业人才。

（2）工期紧、调试工作量大、调试质量要求高。机电设备的安装与调试工作的好坏影响城市轨道交通工程的建设及运营成本。

（3）常见调试问题多，原因复杂。例如电源绝缘的不达标、水泵运转电流过大，中央空调水系统动态不平衡、EPS蓄电池组充电不均衡等。

4. 运行维护中的共性问题

（1）城市轨道交通中设备数量庞大，设计专业多、自动化程度高，设备运维管理工作繁多，对维护管理人员技术水平要求高。

（2）机电设备运行维护管理及技术经验的需要继续有效传承应用。

（3）计划检修及故障抢修模式，易产生过剩维修。

（4）对运行设备分析、评估少，难以发现内部故障隐患。

（5）智能化系统多而复杂，缺乏统一的规范。

（6）运行维护管理成本高。

1.2.2 主要解决方式

1. 总体设计中重点问题主要解决方式

(1) 从总体设计入手，从源头抓起，从各类接口进行严格的控制和管理，总体设计应保持高度的重视并随时关注其进程。

(2) 安装人员必须紧抓各个专业中之间接口的协调管理，在施工前做好完全的方案设计、图纸交底和施工准备等工作。

(3) 总体设计的团队应该派遣代表人员，定期深入施工现场，开展设计图纸交底和技术交底等工作。

2. 施工中重点问题主要解决方式

(1) 施工现场管理。例如地铁车站一般地处繁华路段，地铁车站的施工全貌将展现在城市人民的面前。因此对施工现场管理至关重要。将施工现场的管理作为第一重点，设立专门的管理机构（质量安全组及现场文明管理组）对现场进行专门的管理，配备足够的管理人员，对现场着装、行为规范、安全防护、文明施工等进行严格的管理。

(2) 加强综合协调，确保总体进度；加强沟通，保证系统接口顺畅。面对车站机电设备安装工程工期紧、交叉作业多、环境复杂、涉及的单位多，工程组织和协调是施工问题，应考虑各专业的进场时间和场地安排，确保总体进度。做好沟通工作，保证系统接口顺畅。为确保工程的顺利实施，必须做好施工进度计划，确保主要资源及时进场。

(3) 规划好施工现场和材料、设备运输及场地布置，确保工程的顺利开展。由于地铁车站的施工占用交通道路，受现场和周边环境的限制，机电安装工程涉及的材料设备品种多、数量大，所以材料设备的运输、吊装和存储是车站设备安装的重点。在施工前，应熟悉现场，做好切实可行的方案，充分考虑各种影响因素，确保材料、设备及时到位。对各专业和各工种的进场时间、工作量、施工劳动力、材料设备进场要统筹安排，尽可能错开各专业、各工种的施工高峰期，同时组织各专业进行多班次轮番作业，保证人停机不停的施工。加强各专业的深化设计，合理进行管线的综合排布。

(4) 专业施工区域：

1) 冷冻主机房、环控机房、高低压配电房等设备房重点区域的施工。冷冻主机房、环控机房、高低压配电房等设备房是设备管线集中的地方，同时也是各系统的核心部分。在施工前应做好充分的技术准备，对各管线设备加以规划和布置，确保设备机房布线美观，管线流畅。

2) 站台板底、站台、站厅层吊顶内、设备房走廊等管线密集的区域。这些区域属于施工重点区域。以上区域管线密集，安装空间尺寸有限，管线直接暴露在视线范围之内，如何保证各管线合理有序安装是重点。作为机电安装单位，在施工前必须对这些重点区域进行总体布局，结合现场实际情况做出综合管线的布置并绘制综合管线布置图，通过会签以便各专业管线的合理安排，保证工程的顺利实施；在施工前，组织机电安装各专业进行协调，布置好各专业管线的相关位置，保证以最合理的布局，减少管线的交叉，充分考虑施工和运行维护空间要求。

(5) 大型设备吊装运输。车站设备安装系统中大型设备多，其运输、吊装是地铁车站设备安装工程的重点之一。

1) 在运输、吊装施工中应确保安全,必须采取相应的技术安全措施操作。

2) 冷水机组、隧道风机、组合风阀等大型设备必须尽早安装,在安装前必须详细的布置和规划,以免影响后续工序作业。

3) 由于车站设备安装施工进入时,土建盾构及施工出入口大多数已封闭,无法利用,只能利用各车站的风口进行设备的垂直运输以及地下的水平运输,所以在施工准备时,对于各专业较大型、重型的设备、材料应仔细核对其外形尺寸及重量。对吊装入口尺寸需要仔细计算,同时在地下部分的水平运输也要提前查勘线路有无障碍。

(6) 轨道通行区作业。轨道通行区部分风管位于轨道通行区上方,其轨顶风管、风口安装质量的好坏涉及以后行车的安全。因此,该区域风管、风口安装是地铁车站设备安装工程的重点之一。

轨道通行区范围的电气管线、灯具、广告牌、给水排水管道、轨顶风管施工,应申请轨道通行区作业令,并得到有关部门批准后方可进场施工。进入此范围的作业人员应配置反光服、警示灯等安全防护用品,并在作业令准许作业时间内施工。

(7) 安全问题。在设备安装调试中存在高处作业、在搭设脚手架及施工操作中安全要求高。施工区间窄小,给材料、设备吊装、运输及安装造成很大难度,因此其安全问题是重中之重。

1) 高处作业配备安全绳、安全帽、安全鞋、安全网。不允许独立 1 人作业操作,工作面应保证 2 人以上。

2) 设备吊装、运输时,应做好安全保护工作。特别是遇到场地窄小时,应采取措施,确保操作人员及设备的安全。

3) 工地材料、设备应派人 24h 值班,切实做好防盗等工作,确保施工区设备、材料等各方面的安全。

4) 定期对所有管理人员及工人进行安全教育,工地配齐专职安全员进行巡视,切实做好防火、防触电、防坠落等安全工作。

5) 施工区的坑、洞等应做好围挡、警示工作,夜间应设警示灯,确保行人安全。

6) 在地下作业时应确保原有管线、构筑物的安全,并采取加固、支撑、锚固等措施。

3. 调试中重点问题主要解决方式

(1) 调试工作中需要专业工程师有丰富的地铁施工经验,要了解各专业系统工作原理,这样才能更好地配合各系统专业进行调试工作。如动力照明施工中设备送电时往往碰到二次回路未断开,导致电缆绝缘测试值达不到送电要求,这时就需要专业工程师在送电前熟悉系统原理图,准确断开二次回路及负载回路,保证送电设备一次成功。

(2) 成立调试组织,统筹总体组织、管理和协调。在各专业承包单位的参与下,组建调试组织,下设各专业调试小组、资源保障小组和应急小组。统一指挥和协调各项调试工作。

(3) 围绕重点编制合理的调试流程,全面指导联合调试的组织与管理,组织编制各项调试方案,指导各专业的具体调试工作。

(4) 设备调试中问题多、任务重,需要遵循两项基本原则:其一,"五先五后"原则,即先单机后联动;先就地后遥控;先点动后联动;先空载后负载;先手动后自动;其二,"安全第一"为基本准则;人身安全与设备安全必须放在第一位考虑,不能急于投运或因大意而淡化安全调试的重要性。

4. 运行维护中重点问题主要解决方式

（1）强化地铁机电设备维修管理人员培养，提高维修管理水平并增加预防性设备养护理论的应用，对地铁机电设备维修管理人员、维修人员以及部门领导的专业素质有着较高的要求。

（2）强化地铁机电设备维修过程的技术监督，提高维修质量。通过维修过程中的技术监督，确保维修人员按照维修、安装规范进行零部件的更换及维修，确保安装质量符合机电设备运行需求。

（3）以城市轨道交通工程机电设备实际使用情况为基础建立维修数据库，并通过对数据库信息的掌握与分析、智能化的运维管理，提高预防性维修理论的应用效率。

（4）建立预防性维修管理体系，提高维修管理工作效率。城市轨道交通运营管理部门以预防性养护系统为中心建立维修管理体系，针对机电设备特点及运行环境，确定预防性维修重点及内容，以此提高机电设备运行安全性。

（5）提高预防性维修理论应用效果。预防性维修理论的应用对机电设备基础情况的要求较高，需要机电设备维修管理部门掌握机电设备的实际运行情况。实现对机电设备的科学维修，减少传统养护方式对地铁运行的影响，避免传统维修方法造成零部件更换成本过高现象。

（6）多样化机电设备运维管理模式。激烈竞争机制下，带来维保成本及服务质量等方面的最优控制，实现运用成本的有效控制，以及运行综合效益的最大化。

1.3 城市轨道交通工程机电设备安装发展

进入21世纪以来，具有节能、快捷和大运量特征的城市轨道交通建设受到众多城市的关注。城市轨道交通是采用专用轨道导向运行的城市公共客运交通系统，包括地铁系统、轻轨系统、有轨电车、单轨系统、自动导向轨道系统、市域快速轨道系统和磁浮系统。畅通、高效、可靠的交通出行不仅是出行者选择出行方式的基础，更是城市交通管理者追求的目标，所以，城市轨道交通凭借快速、便捷、安全、运量大和运输效率高等特性，成为城市公共交通的重要组成部分。在中国已经运营轨道交通的城市中，越来越多的居民选择乘坐轨道交通出行。我国城市轨道交通建设的发展趋势：

（1）规模增大。随着经济发展，城镇化速度不断加快，特别是东部沿海区域城镇化率不断增高，某些地区由于城市体制的改变，致使城市市区规模越来越大，城市轨道交通需求增大，城市轨道交通规划的范围、延伸的里程已覆盖了城市和乡镇的大部分区域，为城市轨道交通发展注入了新的活力。

（2）多元化。城市轨道交通不单单发展地铁，轻轨的加入加快了建设速度。科学技术的进步，使不同类型的轨道交通进入了并行发展时期，呈现多元化发展态势，并开始注重轨道交通与城市环境的协调发展。

（3）区域扩大化。在经济特别发达的一些地区，如珠三角、长三角、京津冀经济区，城市轨道交通开始向城际轨道交通领域拓展，这3个地区都在以城市轨道交通的理念编制城际轨道交通的发展建设规划，为城市轨道交通发展拓展了更广阔的空间。

机电设备安装相适应的特征化发展趋势：

（1）智能化。智能制造系统由技术人员及电气自动化控制智能机械流水线共同组成，属于一体化智能系统，能于机电设备安装改造过程中完成普通、单一及简单的自动化操作流程，例如：自主决策、自主判断、自主分析、自主构思及自主推理等，并且该智能制造系统促使设备改造模式向适应性及协调性转变，通过模块管理等方法增强智能系统的适应性。同时，智能制造系统的安全性高，客观上降低生产风险事件的发生率，对轨道交通的安全可靠运营有重要意义。

（2）集成化。城市轨道交通工程中机电设备安装的一种发展趋势就是集成化，作为20世纪机电设备安装企业的主要生产形式，计算机集成制造系统（英文简称CIMS）由工程技术信息分系统、质量信息分系统、管理信息分系统（英文简称MIS）、制造自动化分系统（英文简称MAS）、工业机器人（英文简称robot）及加工中心（英文简称MC）共同组成，尤其是工程技术信息分系统囊括数控程序编制、计算机辅助工装设计、计算机辅助工艺过程设计、计算机辅助工程分析及计算机辅助设计等。

（3）模拟化。一般说来，"模拟化"概念源于20世纪90年代末期，模拟机电设备安装以计算机仿真技术及系统模型为基础，以多媒体技术、信息技术、计算机图形学技术、现代制造技术及人工智能化管理技术为依托，现已发展为涉及各个领域的综合性自动化技术。同时，模拟化安装技术以全自动化技术为主，以数字化技术及计算机编程技术为辅，全面模拟设备安装全过程，切实解决实际问题，以达到一次性实施成功缩短施工周期、提高工程质量的目标。

大力扩展城市轨道交通成为各国舒缓交通压力、改善职住平衡重要途径。众所周知，各国超大城市、大城市等由于原有规划城区面积有限，随着经济发展吸引大量外来人口涌入后，存在不同程度现有城市轨道交通网络不能满足人们交通出行需求的困境。城市化进程的加快、大城市人口数量的激增以及城市公路交通的拥堵使得城市轨道交通日益得到各国政府的高度重视。面对日益突出的交通拥堵、出行耗时等民生问题，世界各国诸多超大城市、大城市等纷纷正在通过或规划借助大力发展城市轨道交通来缓解现有交通压力、改善职住平衡，基于此，城市轨道交通工程机电设备安装的发展提上首要位置。

国家"十三五"国家战略性新兴产业发展规划明确提出推进轨道交通装备产业智能化、绿色化、轻量化、系列化、标准化、平台化发展，加快新技术、新工艺、新材料的应用，研制先进可靠的系列产品，完善相关技术标准体系，构建现代轨道交通装备产业创新体系，打造覆盖干线铁路、城际铁路、市域（郊）铁路、城市轨道交通的全产业链布局。加强产品质量检验检测并完善综合能力建设，与此同时，面向大城市复杂市域交通需求，推动时速120～160km、与城市轨道交通无缝衔接的市域（郊）铁路装备，适应不同技术路线的跨座式单轨，自动导轨快捷运输系统等研发与应用，构建时速200km及以下中低速磁悬浮系统的设计、制造、试验、检测技术平台，建立完善产品认证制度，建立新型城市轨道交通车辆技术标准和规范，领跑国际技术标准，特别是机电设备安装技术。伴随全球轨道交通行业新一轮发展现状，我国将继续强化在国际轨道交通领域领先发展优势，加快"走出去"步伐，提升国际竞争力。

第 2 章　机电设备安装前准备及现场管理

常规机电设备安装是一个系统工程，包括低压配电与照明系统、给水排水及消防系统、通风空调系统、火灾自动报警系统、环境与设备监控系统、门禁系统、气体自动灭火系统。与其他系统单位互相联系，互相配合才能有效完成。安装前的沟通协调和安装过程中的相互配合是非常必要的，也是非常重要的。

2.1　进场前与各相关单位的协调所做的准备工作

进场前要对所协调的单位及事项做一个梳理，有针对性的开展工作。

2.1.1　外部协调管理组成

组成以项目经理为首，以项目总工程师和常务副总经理负责的，由各专业工程师和其他专业承包商代表参加的综合协调管理小组，负责综合协调和管理进入站区的各专业的施工及各工序的合理安排。统一安排施工用场地及施工用水、施工用电、仓储、加工场地；配合业主和监理对各专业承包商的施工计划和进度进行控制，制定安全、文明施工管理制度以及治安管理制度；并负责接口协调、交叉作业协调等工作，以保证各单位安全、文明、有序地施工。

2.1.2　外部协调管理的主要措施

根据施工计划网络图，应密切注意与其他施工单位的配合，通过召开接口例会等会议，形成纲领性文件，严格执行。合理解决施工的先后顺序，确定施工的合理衔接，避免出现停工、窝工、返工现象。合理安排时间，以确保安全质量和施工进度齐头并进。

（1）对业主单位的服务、配合、协调

机电安装单位将会按照业主的要求保质按期完成机电安装工程并服从业主对工期和工作内容的调整安排。机电安装单位将按照合同要求，积极进行施工准备，尽早开工，严格履行合同中所规定的职责和义务。机电安装单位将从以下几个方面做好对业主的配合协调：

1）机电安装单位将严格执行业主的各项管理制度，服从业主的管理。

2）在熟悉图纸的基础上及时准确地编制工程预算书、施工进度计划及需要报送的其他文件，提供设备及材料清单报送业主审批，并派出具有丰富经验的物资人员进行设备材料的采购、供应工作，使设备材料的采购及供应满足施工进度及质量的需要。

3）做好设备、材料的检验工作。机电安装单位长期从事常规设备安装工程和地铁机电设备安装与调试工作，机电安装单位的中心实验室专门检测机构，负责常规设备安装及调试中需要的仪器、仪表以及工程中的设备、材料的检验工作，为业主提供可靠的测试报告，以保证产品质量。

4) 按照业主要求的时间做好市政配套等工作，如供水、供电、环保等。

5) 积极配合业主进行工程修改、方案确定、技术论证，从业主的角度出发，提出材料代用建议，并进行合理的经济分析，直到业主满意为止，同时绝不借故小修小改拖延工期。

6) 如果发生非机电安装单位原因而造成工程进度滞后于计划进度的情况，机电安装单位将积极组织增加施工资源进场赶工，确保工程按期竣工。

7) 竣工后机电安装单位将积极配合业主进行售后服务及维修工作，保证地铁正常运营。

8) 工程施工中，机电安装单位将自始至终站在业主的立场上，做好地铁施工的一切工作，为业主提供最好的服务。

9) 积极做好文明施工，环境保护工作。

（2）与监理单位的协调

机电安装单位将密切与监理配合，具体如下：

1) 积极按时参加监理工程师主持召开的生产例会、专题例会或随时召集的其他会议，并保证派出能代表项目经理部，并具有现场定夺权的管理人员出席会议。

2) 严格按照监理工程师批准的施工计划和施工方案进行施工，并随时提交监理工程师认为有必要提交的关于施工规划和施工方案的任何说明或文件。

3) 按监理工程师确认的格式和详细程度，向监理工程师及时提交完整的进度计划，以获得监理工程师的批准。

4) 在任何时候如果监理工程师认为施工进度不符合批准的进度计划或不符合竣工期限的要求，则保证在监理工程师的同意下，立即采取必要的抢工措施加快工程进度，以使其符合竣工期限的要求。

5) 承包范围内的所有施工过程和施工材料、设备，接受监理工程师在任何时候进入现场进行他们认为有必要的检查，并提供一切便利。

6) 当监理工程师要求对工程的任何部位进行计量时，机电安装单位保证立即派出一名合格的代表，协助监理工程师进行上述审核或计量，并及时提供监理工程师所要求的一切详细资料。

7) 确保在承包范围内所有施工人员在现场绝对服从监理工程师的指挥，接受监理工程师的检查监督，并及时答复监理工程师提出的关于施工的任何问题。

（3）与设计单位的协调

进场后认真审图，加强与设计院各专业负责人联系。根据现场的实际情况对需要做设计变更的及时与设计院沟通，确保工程的施工能够按照设计图纸顺利进行，实现设计意图。主要协调措施为：

1) 定期向设计方介绍施工情况及采用的施工工艺。

2) 在每个分部分项工程施工前提交与设计有关的施工方案或作业指导书，并听取设计方的意见。

3) 定期交换机电安装单位对设计内容的反馈，用机电安装单位现场施工经验来完善细部节点设计，以达到最佳效果。

4）如遇业主改变使用功能或提高建设标准或采用合理化建议需要进行设计变更时，机电安装单位将积极配合，若需部分停工，机电安装单位将及时改变施工部署，尽量减少损失。

5）积极组织各个专业技术人员同设计人员认真做好图纸会审工作，完善施工图设计。

（4）与土建工程的交接与协调

土建结构的交接顺利与否直接影响后续安装和装修工程的施工。加强与土建单位的协调配合，分清遗留问题的责任，尽早定出处理方案和意见确保工程顺利向前开展。

1）施工场地交接

进场前，机电安装单位将按照地铁公司场地移交程序的要求，同业主监理一起接收。当土建单位有困难时，机电安装单位可以采取分部分批的逐步移交方式，确保施工临设用地，施工用水、用电接口能够尽早接收，为正式开工做好前期准备工作。车站内的施工场地，包括车站坐标控制点和水准点。施工人员、材料、小型设备进出的施工通道也需尽早落实解决。

2）结构交验

注意问题：

① 几何尺寸和标高

重点复测站台、站厅设备区及公共区的净高和标高，站台板边线的位置（与轨道中心线的距离），站内梁柱位置尺寸偏差，风、水、电系统的预留孔洞，预埋件的位置、尺寸、数量是否相符。

② 检查

地下车站工程，结构渗漏问题尤为重要。在移交时，对本车站底板、顶板和侧板进行详细检查并做好记录，发现问题及时通知土建单位解决。

与土建结构专业在施工过程中存在大量的交叉施工作业，特别在结构预留洞、结构预留套管和管线敷设阶段，做好这几个阶段的工作为以后的工序进展打下良好的基础。预留预埋前应绘制预留预埋详图，经建筑专业复核、协调后实施；地面铺装时土建应为机电安装预留预埋工作创造必要的条件，以及提供足够的施工时间。隐蔽工程须经机电安装的专业施工管理人员会签后方可施工，避免造成遗漏。

机电专业应积极配合土建的施工，合理安排预留预埋施工力量，确保不影响土建施工进度。对于由土建负责的预留洞、检修口、吊装洞口等，机电安装各专业主管工程师应对土建相关部门的人员进行技术交底，在施工过程中派专业人员复核其位置、尺寸，以保证准确无误，为下道工序施工创造良好条件。

（5）与自动扶梯承包商、屏蔽门承包商的协调

1）自动扶梯、屏蔽门承包商进场运输安装的时间协调

考虑到大件设备运输，进场后及时主动与自动扶梯承包商、屏蔽门承包商沟通，确认其进场时间，为自动扶梯、屏蔽门承包商进场施工创造条件。

2）自动扶梯、屏蔽门承包商施工场地的协调

自动扶梯、屏蔽门占地面积较大，为了减少占地面积大对机电安装和其他承包商造成影响，不宜一次到货，可分批到货，安装完成前一批后再进行下一批进货安装，以减少材料仓储占地较大对其他承包商造成的影响。

3）机电安装工程与自动扶梯工程、屏蔽门的接口处理

低压配电专业在电扶梯承包商进场施工后，主动配合扶梯专业电源管线敷设，以及电扶梯在车控室的紧急停车按钮的电缆敷设。在出入口电扶梯安装前，给水排水专业应将出入口潜污泵及管线安装完毕并用临电调试正常。

低压配电系统为屏蔽门系统提供电源切换箱，并负责将电源引至电源切换箱的出线开关下端头，低压配电系统为屏蔽门系统提供接地铜排。

4）对自动扶梯、屏蔽门承包商安全文明施工、成品保护的管理

自动扶梯、屏蔽门承包商进场施工前需向机电安装单位提交一份施工计划，经监理、业主同意后实施。进场时签订施工用水、电协议和安全文明施工协议并交纳一定数量的押金，以确保地盘管理的各项制度得以落实执行。地盘管理制度报监理、业主审批后执行，以确保站区的安全文明施工和成品保护工作处于受控有序状态。

（6）机电安装工程与其他专业施工的协调配合

1）积极组织施工为各系统承包商的工程按期进行创造条件。

机电安装单位将对各关键用房的施工内容优先安排加大人、材、机的投入力度，克服专业间的交叉干扰，合理安排工序为各系统承包商按期进场创造条件。

2）与各系统承包商在综合管线布置方面的协调

同各系统承包商一起召开技术联络会共同对综合管线进行确认。对综合管线图纸有不完善之处提出修改意见，提交设计单位确认。在施工工序方面按先上后下、先大后小的原则编排工序和施工计划。在管线布置方面按照小管让大管，有压管让无压管，电气在上其他在下的原则，合理布置各专业管线交叉。

3）综合统一考虑和安排各专业承包商的设备、材料临时堆放场地。备妥车站及隧道区间的临时施工电源、施工用水。

4）在自动扶梯施工的区域附近设置好施工临时电源。站厅、站台层两端通信、信号设备用房，控制室的砌筑、装修，各类管线安装、保温、油漆等工作要按期完成。

5）装修吊顶施工前通知各相关专业，确认其顶棚内的管线设备是否已如期施工完毕。在地面装修施工前，也按类似的办法通知相关承包商。

6）在任何情况下，均积极配合和支持各承包商的施工和调试，并提供准确的控制回路接线、电气回路测试数据，投入相关系统配套设备运行，确保设备运行期间管道不泄漏、排水管道顺畅和通风设备良好。

7）提供清洁的工作环境，做好施工现场的防火、防盗、防灾工作，保持施工区内空气清新、照明充足。

8）对各系统承包商的安全文明施工成品保护的协调管理

各系统承包商进场施工前需向机电安装单位提交一份施工计划，经监理、业主同意后实施。进场时需与地盘管理承包商签订施工用水、电协议和安全文明施工协议，并交纳一定数量的押金，以确保地盘管理的各项制度得以落实执行，确保站区的安全文明施工和成品保护工作处于受控有序状态。

（7）与甲供产品供货商的协调配合

加强与直接供货商的配合和联系，在设备安装前由供货商对机电安装单位技术人员进行安装施工工艺、安装技术交底，在安装过程中对机电安装单位进行督导，并配合机电安

装单位进行系统设备的调试工作;做好与直接供货设备的交接、开箱检验工作,保证设备到货及时以及设备的质量。

(8) 与施工现场周边居民、政府机构、社会团体的协调

地铁工程是一项造福社会、提高城市交通水平的大型工程,但是在建设过程中会对周边居民的生活有一些影响,机电安装单位在进场后要努力做好以下工作:

1) 制订合理的施工方案,将施工队周边居民及交通等造成的影响降至最小。

2) 严格执行省市各级政府部门的各项规章制度,及时报送各种资料,按规定缴纳相关费用,确保项目管理有序进行。

3) 积极联系施工周边居委会,开展社区共建活动,做好安全文明施工和环境保护工作,杜绝扰民事件的发生,夜间施工严格按照省市相关规定执行。制定处罚措施,对违规事件一经发现,严厉处罚。

(9) 与政府部门(质检、档案)的配合

机电安装工程在建设过程中与政府部门的联系,主要有市质监、市安监、档案等政府部门。机电安装单位要积极主动配合政府部门的工作,接受政府部门的指导、监督和检查,是提高工程质量,杜绝安全事故的有利保证。具体配合如下:

1) 积极主动地呈报各类资质证件,申请开工报告,争取尽早开工。

2) 定期或不定期地请政府部门的专家进行现场指导工作。积极配合政府部门对施工现场的各种考核和检查,并及时整改存在的质量问题。配合市工程质量监督站对机电安装工程的初验和核验,并及时提交完整的竣工资料。

3) 结合当地质安部门的管理制度,积极配合质安部门对施工现场的检查和考评工作,并及时整改施工中存在的安全隐患,杜绝安全事故。

4) 与城建档案馆协调竣工资料的提交事宜。

(10) 与市政相关部门之间的协调

施工前对工程影响范围场地进行物探,确定管线的种类、位置、形状和尺寸、材料及所属市政单位,并将调查结果和下一步的措施建议递交有关部门确认。

协助业主与所属单位联系,签订配合协议。

按照业主、所属市政单位要求,报送管线改移、拆除、保护等方案,经业主、市政管理部门认可后,进行施工。

改移时,按照设计图纸、行业规范并征得有关部门的同意后进行施工;改移的管线位置、埋深通过准确测量、坐标定位,将其如实描绘在图纸上,并在原地做出明显、易找的标记,保证在管线恢复时提供准确资料和实地位置。

施工中加强管线的保护和监测工作,每月或定期请驻地监理和市政相关管理部门对管线监测检查,加强对机电安装单位使用过程中的监控工作。

与相关部门协调解决设备运输、重型货车进出市区所须办理的相关手续。

与城管、交管等部门协调占道施工审批事宜。

2.2 地盘属地管理

机电安装单位为车站地盘管理承包商,在实施过程中负责对进入地铁车站现场施工的

其他承包商进行综合协调、管理,监督各系统承包商包括如下内容:

(1) 负责管辖场地(包括但不限于车站主体及附属结构、地面临设场地、地面临时管理场地)范围内的安全文明施工,并严格遵守安全生产的规章制度,保证工程现场施工安全(包括机电承包商和非机电承包商的人员安全),维护机电承包商工地管理范围内的正常生产、生活秩序。

(2) 在管辖场地范围内,有权力和义务提醒或制止违反安全文明施工的行为,并有权通报责任单位和个人。

(3) 负责对管辖场地内的作业人员的平安卡进行审核和录入门禁系统,并对进入门禁的作业人员的身份进行核对。对于持临时平安卡的作业人员,机电承包商应重点审核临时平安卡的有效性,发与临时平安卡有效期一致的门禁卡(白卡)进场作业,要求临时平安卡和门禁卡(白卡)过塑合一使用。持过期的临时平安卡施工人员一律不允许进场作业。

机电安装单位作为车站地盘管理商,将严格执行业主的施工现场管理办法,根据机电安装单位在地铁施工方面的经验,提出地盘管理方案。

2.2.1 地盘管理权责

1. 地盘管理者(机电承包商)职责

(1) 全面负责车站的安全文明施工、总体计划等管理工作。组织协调施工场地、作业面、材料堆放等事项,做好施工现场防火、防盗、防汛、施工临时用电、用水、接口衔接等方面的工作。

(2) 负责对各系统设备安装承包商安全管理体系的有效运转进行监督,并有责任警告不遵守安全规则人员。

(3) 负责对进入施工现场的所有人员进行管理。现场施工人员实行挂牌登记制度,进出施工现场的作业人员必须佩戴证明其身份的胸卡,如无相关证明,可拒绝其进入施工场地。地盘管理者应在出入口设置专人进行检查登记。

(4) 负责车站区域内环境卫生管理工作,制定相关管理办法及管理制度。

(5) 负责对所有进场施工单位的电、气焊等明火作业的统一管理,其他承包商动火作业前须应向地盘管理单位提交经相应单位批准的有效动火令。

(6) 负责对整个施工现场进行例行安全检查。地盘管理者有责任将进入施工场地的所有施工单位纳入其正常的安全管理范围之内,按地盘管理者的检查制度检查安全文明施工情况。对发现的问题提出整改要求,并监督整改。

(7) 负责组织施工区域内各系统设备安装承包商迎接各类安全检查,对检查中提出的问题有权监督责任方整改。

(8) 负责划定各系统设备安装承包商的安全管理责任区。统一规划施工范围内所有地上、地下施工场地,按合同及工程实际需要分配给各承包单位,同时实施总的管理。在各自的施工作业区内由各单位自行管理,但地盘管理单位有权进行监督检查。负责向各系统承包商在站厅、站台公共区域提供临水、临电接口,容量满足各系统承包商的正常施工需求,并负责临水、临电设施接口上端的日常维护,接口下端的日常维护管理由各系统承包商自行完成,地盘管理单位有权按相关规范要求进行监督检查。

(9) 按施工合同要求,对进场的所有承包商进行协调管理。

（10）负责公共区域清扫、垃圾清运，安全文明施工检查等日常现场管理工作。施工过程中各系统单位要做到工完场清、料清，各系统单位做好所负责区域的公共卫生。

（11）负责车站范围内施工照明的安装、维护及日常管理。

（12）负责设置地盘管理范围内"四口"、"五临边"安全防护栏杆、地板、警示带、警示牌或警示标语。

（13）负责组织各承包商做好成品、半成品保护工作。

（14）负责对违反相关规定的行为及时上报监理、业主，并按相应规定进行处罚。

2. 系统设备安装承包商职责

（1）负责建立健全各自安全管理体系。保证安全管理体系的有效运转并接受业主、监理及地盘管理者的监督。在进场施工前，须与地盘管理者签订安全文明施工协议、临水临电协议。

（2）负责本系统内的工程进度、安全、质量管理，对各自的文明、安全施工负全责。

（3）须对本单位的职工按相关规定进行安全文明生产教育，以增强法制观念，提高职工的安全生产意识及自我保护能力。

（4）要积极配合、服从地盘监理和地盘管理者统一协调管理，要服从车站的总体施工进度计划要求。

（5）遵守地盘管理的各项规定，服从地盘管理者对现场施工场地的规划安排，不准随意占用场地作仓储使用。各系统的施工区域和材料堆放场地要保持整洁干净，并按相关要求进行标识。

（6）负责各自的材料、设备和成品、半成品的保护。

（7）系统设备安装承包商携带物资出门时，应持有地盘管理者签字的出门证（或放行条）。

2.2.2 现场管理

（1）根据施工需要，将现场所有施工场地进行合理划分给进场施工的系统承包商，双方应书面确认，以便明确责任归属。车站公共区域由地盘管理者负责管理。施工场地按照"谁占用，谁负责"的原则实施动态管理。

每月在固定时间，各系统承包商将下月施工计划提供给地盘管理者，地盘管理者汇总整理总的进度计划，系统承包商必须服从总进度计划。必要时，互提周计划，以便实现合理的交叉作业。

（2）施工现场公共区的防护设施和设备区临边洞口的防护应按照业主要求统一设置并管理，任何单位不得随意拆改已有防护设施，确需拆改的，须书面报地盘管理者同意后方可实施；工程作业完成后，拆除单位应及时恢复防护设施，并报地盘管理者验收。

（3）各进场承包商在属于自己的范围内作业时，须遵守施工现场"谁作业、谁防护、谁负责"的原则。防护设施必须符合相关安全法规规定，并定期对危险源进行排查。

（4）各进场承包商应建立施工现场文明施工和成品保护制度，做好文明施工和成品保护工作，加强日常检查、巡视，落实责任单位、责任人。各单位应自行保管本单位的设备、材料、成品、半成品；任何单位均不得改移或损坏其他施工单位的成品或半成品（包括已完成的墙面）。各单位应及时将当天各自产生的施工废料、垃圾等清运到地盘管理者指定地方，确保施工现场干净整洁。

（5）施工现场实行挂牌标识制度，作业区、材料堆放区、垃圾存放区、已施工完成的管线等应挂牌标识，明确责任单位、责任人。各进场施工单位还应在其施工机械、工作服、安全帽明显位置标明其单位名称。

（6）地下作业现场内严禁存放易燃易爆危险物品，未经地盘管理者许可，不得使用任何易燃、易爆物品。在封闭环境中作业，要注意采取有效个体防护措施。

（7）施工中一旦发生紧急情况及各类事故时，不论原因在哪一方，都应互相协助，及时救助伤员，排除险情，保护事故现场，并按相关程序进行报告。

2.3 地盘标准化管理

为了更加有效地提高现场的管理，就要提出一个标准来执行，其他系统承包商按照这个标准来执行。

2.3.1 出入口标准化管理

机电安装单位负责对车站所有出入口进行统一的管理，包括文明施工、环境卫生、安全保卫等内容。

机电安装单位根据可提供施工使用的车站出入口位置综合考虑施工场地的规划和临时设施的布置。

在施工现场选择一个出入口作为地盘管理的进出通道。出入口的选择应综合考虑：应便于管理，以及施工人员、工具材料的搬运。其他出入口必须采取牢固的临时性封堵措施防止人员进出，任何单位不得私自破坏封堵措施。

为加强地铁施工现场地盘管理，规范地铁施工现场出入口管理，特制定以下管理标准：

（1）出入口岗亭及通道设置要求

1）车站或车辆段（场）的施工现场只选择一个出入口作为地盘管理的进出通道。出入口的选择应综合考虑，应便于管理以及工具材料的搬运。其他出入口必须采取牢固的临时性封堵措施防止人员进出，任何单位不得私自破坏封堵措施。地盘管理的出入口及进出通道可根据现场施工的实际情况变更，一般选择一个（可根据实际情况增加或者减少）出入口。

2）出入口岗亭牢固、美观、方便移动。岗亭内除需设置值班人员工作所需的必要配置外，还需提供驻现场监理以及后期运营人员办公的场所。

每个出入口配备门卫2人（周期为整个施工阶段），负责对出入口进行管理；轨行区送电至移交运营期间设轨行区安全保安，保安人数不少于4人，负责送电期间轨行区安全管理。

3）地盘管理的进出通道的地面需硬化处理，方便人员的进出以及材料工具的运输。通道临边侧设置围栏，围栏按临边孔洞防护标准布设。

4）出入口岗亭内必须24h有人值守，一日之内倒班次数不得少于两班。门卫值班人员应认真负责，坚守岗位，严格门卫制度，对现场实行封闭管理。

所有施工人员必须佩戴好胸卡及有单位标识的安全帽方可进入施工现场。任何人员进入工地，须在门岗进行登记，确认身份后方可进入。进场时须将出入证交于门卫值班人员保管，待出场时由门卫退还。

施工班组退场或需移至其他工地的材料、工具等，必须列出物品清单；经业主代表或项目经理签字确认，门卫清点核对后方可放行。

门卫值班人员对出入口的环境卫生负责，做到打扫清洁，洒水防尘。工作人员应服装整齐，注重形象，服务热情，语言文明规范。

出入口必须在醒目位置放置工程概况牌、管理人员名单及监督电话牌、消防保卫牌、安全生产牌、文明施工牌、施工现场总平面布置图。

（2）临时视频监控

站厅、站台配置4个摄像头和1台监控主机，摄像头像素：720P，实现对施工现场每天24h不间断的视频监控，在车站出入口、临时出入口、隧道口、站厅公共区进入设备区的通道口设置监控探头，危险、重点需要监控的位置安装监控点，利于施工现场的防盗，发现安全隐患。

整个系统由图像摄取、图像的传输、视频信号的处理及显示控制、图像的存储等部分组成。系统采用数字化方案，可采用视频服务器或硬盘录像机，配置视频监控终端，并预留向上联网的条件（接口）。同时安排专业人员对临时视频监控系统进行维护，期限为整个施工周期。

（3）地盘管理图标标准

1）施工单位应在施工现场的作业区、加工区、生活区的醒目位置设置警示用语牌。

2）警示用语牌要统一规范，满足警示要求。

3）施工单位应绘制安全标志平面布置图，在危险作业部位悬挂安全警示标志牌。安全标志应符合现行国家标准《安全标志及其使用导则》GB 2894 的要求。

2.3.2 施工期间车站平面布置

车站进入安装装修阶段，进场施工专业多，交叉作业量大，施工总平面布置合理与否，将直接影响施工进度和安全施工管理。施工平面布置原则如下：

（1）集中管理布置原则：场地由地盘管理单位组织公共区装修等单位，统一协调、划分布置和管理。

（2）合理高效利用原则：充分利用现有的施工场地，紧凑有序，减少场内二次搬运。

（3）专业工种分区原则：按专业、工种划分施工用地，避免用地交叉、相互影响干扰。

（4）安全文明施工原则：现场布置符合相关安全文明施工技术规范要求。

（5）主要工序优先原则：优先满足钢结构运输、吊装和混凝土浇筑运输组织。

（6）通道畅通原则：在保证场内运输畅通和人行通道的畅通。

（7）灵活机动原则：根据工序的插入经地盘管理负责人同意可及时合理地调整场地布置，满足施工需要。

施工总平面功能划分如下：

车站施工区综合设置施工人员出入口、垃圾外运口、进料口，使之能够满足施工作业的需要。同时根据施工现场的实际情况及施工平面的要求，施工现场分为各专业加工区、材料堆放区、垃圾临时堆放区及地盘管理治安保卫办公区、车站安全通道，各区域间保持相对独立，互不影响。

其他专业承包商进场前须向地盘管理单位提交一份网络施工计划，以便地盘管理单位确定各专业加工区、材料堆放区、垃圾堆放区面积大小及位置。

对施工周期较短的专业可不设置加工区、材料堆放区、垃圾临时堆放区，如栏杆、AFC、广告灯箱等，进场时与地盘管理单位协商确定材料堆放位置，并确保短期内将进场的材料安装完成，同时对当天产生的垃圾当天必须清走，做到工完场清。

对施工周期较长的专业可在站内设置加工区、材料堆放区，如机电安装、装修、弱电、气体灭火、屏蔽门、供电、信号等，加工区、材料堆放区、垃圾堆放区必须悬挂或张贴各专业施工的企业标识，加工区须悬挂设备安全操作规程，材料堆放区须设置材料标识牌。

站内安全通道应便于紧急情况下疏散要求，通道宽度一般不小于2.5m，困难时不小于1.8m，通道处严禁堆放材料及设备，否则按照地盘管理办法予以重罚。

各承包商在施工期间必须确保各自施工作业范围内的安全文明施工和环境卫生良好，及时清理建筑垃圾。未做到场容场貌的整洁、垃圾不及时清理，按地盘管理办法进行处罚。

2.3.3 车站垃圾清运

为确保地铁站内安全、文明施工，做好垃圾清运工作，根据设备安装及装修阶段的实际情况，特制定如下措施：

（1）风水电进场前的垃圾清运由土建施工单位负责，风水电施工单位进场时，站场部应组织相关单位进行场地移交。

（2）风水电施工单位进场后，公共区装修单位进场前的垃圾清运由风水电承包商负责。

（3）风水电承包商应在车站地面及站厅、站台设备区设立垃圾临时存放点，站厅、站台垃圾由各专业每天外运至地面临时存放点；地面垃圾外运由风水电承包商负责清运，所需费用由各专业安全文明施工费支付。

（4）装修单位进场后，车站垃圾清运划分如下：

1）设备区垃圾由各专业施工单位清运至地面垃圾存放点，风水电承包商对设备区整体清运效果负责。

2）公共区垃圾由各专业施工单位清运至地面垃圾存放点，公共区装修施工单位对公共区整体清运效果负责。

3）地面垃圾外运统一由公共区装修施工单位负责清理外运，所需费用由各专业安全文明施工费支付。

（5）各设备系统安装及装修单位应在安全文明施工费内按一定比例分别向风水电及公共区装修单位缴纳垃圾清运押金（可以根据实际情况调整缴费的管理单位和比例）。

1）通信、信号、BAS、供电等专业向风水电施工单位缴纳垃圾清运费。

2）吊顶、不锈钢栏杆、屏蔽门、电扶梯、AFC等专业向公共区装修施工单位缴纳垃圾清运费。

3）FAS、水消防按现场实际情况按比例分别向风水电和公共区装修施工单位缴纳垃圾清运费。

2.3.4 地铁施工临时照明及疏散指示灯安装要求

（1）临时照明

1）灯具型号

因地铁车站内较潮湿，且施工过程中产生的粉尘大，灯具应具备防水防尘功能，同时为响应国家节能高效的号召，临时照明灯具应为节能型防水防尘荧光灯。

2）灯具安装位置及数量

① 车站公共区灯具间距，具体数量根据公共区面积而定，保证公共区照度不低于50lx。

② 设备区走廊灯具间距根据实际长度和面积定，照度不低于50lx。

③ 楼梯处灯具数量不少于2盏。

④ 设备管理用房内灯具数量不少于1盏。

⑤ 机房内灯具数量根据其面积来定，保证机房照度不低于50lx。

⑥ 随着工程的推进，部分照度不够的区域可采用行灯来加强照度，行灯要求有金属保护罩。

3）安装高度及线路敷设要求

① 灯具安装高度不低于2.5m，部分低于2.5的灯具其外壳应加接地保护线。

② 临时照明线路应采用低烟无卤阻燃电线或电缆，所有照明回路均要求设漏电保护装置。

（2）临时紧急疏散

1）灯具型号

临时紧急疏散根据功能可分为疏散指示标志（指引最近出口线路）、安全出口标志（通往安全地带），疏散指示标志及安全出口标志分为电光源型及蓄光自发光型。

电光源型消防安全疏散标志应急电源供电时间不小于30min，标志表面的平均亮度宜为$17\sim34cd/m^2$，但任何小区域内亮度不应大于$300cd/m^2$且不应小于$15cd/m^2$，最大亮度与最小亮度不应小于5:1。满足正常电源中断30min后其表面任一发光面积的亮度不低于$0.1\ cd/m^2$。

2）灯具安装位置及数量根据车站平、剖面图及疏散通道制定疏散路线，疏散路线应通往最近的安全出口，并符合视觉连续的要求。

① 车站公共区及设备区走廊根据疏散路线安装单向或双向电光源型疏散指示灯，灯具安装间距10m，且走廊内疏散指示灯数量不少于2个，疏散指示灯上边缘距地面不高于2m。

② 在站厅与出入口通道及楼梯与走廊、走廊与公共区接驳处设置电光源型安全出口标志灯，标志灯下边缘距地面高度为2.5m或在门框上方0.2m处。

③ 公共区柱子上设置蓄光型疏散指示标志，疏散标志上边缘距地面不高于2m。

④ 楼梯侧墙设置电光源型疏散指示灯，标志灯中心距地面高度为300mm。

⑤ 车站必须安装应急照明灯，标准站不少于20盏，换乘站不少于30盏，均匀安装

在车站站台层、站厅层的公共及设备区域，应急照明灯断电工作时间不得低于30min。

2.3.5 施工围蔽及出入口大门标准

（1）施工围蔽

施工围蔽是业主根据施工现场安全文明施工要求或地方政府管理部门统一要求而设置的工地施工围墙。

施工围蔽按照招标文件及地铁建设工程安全文明施工标准化图册进行施工。进场后按不同的场地地质情况将围墙砌筑的基础及构造方案上报业主。地铁施工外墙视觉形象根据业主和政府部门的要求设置。

1）正式施工围蔽。

正式施工围蔽要考虑墙柱及墙体的牢固、安全、可靠。外墙面加批荡抹光后再刷涂料。围墙外立面绘制宣传壁画，壁画内容表达以下内容：

① 地铁公司的标志、字样及工点名称。

② 公益宣传广告或有关地铁宣传广告。

2）施工临时围蔽采用蓝色金属材料快装快拆式围蔽，高度不低于2.5m，同时顶部设警示灯及照明灯。

3）施工现场围墙或围墙外的拐角处及大门外侧夜间设立红色警示灯，周围设照明灯，以防止意外事故的发生。

4）因施工现场围墙或围墙外拆迁损坏的路灯，由机电安装单位恢复临时照明，确保交通、行人安全。

（2）出入口大门

出入口大门按照《建设工程安全文明施工标准化图册》实施，大门上要有企业标识，大门设置门卫和门卫制度，进入施工现场人员必须佩戴工作卡。两侧门柱要有电脑喷绘字样的规范标语，顶部要设彩灯，做到美观大方。

大门内侧布置"七牌一图"，外侧要设立公示牌（标明建设单位，设计单位，施工单位，监理单位，安全、质量监督单位，工程负责人，监督电话等）。

工地出入口、内外通道、办公室、宿舍、厕所、材料堆放场、加工厂、仓库地面实施地面硬化处理。出入口设置洗车槽、沉淀池、高压水枪。车辆出入现场时车轮要清洗干净，不许夹带泥砂，污染路面。

施工现场办公室内在醒目处张贴施工许可证、规划许可证、夜间施工证明书等证件的复印件，悬挂质量管理、文明施工、安全生产制度和组织机构表、施工现场平面布置图。

在施工通道和作业面，挂设醒目的、具有针对性的警示牌、安全标志，如指令标志、提示标志、警告标志、禁止标志、高处作业标志等；并在场内设置宣传栏、读报栏、安全教育等宣传设施。

机电安装单位将在监理单位工程师批准的情况下，设立标语、名称、图画等宣传物。计划在新闻出版物或媒体上做有关本工程的报道或宣传前，提前将报道的材料报甲方审批，确保所有宣传报道材料的准确性、正确性和统一性。

（3）临时视频监控

为加强现场管理、保证工程建设顺利进行，需对现场施工过程进行监管。施工作业现场必须安装"智能门禁管理（含视频监控）系统"，包括闭路电视监控系统和出入口门禁智能管理系统，起到身份识别、人员考勤、安全预警、区域定位以及日常管理作用。

站厅、站台配置 4 个摄像头和 1 台监控主机，摄像头像素：720P，实现对施工现场每天 24h 不间断的视频监控，在车站出入口、临时出入口、隧道口、站厅公共区进入设备区的通道口设置监控探头，危险、重点需要监控的位置安装监控点，利于施工现场的防盗，及时发现安全隐患。

整个系统由图像摄取、图像的传输、视频信号的处理及显示控制、图像的存储等部分组成。系统采用数字化方案，可采用视频服务器或硬盘录像机，配置视频监控终端，并预留向上联网的条件（接口）。同时安排专业人员对临时视频监控系统进行维护，期限为整个施工周期。

（4）地盘管理图标标准

1）施工单位应在施工现场的作业区、加工区、生活区的醒目位置设置警示用语牌。

2）警示用语牌要统一规范，满足警示要求。

3）施工单位应绘制安全标志平面布置图，在危险作业部位悬挂安全警示标志牌。安全标志应符合现行国家标准《安全标志及其使用导则》GB 2894 的要求。

2.3.6 施工标识标牌

（1）七牌一图。施工现场明显位置设置"七牌一图"，包括：工程概况牌、管理人员名单及监督电话牌、消防保卫牌、安全生产牌、文明施工牌、农民工权益保障公示牌、环境保护制度牌、施工现场平面布置图。

（2）安全警示牌。在施工现场内，每个危险部位都要悬挂相应安全警示牌。对于吊装等危险区域必须设置明显的警戒线和警示牌，基坑通道必要位置必须设置逃生通道提示牌和应急照明设施。标牌制作、标挂应位置合理、规范整齐。

（3）施工现场醒目位置设置危险源公示牌，并及时更新内容。

（4）在临街围蔽、办公生活区设置文明施工标语标牌。

（5）机械及加工设备必须挂设操作规程和检验合格牌，位置合理、制作规范。

（6）施工告示牌及环境保护监督牌。在项目部出入口及其他醒目位置应设立施工告示牌（标明建设单位，设计单位，施工单位，监理单位，安全、质量监督单位，工程负责人，监督电话等）及环境保护监督牌。

（7）民工工资发放公示牌。在项目部驻地及民工驻地应设置民工工资发放公示牌，公示发放人员名单、发放月份及金额、投诉电话等内容，每月如实公示民工工资发放到位情况。

2.3.7 临边、孔洞防护管理

（1）概述

站场施工中，各种井、坑、沟、槽、吊装孔洞及楼梯口、通道口、卸料平台口和安装预留孔洞以及各层楼面临边等都必须设置安全栏杆、孔洞盖板或其他防护设施。

管道、设备安装的预留孔的临时栏杆及盖板预留时间较长的应该要求封死或有效隔离。

所有防护栏杆均应该用黄黑相间油漆作标记，孔洞盖板应漆成黄黑相间并注"孔洞盖板严禁拆移"字样。

严禁作业人员任意拆除或变更安全防护设施，若施工中必须拆除或者变动时须经站场技术负责人或安全负责人批准后方可进行。施工完毕后应立即恢复。

（2）孔洞口防护

1）施工现场凡结构预留孔洞尺寸20cm及其以上，以及桩孔、坑槽深度在1.5m以上的为洞口。洞口和因工序需要而产生的使人与物有坠落危险或危及人身安全的其他孔洞，必须设置安全防护设施。

2）边长在200~250mm的洞口必须用坚实的盖板盖住洞口。盖板须保持四周搁置均衡，并应有固定其位置的措施，如图2-1所示。

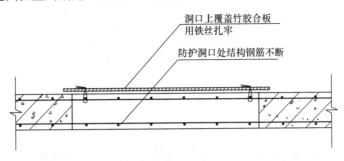

图2-1 预留洞口防护

3）边长为500~1500mm的洞口，利用钢管扣件在洞口上紧靠洞口边搭设井字型平台，平台上每隔一定距离铺设木枋，在木枋上铺钉木板形式进行防护。盖板上刷黄黑警示油漆，并用红色油漆标识"严禁移动"。也可采用贯穿于混凝土板内的钢筋构成防护网，钢筋网格的间距不得大于200mm，如图2-2所示。

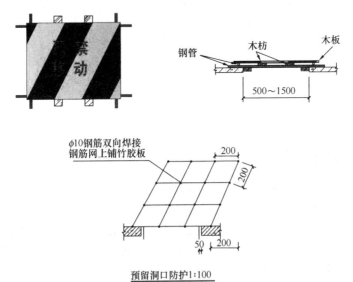

图2-2 预留洞口防护示意图

（3）临边防护

1）凡作业高度1.5m以上（含1.5m），无围护设施的工作面（含边长1500mm以上的孔洞）为临边。临边作业时，必须设置安全防护设施。临边防护栏杆（采用三道栏杆形式，下道栏杆离地面100mm，中道栏杆离地500mm，上道栏杆离地1100mm，立杆高度1200mm），洞口下必要时张设安全平网，在栏杆外侧张挂"当心坠落"安全警示牌。

2）施工中的顶层楼梯平台，不通行时，应封闭或采取其他防护措施。

3）所有栏杆高度应一致，出头应平齐，不得伸进楼梯面10cm以上。

防护栏杆距临边不得小于200mm，栏杆表面刷黄黑警示色油漆，如图2-3、图2-4所示。

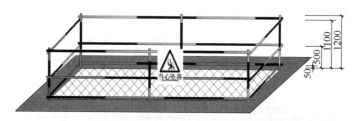

图2-3 临边防护

图2-4 洞口临边防护

2.3.8 工程形象进度报告管理

安装装修工程涉及机电系统的各类基础设备、设施的安装。主要工程内容为车站及区间给水排水及消防系统工程、通风空调系统工程和低压配电照明系统工程全部工程的实施（包括甲供设备的安装）。其中通风空调系统主要工程内容为区间隧道通风、防排烟系统设备安装，车站公共区通风空调及防、排烟系统（大系统）设备安装，车站设备管理用房通风空调及防、排烟系统（小系统），后备空调系统，车站空调水系统，出入口通道排烟，人防清洁通风系统设备安装；给水排水及消防系统主要工程内容为车站给水系统、消防水系统、室内排水系统及卫生洁具的安装；动力照明系统主要工程内容为低压电气动力、电气照明、接地干线的施工。

机电安装工程形象进度报告分为周报、月报，周报由机电安装单位向监理单位汇报。

机电安装单位如实填写周进度报表，其格式和内容应经过监理人员的审批；周进度报表的内容至少包括在现场工作的技术管理人员数量、各工种技术工人和非技术工人数量、参观现场的人员数量；还包括所使用的各种主要机械设备和车辆型号、数量和台班，工作区段和工程进度情况、天气情况记录，诸如停工、事故等特别事项说明；此外应附上进场材料、物品或设备的分类汇总表、用于次周的工程进度计划等。

月进度报表由机电安装单位向监理单位及建设单位递交，其格式和内容经过监理单位和建设单位的审批，按分部工程进行填列，主要以工程量大、在机电安装工程中处于龙头位置的通风空调专业为主线；月进度报表的内容应至少包括工作区域和该区域机电各系统工程进度情况，如停工、事故等特别事项说明；同时须对照施工总进度计划对比，若工程存在滞后现象，应在月进度报告后附一份赶工计划及措施。

进度报表应分车站、区间，分通风空调（空调机、风管、风阀、空调水管、大、小风机），给水排水（水泵、给水排水管道、消防管道、消火栓箱），低压配电（配电箱、电器配管、电缆敷设），砌体及装修工程（砌体、墙面、地面、防火门）等专业，按照合同总量、累计完成、本期完成数量报告，具体的进度报表根据业主和监理的需要编制。

2.3.9 成品保护管理

（1）概述

根据施工组织设计、各专业正式施工图和相关标准规范编制成品保护方案，以文件的形式明确各工区、协作队对成品的交接和保护责任，确定主要的成品保护责任单位、部门和人员，项目经理部在成品保护工作中起管理和协调监督作用。

（2）风水电的成品保护要求

1）通风与空调工程

① 风管制作

a. 风管制作设立独立的工作场地，场地平整清洁。风管堆放场地干燥，且有足够的成品堆放场地。

b. 成品及半成品风管、配件和附件加工成型后，按照通风系统和风管规格进行分类，存放在干燥的成品及半成品堆放区，并将成品及半成品等码放在干燥隔潮的木垫上，避免相互碰撞造成风管表面损伤，要保持所有风管表面的光滑和洁净。

c. 在搬运过程中，严禁直接在地面上拖拉，以防破坏风管表面镀锌层和使风管产生变形。

d. 风管及附件堆放区内，明确标识出各型风管的系统类别、规格型号及用途，并进行防尘防潮处理。

e. 风管在堆放过程中，将风管直立码放，即将风管的一端面放置在木垫上，另一端朝上，严禁将风管侧翻码放，以防风管受压变形。

② 风管安装

a. 安装完的风管要保证表面光滑清洁，保温风管外表面整洁无杂物。室外风管应有防雨、洪措施。特别要防止二次污染现象，必要时采取保护措施。

b. 暂时停止施工的风管系统，将风管敞口封闭，防止杂物进入。

c. 严禁把已安装完的风管作为支吊架或当作跳板,不允许其他支吊架焊或挂在风管法兰和风管支吊架上。

d. 运输和安装风管时,应避免风管表面划伤,安装时尽量减少与其他金属接触。

③ 通风空调设备安装

a. 设备开箱后安装现场封闭,禁止闲人进入现场。安装现场应宽敞明亮,可防风、雨并干燥。堆放设备及配件的场所应隔潮,设备及配件应分类保存,应避免相互碰撞造成表面划伤和损坏,要保持设备及配件的洁净。

b. 设备及配件安装时,要轻拿轻放,重物吊装要合理选择吊点。绳索在设备及配件上的绑扎处应加软垫,并按顺序安装,避免返工。

c. 安装现场应清理干净,照明、给水排水均应畅通,设备外表面易损部位应加防护罩,设备上面不得存放任何物品及承重,做好封闭。

d. 通风机、空调机组等设备就位未配风管前,应将通风机、空调机组等设备接口做临时封闭,防止杂物落入设备内。

e. 不得将通风机、空调机组等设备及其配管做脚手架。在室内装修时,应对其加以覆盖,防止污染机体及管道。

f. 设备安装完成后,如需在设备四周进行其他施工作业,应对设备进行全方位保护,防止作业时损坏设备。

④ 空调制冷系统安装

a. 管道预制加工、防腐、安装、试压等工序应紧密衔接,如施工有间断,及时将敞开的管口封闭,以免进入杂物堵塞管道。

b. 吊装重物不得利用已安装好的管道作为吊点,也不得在管道上搭设脚手架踩蹬。

c. 安装用管洞修补工作,必须在面层粉饰前全部完成。

d. 粉饰工程期间,必要时设专人监护已安装完的管道、阀门部件、仪表等,防止碰坏成品。

⑤ 空调水系统安装

a. 测量定位的墨线在安装前进行检查、校核,并防止被涂抹。

b. 对经测绘制成的加工草图详细核对,防止有误。并注意保管好,安装时对照就位。

c. 水平干管的拉线在支架安装完以前要注意保护和监视,防止交叉作业中弄坏拉线。

d. 加工过程中,对标注的记号、尺寸、编号均应注意保护,以免弄错。

e. 调直时,注意不得损伤丝扣接头。

f. 加工的半成品要编号捆扎,存放在专用的场地,安装时运至安装地点,按编号就位。

g. 暂不安装的丝头,要用机油涂抹后包上塑料布,防止锈蚀、碰坏。

h. 安装好的管道不得用来支撑、系安全绳、搁脚手板,也禁止蹬踩。

i. 未安装好的管道管口及时盖好,以免进入灰浆等污物。

j. 管道和设备搬运、安装、施焊时,要注意保护好已做好的墙面和地面。

k. 保温后的水箱不得人踩或堆放承重物品,防止保温层脱落。

l. 水箱于现场组装时,认真清理水箱内的污物,防止运行时连接管被堵。

m. 管道在冲洗过程中,要严防中途停止时污物进入管内。下班后设专人负责看管,或采取保护措施。

n. 冲洗过程中，严禁水或蒸汽冲坏土建装修面，设专人看护。

o. 堆放设备及配件的场所应隔潮，分类存放，要避免相互碰撞造成表面划伤和损坏，要保持设备配件的洁净、卫生。

p. 设备及配件安装时，要轻拿轻放，重物吊装要找好绑扎吊点。绳索靠在设备及配件上应架隔垫。

q. 在堵洞浇捣混凝土时应控制套管环隙不要挤向一侧，使位置正确。

⑥ 防腐与绝热安装

a. 在漆膜干燥前，防止灰尘、杂物污染漆膜。采取有效措施对涂漆后的构件进行保护，防止漆膜破坏。

b. 刷油前先清理好周围环境，防止尘土飞扬，保持清洁。

c. 保温材料放在干燥处妥善保管，不得露天堆放，防止挤压损伤变形，并与地面架空。受潮的绝热材料及其制品，当经过干燥处理后不能恢复合格性能时，不得使用。

d. 施工时要严格遵守先上后下、先里后外的施工原则，以确保施工完的保温层不被损坏。

e. 操作人员在施工中不得脚踏挤压或将工具放在已施工好的绝热层上。

f. 拆移脚手架时不得损坏保温层。

g. 当与其他工种交叉作业时要注意共同保护好成品。

h. 如有特殊情况拆下绝热层进行管道处理或其他工种在施工过程中损坏保温层时，应及时按原则要求进行修复。

2) 给水排水与水消防工程

① 室内给水系统安装

a. 预制加工好的管段，加临时管箍或用防水材料将管口包好，以防丝头腐蚀。

b. 预制加工好的干、立、支管要分项按编号排放整齐用木方装好，不许大管压小管码放，并防止脚踏和物砸。

c. 塑料管材和管件不得露天存放，以防止阳光直晒，堆放要远离热源；堆置高度不超过1.5m。

d. 经除锈、刷油防腐处理后的管件、管材、型钢、托吊支架等金属制品，有防雨防水措施。

e. 安装好的管道不得用作支撑或放脚手板，不得踏压。其支托架不得作为其他用途受力点。

f. 阀门的手轮在安装时应卸下，交工前，统一安装完好。

g. 水表应有保护措施，为防止损坏，在统一交工前装好。

h. 安装好的管道及设备，在抹灰、喷漆前应做好防护处理，以免被污染。

② 室内排水系统安装

a. 管道安装完成后，应将所有管口封闭严密，防止杂物进入，造成管道堵塞。预留管口的临时丝堵不得随意打开，以防掉进杂物造成管道堵塞。

b. 严禁利用塑料管道做脚手架的支点或安全带的拉点、吊顶的吊点。

c. 不允许明火烘烤塑料管，以防止管道变形。

d. 油漆粉刷前应将管道用纸包裹，以免污染管道。
③ 卫生器具安装
a. 材料应进行分类堆放。
b. 洁具在搬运和安装时要防止磕碰。安装后洁具排水口应用防护用品堵好，镀铬零件用纸包好，以免损坏。
c. 泥水施工时，要防止泥水堵塞下水道，要先将泥砂打扫干净，再冲洗地面。
d. 安装完的洁具应加以保护，防止洁具瓷面受损和整个洁具损坏。
e. 通水试验前应检查地漏是否畅通，分户阀门是否关好，然后按区域和房间逐一进行通水试验，以免漏水使装修工程受损。
④ 室外给水系统安装
a. 胶粘剂及丙酮等清洁剂不得随意丢弃。
b. 胶圈连接的橡胶圈储存的适宜温度为－5～30℃，湿度不大于80%，远离热源，不与溶剂、易挥发物质、油脂等放在一起。
c. 给水管道敷设完毕，管沟回填前，应有保护措施，以免管道受破坏。
d. 冬期施工水压试验应有保护措施，试压完毕后应排尽水，以免管道冻裂。
e. 消火栓、消防水泵接合器等安装完毕交工前施工现场应有保护措施。
⑤ 室外排水系统安装
a. 放线后应及时开挖沟槽，以免所放线迹模糊不清。
b. 管道中心线控制桩及标高控制桩应随着挖土过程加以保护措施或补测后重新立小木桩。
c. 接口后，用湿土将其表面包好，严禁踩压或碰撞。如果不及时还土，可用湿草袋覆盖并洒水养护至还土时止。
d. 施工过程中，防止管子相撞，以免管子端部保护层脱落影响接口质量。
e. 在昼夜温差大的地区或季节，管子可能受到较大的热应力产生裂缝。因此，除接口暂时外露养护外，要尽快回填土，以便遮住管身。
3) 低压配电与照明工程
① 配电箱安装
a. 设备到场后不能及时安装时，设专用库房保管，并专人看护。
b. 设备开箱检验后立即安装，不能及时安装时应利用原包装封存好。
c. 安装后，采取保护措施，避免碰坏、弄脏电器、仪表。
d. 安装、调试、运行阶段门窗封闭，专人值守，避免闲杂人等进入。
e. 送检、更换电器、仪表、零件时应经许可，并记录备案。
f. 临时送电、断电要按程序由专人执行，防止误操作。
② 电缆敷设、电缆头制作、接线和线路绝缘测试
a. 电缆及附件的运输、保管应符合产品说明书的要求。
b. 电缆在运输装卸过程中，不应使电缆及电缆盘受到损伤，禁止将电缆盘直接由车上推下，电缆盘不应平放运输和储存。
c. 运输及滚动电缆盘前，必须检查电缆盘的牢固性。
d. 电缆及附件如不能及时安装，应集中分类存放，盘上应注明型号、规格、电压及

长度。电缆盘之间应有通道，地基应坚实，易于排水；橡套电缆应有防日晒措施。

e. 电缆及附件与绝缘材料在储存过程中，防潮包装应密封良好，并置于干燥的空间内。

f. 电缆中间接头制作完成后，应立即安装固定，送电运行。暂时不能送电或有其他作业时，对电缆头加木箱给予保护，防止砸碰。

g. 电缆敷设宜在管道及空调工程基本施工完毕后进行，防止其他专业施工时损伤电缆，电缆端头处的门窗装好，并加锁，防止电缆丢失或损毁。

h. 线槽安装及配线时，注意保持墙面的清洁。接线盒盖、线槽盖板应齐全平实，不得遗漏，导线不允许裸漏在线槽外，防止损坏和污染线槽。

i. 插接母线安装完毕，现场应设明显标志牌，以防损坏。并保留其原有塑料膜包装。严禁利用母线及插接箱作蹬踏支撑。

③ 线管安装

a. 线管分类堆放于专用货架上，不得随意堆放于地面上。

b. 管路敷设或配合预埋过程中，及时将敞口用管帽、木塞进行封口，防止杂物进入，并及时将施工中造成的孔洞、沟槽修补完整。

c. 剔槽不得过大、过深或过宽。预制梁柱和预应力楼板均不得随意剔槽打洞。混凝土楼板、墙等均不得擅自断筋。

d. 浇筑混凝土时，安装电工看守，以免振捣时损坏配管及盒、箱，或造成移位。如发生管路损坏，应及时修复。

e. 照明器具在装修喷浆后进行安装，如安装后再喷浆，应将电气设备及器具保护好。

f. 吊顶内稳盒配管时，不得踩坏龙骨，严禁踩着电线管行走，刷防锈漆时不得污染墙面、吊顶或护墙板等装修成品。

g. 其他专业进行施工时，注意不得碰坏电气配管。严禁私自改动电线管路。

h. 镀锌材料要妥善保管，防止材料锈蚀。拆除脚手架、搬运物品时，不得碰坏接地干线，地线焊接时和墙面加金属隔板保护，喷浆前，预先将接地干线包好，防止污染。

④ 桥架安装

a. 桥架按规格分类进行堆放，堆放时不得将桥架直接放置于地面上，应采用垫木或其他垫料将桥架架空堆放。

b. 桥架在安装前，不得将桥架的外包装材料或捆扎材料拆除，以防止产生碰撞造成桥架表面划伤或变形。

c. 桥架转运过程中，应轻拿轻放，以免造成桥架碰坏。

d. 桥架安装过程中，严禁对桥架进行敲击，以免桥架表面损伤或变形。

e. 严禁将安装完成的桥架及其支吊架作为其他用途的支撑件、受力件。

⑤ 灯具安装

a. 灯具材料在搬运存放过程中，注意防振、防潮，不得随意抛扔、超高码放。应存放在干燥通风、不受撞击的场所。

b. 灯具堆放场所内，不得堆放其他材料，以避免相互碰撞造成灯具损坏。

c. 灯具安装过程中，不得进行抛掷，以免灯具损坏。

d. 灯具安装完毕后，可用原包装塑料袋罩盖灯具以防尘。室内有条件时应关好门上好锁,以防损坏或丢失。

e. 油漆工需要补刷顶棚和墙壁时,应注意不能污染灯具。其他工种作业时,应注意对灯具进行保护,不得损伤已装好的灯具。

(3) 对公共区域的成品保护

1) 地面铺砖完工后,装修专业覆盖较厚的塑料布或薄地毯。风水电地盘管理单位在特殊施工区域或主要通道地面用木板全面覆盖予以保护,下面应再铺一层塑料布。电焊时,施工区域用湿水厚棚布覆盖予以保护,并设有消防器材,否则严禁施工。

2) 装修专业已安装轻钢骨架不得上人踩踏,其他工种吊挂件,不得吊于轻钢骨架上。为保护成品,在面板安装前完成顶棚内管道试水、保温等一切工序及全部隐蔽验收,切忌颠倒工序。

3) 踏步面板施工完毕后先覆盖一层塑料布,然后及时用木板钉成踏步形状,扣在楼梯上以保护其不受破坏,楼梯扶手安装完成后应用泡沫塑料瓦扣在扶手上,然后用编织布条缠绕包上,在转角处多包几层并用胶带纸粘好。

4) 进行焊接作业时,在靠近的墙面、地面上设金属防护板,防止烧损墙面、地面。

5) 使用高凳时,不得碰撞墙、角、门、窗,更不得靠墙面立高凳,高凳脚应用布扎好,以防划伤地板。从高处运送工具、材料时,用工具包或绳子吊送,严禁抛扔,防止砸伤地面。

6) 安装开关、插座、阀门、龙头等器具时,操作人员戴白手套以防对装修墙面造成污染。在墙面上弹标高线时,要用浅粉,以防污染墙面。

7) 当出现上下交叉作业时,为避免下部墙面污染,应使用彩条布等遮挡。

8) 为防止在进行顶棚、墙面及地面施工时损害及污染其他专业成品构件,采取以下三种保护的方法。

① 护——就是提前保护。在其他专业成品构件表面全部贴上塑料薄膜纸,保护起来。在门口位置及转角等交通道口,为预防受碰,要多贴几层薄膜纸或再贴上小块木条。

② 包——就是包裹。对个别有特殊要求的专业成品构件可以进行包裹,或用木夹板覆盖,防止油漆时污染。

③ 封——就是封闭。必要时对其他专业成品构件的施工部位,在不影响后续工艺施工的前提下,采取封闭方式,达到保护目的。

9) 设专人负责成品保护、治安和巡视检查,操作人员工作完毕后由成品保护人员检查,发现问题立即查明责任者。对已完成的区域,凡未经许可一概不得进入已完成的房间内。统一全场成品保护标志,如挂"油漆未干"、"小心碰撞"等警示牌加以保护。

2.4 关键环节的质量控制措施

质量是我们施工的根本,是最后竣工的结晶,如何在施工的过程中将质量问题消除,涉及管理的问题和技术的问题。

2.4.1 施工测量控制

机电安装单位进场后,接收监理工程师向机电安装单位提供的工程范围内有关三角网点、水准网点和控制桩点等基本数据的测量资料，并做好交接手续；机电安装单位在收到基本数据测量资料后立即进行复核验算和复测工作，并将复测报告报呈监理公司，得到许可使用批复后才进行下一工序的施工。

控制点的复测：现场平面控制点测量完成后，先由安质部复测合格后，将测量资料报给监理申请复测，经过复测符合要求后才正式使用控制点进行下一工序的施工。

放样和水准测设后，由测量组进行复核，复核合格后，才能进行下一工序的施工。

测量仪器应该小心看护，定时复检，发现误差及时纠正；坚持做到仪器专人专用，减少不同施测人员观测带来的误差；坚持测量复核制度，每次轴线测量应该由另一个人进行复测校核。每次测量作业都要做好书面记录，作为资料归档保存。

2.4.2 设备材料质量控制保证措施

设备材料质量的保证是整个工程质量保证的一个先决条件，因此对材料质量的控制是非常重要和关键的。工程设备、材料选用的优劣将直接影响到工程的内在质量及产品的外观质量，为确保工程所用设备材料的质量，材料要按照一定的程序进行确定。机电安装公司在投标中提供的设备、材料全都要满足招标文件技术要求，自购材料设备的厂家也需是质量可靠的。

根据工程设备材料不同来源，分为甲供设备和乙供材料（含业主推荐品牌设备材料）两种模式分别对待。

（1）甲供设备材料质量保证措施

甲供设备材料在进场后及时向驻地监理进行申报，及时进行设备开箱验收，重点做好以下方面：

对设备材料的外包装进行目测检查，要求外包装完好，设备外壳无碰撞、划伤、挤压等痕迹，油漆完好。

设备随机技术资料齐全，随机带有国家相关部门要求的产品认证资料。设备安装就位后试运转前对静态技术指标进行检测，满足产品质量要求和设计要求。

在设备调试时，要求设备供应商到现场进行督导，确保调试过程满足设备性能和设计要求，最终保证工程质量的达标。

开箱完成的设备，如果现场条件具备安装，组织人员及时作业，这样可以减少库房压力和保管过程中的损坏；如果有些设备提前到货，现场不具备安装条件时，先将设备装入库房，做好防雨、防火工作。

（2）乙供设备材料质量控制措施

乙供设备材料的质量控制是工程设备材料控制的重点。质量控制更容易渗透，效果也更为明显，具体措施如下：

1）大宗设备和材料采取多家厂家议标形式进行采购，通过议标，选择质量好、价格合理、服务全面、保质期长的产品。

2）建立严格的自查自检程序，选择合格的产品，保证进入安装的设备材料完全符合国家验收标准。

材料采购前质量控制程序，如图2-5所示。

3）接受多方质量监督，尤其是监理和业主代表以及当地质监部门的检查。

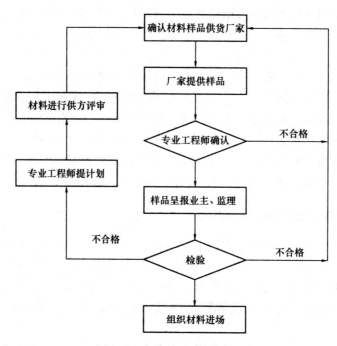

图 2-5 材料采购前质量控制程序图

4）设立现场实验室，对关键设备和材料进行性能测试，符合使用标准后方可使用。

5）强化管理，确保材料进场后不被调包或代用。

材料在使用前按设计要求核对其规格、材质、型号，材料必须有制造厂的合格证明书或质保书，材料的运输、入库、保管过程中，实施严格的控制措施，每道工序均有交接制度。

材料在入库后实行标识和分类、分规格堆放及管理，同时防止变形，防止受潮霉变等措施，材料出库检验和办理领用手续。

材料出库后，在施工现场妥善保管，存放地点安全可靠，如材料堆放的场地可能产生积水，在下面必须垫上枕木，室外堆放的材料必须用塑料布遮挡严实，避免日晒雨淋。材料堆放要求整齐，并挂上标识牌。

材料使用前进行严格检查包括外观检查，附着物的清除。

一旦发现材料不能满足或可能不满足设计要求时，应将其与合格材料相隔离，在自检过程中如发现质量问题及时整改。

对发出的材料要进行建档跟踪，重要材料的使用部位要处于可追溯的受控状态。

（3）材料、设备的验收、仓储

对已到货材料、设备，按工程要求和索赔期限，编制开箱验收计划。按照开箱计划发出开箱通知单，组织应参加人员实施开箱验收。应参加人员包括：供货方代表，监理、使用单位技术人员、仓库管理员、计划员、质保员。

开箱验收中发现不符合项，必须当场做好记录，填写不符合项报告，并由参加人员会签，协助做好不符合项处置工作。

开箱后，对所附装箱单、质量证明文件以及安装维护说明书等文件，必须妥善保管，编号存档，质量证明文件设记录台账。

材料、设备入库，必须具有合格证、质量证书，由现场材料人员对其质量、数量进行验收合格后，根据材料、设备不同特性，按规划好的库区平面图、设施、项目进行分类安放，妥善保管，不任意堆放，保持库区整洁，道路畅通。现场统一建立材料、设备台账，根据施工预算实行限额发料。

对已开箱、未开箱的材料、设备加明确的标识，并随时检查。重要材料、设备、精密仪器、仪表及电气类产品，采取相应的保管措施，确保物资安全无损，有保管要领的按"要领"措施保管。材料、设备保管中的账务处理，做到及时核销、账目清晰，卡、物相符，剩余设备与账存数相吻合。

（4）材料、设备的现场防护

施工现场设材料库、设备库，用以存放小型金属材料、管件、电气配件、五金材料、小型精密设备及电气设备。同时设置设备及管道、型钢、管件堆场，设备及管材堆场设置标识及四周设围栏。

材料设备库保管员，对库房保卫和材料、设备安全负责。库房要有完备的消防设施，建立防火制度，集中堆放的设备，应有完善的防雨、防晒措施；易燃材料及油漆，单独设库，并远离设备堆场和材料设备库房，确保库房安全。

为保证库房安全及材料、设备安全，安排保卫人员做好夜间及节假日期间的保卫工作。

2.4.3 机电安装工程质量控制措施

（1）通风空调工程质量保证技术要求和措施

风管制作应对每道工艺严格执行、层层把关，各部位加工偏差必须控制在规范允许的范围之内，每节风管制作完毕应编号，以利安装顺序。

风管安装前，应根据设计图纸检查土建施工中留出的孔洞数量、位置、标高、尺寸是否正确，合格后方可安装。

通风空调等设备安装前必须编制吊装作业指导书。

（2）给水排水及消防工程质量保证技术要求和措施

在管道安装及设备就位前，做好孔洞、套管预留预埋及设备基础浇筑，准确核对施工图和现场的定位尺寸和轴线，确定尺寸无误后，方可安装相应的管道、设备及部件。

对各类管材、管件应在安装前按设计核对规格、型号和质量，符合要求方可使用。

安装前必须清除管道内部污垢和杂物，安装中断或完毕的敞口处应临时封闭。

各类水泵安装前基础必须验收合格，水泵就位时实测联轴器水平和同心线，严格控制，确保联轴器水平。

各类管道、卫生器具支管穿楼板处预留孔洞的修补必须充分满足防漏水渗水要求。

（3）低压配电工程质量保证技术要求和措施

电气预埋管线不得有穿孔、裂缝、明显的凹凸不平及严重锈蚀等情况。

管内穿线时在盒（箱）内导线有适当余量，导线在管子内无接头，不进入盒（箱）内的垂直管子的上口穿线后密封处理良好，导线连接牢固，包扎严密，绝缘良好，不伤芯线。

电缆支架应安装牢固、横平竖直，各电缆支架同层横档应在同一水平面上，电缆头安装固定牢靠，相序正确，接头保护措施完整，标志准确清晰。

配电盘的正面及背面各电器、端子排列等应标明编号、名称、用途及操作位置，防止电器、端子排列混乱。

2.4.4 装修工程质量控制措施

（1）施工人员必须认真按国家施工验收规范和经过会审的图纸进行装饰工程的施工，除此之外还需做好以下工作：

施工技术人员必须根据施工部署，做出具体的分部分项施工方案，并严格按施工顺序，对复杂的和有特殊要求的部位做好技术交底，组织讨论施工顺序及操作方法。

认真做好工种与工种之间、工序与工序之间的交接检查验收工作，并做好记录，如前道工序存在问题必须经处理合乎要求后，才能进行下道工序施工。施工中发现前道工序有不符合要求的地方，应随时提出，经处理后方能继续施工，以免返工造成浪费。

根据材料的特性和要求进行施工，对某些材料不能在低温下施工时必须采用门窗封闭并考虑暖气或用电炉升温措施。不具备施工条件的，坚决不施工。

积极开展 QC 小组活动，精心操作，提高质量，杜绝装饰质量通病。

专职质监人员检查要认真负责，处处要严字当头，一丝不苟，并做到三勤（勤走动、勤动嘴、勤检查），发现问题随时提出，随时处理解决，特别注意细部节点处理的施工质量，杜绝质量通病的出现。

装修作业坚持先做样板间，待样板间得到监理及甲方认可后才开展大面积作业。

（2）把住材料、半成品的质量关。进场的材料、半成品应有产品合格证或检验合格通知单，并由物质部会同技术人员、质检人员及甲方有关人员共同检查验收，贵重材料应逐件验收，装箱材料要拆箱检查，捆绑材料要铺开检查。大面积材料一次备齐，主辅材要配套。粘贴材料的面积和粘胶性能要满足使用要求。若厂家供应的品种、规格、型号、色泽、数量等与样品不符或有质量问题时，不予验收。工人在操作时发现材料不符合要求时，有权拒绝。

2.5 隐蔽工程质量控制措施

隐蔽工程的质量问题尤为重要，因为不能及时发现，所以我们要采取更加有效的措施来防治，避免问题的发生。

2.5.1 安装工程隐蔽工程质量控制措施

由于隐蔽工程在施工完成后往往被下道工序所掩盖，如果出现质量问题不容易被及时发现，即使发现了问题也难以治理，采用以下手段保证隐蔽工程质量：

（1）实行严格的隐蔽工程检查验收制度

隐蔽工程在施工完成后，一定要通过严格的"三检"程序，直到监理工程师签字认可后，才能进行下道工序施工，否则要返工处理。

（2）质量举报制度

在项目部驻地和施工现场，设质量举报箱，所有不符合规范要求的作业，经发现人人可以举报。凡举报属实者，给予一定的物质及经济奖励。被举报的施工班组或个人，视其情节及认错态度给予一定的处罚。

（3）旁站制度

为了保证隐蔽工程的施工质量，在关键部位实行技术人员旁站制度。要求现场技术员24h值班，进行旁站监督。

（4）实行质量终身负责制，建立工程质量卡片制度

根据谁施工、谁负责的原则，实行质量问题终身负责制，对所承建的工程建立质量卡片。每个工程的项目负责人、技术负责人、质量负责人、安全负责人、以及特殊作业工序的有关作业人员的姓名、职位登记上卡。在出现质量问题后，可追溯到各个负责人，保证产品实现过程中的可追溯性。

（5）实行无损检测

除了对隐蔽工程的施工加强质量监督外，还要利用现代化的检测手段对重要部位进行检查，确保隐蔽工程的施工质量始终处于受控状态。

（6）隐蔽工程验收制度

凡可能被下道工序掩盖的隐蔽工程在隐蔽之前进行验收。项目部设专职质检人员进行检查。每一道工序未经监理工程师检查不得进行下道工序施工。

（7）认真实行隐蔽工程检查签证制度，自检合格后，经驻地监理工程师检查签证，未经检验签证同意，或自检不合格的隐蔽工程，均不得擅自隐蔽不报，隐蔽工程不得先施工后补签，一旦发现补签被视为不合格工程。

2.5.2 建筑装修隐蔽工程质量控制措施

建立健全的工程质量检查和验收制度，把责任落实到人，是保证隐蔽工程质量的关键。

项目经理对隐蔽工程的质量总负责，项目部负责将各项目责任层层分解，落实到班组和个人。严格隐蔽工程检查验收程序，认真执行三检制度自检、互检、专检。

施工班组在工序完成后，对隐蔽工程进行自检，自检合格后填写质量检查评定表。

质检工程师在施工班组自检合格的基础上，对隐蔽工程进行质量检查；并将检查结果报项目经理。检查合格后，由项目经理书面通知监理工程师进行隐蔽验收。

监理工程师对隐蔽工程进行验收合格后，方可进行下一工序的施工。

施工过程中，质检员、质检工程师经常在工地施工面检查，及时指出工程中的不合格处，让施工班组迅速加以改正。

隐蔽检查中必须按规范和设计要求进行，对预埋件、预留孔洞等的检查要做到无一遗漏，位置正确。

对关键工序、特殊工序要在质量计划中设立质量控制点（停止点），上道工序检查不合格的不准进入下一工序的施工。

对隐蔽工程的验收，应按合同规定的时间，事先通知监理工程师，让监理工程师有足够的准备和充分的检查时间对将隐蔽的工程的任一部分进行检查、检验。项目部应给予方便和合作。

模板、钢筋、预埋件完成后必须首先经过现场施工单位质量保证体系的三级检查，并备有书面记录，然后由监理工程师按隐蔽工程验收，经验收签证后才能浇筑混凝土。

基槽回填前应对基底进行清理，经验收后才能进行回填作业。

防水层施工应对防水层基面，每层防水层铺贴和保护层施工进行验收，并办理签证。

隐蔽工程的验收要争取一次通过，建立奖优罚劣的制度，对隐蔽工程一次验收合格的施工生产班组给予一定奖励，对隐蔽工程一次验收不合格的施工单位生产班组，给予一定的处罚。将验收情况与经济效益相结合。

按要求整理好各项隐蔽工程资料。隐蔽工程施工中应有严格的施工记录，记录中应有检查项目、施工技术要求及检查部位等，并将施工过程划分为各个施工阶段，每个施工阶段都有技术负责人、质量检查人签字，返工后的隐蔽工程复检合格后，填写隐蔽工程验收记录，同时向驻地监理工程师出复检申请，并办理相应的签认手续。

2.6 施工安全管理措施

安全是施工管理中必须放在首位的问题，管生产必须管安全，必须牢固树立"安全第一"的思想。

2.6.1 安全基础工作

（1）规章制度

贯彻执行"安全第一"的思想，坚持"安全生产、预防为主、综合治理"的方针。

项目经理是安全第一责任人，经理部设安全生产领导小组，并设专职安全检查工程师，现场设专职安全员。

根据工程实际情况，编制详细的安全操作规程、细则，并制定切实可行的安全技术措施。

严格执行交接班制度，坚持工前讲安全、工中检查安全、工后评安全的"三工制"活动。

工程实施过程中，每周召开一次安全例会，检查安全生产措施的落实情况，研究施工中存在的安全隐患，及时补充完善安全措施；每月进行安全设施大检查，总结评比和奖惩。

每一工序开工前，做出详细的施工方案和实施措施，并报监理审批。

坚持定期安全检查制度。项目部每月检查一次，工班每周检查一次，发现不安全因素，立即指定专人限期整改。

管理人员树立"抓安全一刻不忘，管安全理直气壮"的观念，做到"发现隐患立即整改，发现违章立即制止"。

（2）施工安全教育

加强安全教育，提高员工的安全意识，树立安全第一的思想，培养安全生产所必须具备的操作技能。安全教育宣传台如图2-6所示。

做好职工的定期教育及新工人（包括劳务工）、变换工种工人、特种作业人员的安全教育，新进场工人（包括劳务工）未经三级安全教育，不得上岗。新工法、新工艺、新设备、新材料及技术难度复杂的作业和危险较大的作业，要进行专门的安全教育，采取可靠的保证措施。

所有技术工种人员必须持证上岗。

发生事故及事故苗子，必须做到"三不放过"：即事故（苗子）原因分析不清不放过，事故（苗子）责任者和群众没有受到教育不放过，没有防范措施不放过，杜绝事故隐患。

（3）具体安全措施

所有施工人员必须戴安全帽，特殊工种按规定佩戴防护用品。安全防护用品宣传如图2-7所示。

图2-6 安全教育宣传台

图2-7 安全防护宣传

做好施工现场的生活、生产设施布置，合理安排场地内临时设施，做到封闭施工，建立防洪、防火组织，配齐消防设施，制定"三防"措施和管理制度，使防洪、防火落实到实处。

靠近施工现场的道路，设置明显警告标志。加强车辆养护与维修工作，搞好各种机动车辆的管理，严禁违章开车，各种车辆严格遵守交通规则，保证行车安全。

搞好安全用电，场内架设电线应绝缘良好，悬挂高度及间距必须符合安全规定，保证绝缘良好。各种电动机械和电器设备均设置漏电保护器，确保用电安全。

提升系统各部位必须专人定期检查，并严格按操作规程操作。

做好四口、五临边防护。

2.6.2 施工现场的安全注意事项

（1）总则

项目部在施工过程中对可能影响安全生产的因素进行控制，确保施工生产按安全生产的规章制度、操作规程和顺序要求进行。

（2）开工前准备

办理开工报告和安监部门受监登记。

落实施工机械设备、安全设施、设备及防护用品进场的计划。

落实现场合格劳务队伍，签订合同和安全协议书。

办理职工意外伤害保险。

(3) 持证上岗

进入施工现场内的各施工人员及特种作业人员必须经过培训、考核，并持有效的相关证件上岗。

(4) 对安全设施、设备、防护用品的检查验收

本工程区域多、施工队伍多，安全防护十分重要。对临边、洞口、交叉作业的安全防护必须做到防护明确、专人负责、技术合理、安全可靠。施工现场任何人严禁擅自拆除现场安全防护设施和施工现场安全标志，如需拆除，须由安全员会同技术员商议，并采取相应措施后，方可由有关工种进行操作。

(5) 施工工具

施工现场使用登高扶梯必须坚实稳固，不得缺层，梯阶的间距不能大于40mm，人字梯中间需有拉结线，且梯子下脚应有防滑措施，倾斜坡度以60°为宜，以满足施工要求。

施工使用工具应定期检查性状况，特别是受力工具应完整，以防因滑脱、打滑等意外造成伤人、伤已。

现场移动电动工具应具有良好接地，使用前应检查其性能，长期不用的电动工具其绝缘性能应经过测试方可使用。

手持电动工具的电源线不得任意加长，使用工具附近必须设置可控制电源的配电箱，供应急启闭。

使用电动工具必须有二人在场操作，以便处理应急事故。

(6) 安全防范重点

对高处作业、起重、临电、机械、消防、防火等安全要点进行重点防范，采取具体措施。

(7) 季节性施工

1) 实施要点

暴风雨、雨季前后要检查工地临时设施、脚手架、机电设施、临时线路，发现倾斜、变形下沉、漏雨、漏电等现象，应及时修理加固和排除险情，参与检查者应在定期检查表中做好记录。

机械、电气设备应有防雨、防潮措施，大中型施工机械要有固定措施。同时，原料成品、半成品也须有防雨措施。

雨季现场道路应加强维护，斜道和脚手板应有防滑措施，同时做好现场排水工作。

配备防汛物资，以备抢险用，及时做好防汛工作。

汛期配置夜间值班人员，确保安全。

冬季施工要做好防火、防寒、防毒、防滑、防爆等工作。

2) 控制点

夏季要有防暑降温措施，杜绝中暑事故发生，食堂要保证卫生并做好食品留样工作，防止食物中毒，并有专人负责。

冬季要做好防寒保暖工作。

雨季施工，要做好地下室的防汛工作，在主要落水点做好临时排水措施。

六级风以上或雷电、暴雨天气不能进行户外吊装作业施工。

（8）急救

提供急救药箱，且放置在现场显著的、容易拿到的位置，急救药箱内的药物能满足作业工作的需要。

施工期间，将在本标段委派一名专业医务人员负责在发生事件时进行紧急救治。

（9）安全生产检查

由项目部经理负责组织相关人员组成安全生产检查组，每周对施工现场实施全面检查，对施工过程中暴露出的安全设施不安全的状态、人的违章操作，指挥的不安全行为、文明施工和环境保护工作中存在的缺陷情况，进行整改和复查，以确保符合安全文明要求，并做好安全记录。

每月一次按照《建筑施工安全检查标准》JGJ 59—2011 进行评分，并按体系资料表做好记录。

根据季节变化，节假日和施工周期情况，项目部进行重点检查，加强巡查。查出的隐患开具"整改通知书"，根据"三定"原则限期整改。对重复出现的隐患责任人和严重违章人员项目部予以处罚。

安全生产物资的进货检验：项目部采购或调拨进场的安全用品进行检查验收，并做好记录，确保安全用品符合安全规定的要求。若查出不合格的安全用品应开具《不合格通知书》，并进行处理。

（10）过程检验及标识

在检查检验过程中，若遇到损坏或缺少可靠安全防护的中小型机械，如一时难以撤离现场的，应做好明显的标识，防止误入施工现场。

在灭火器材上必须标明购买日期，换药检修日期，品种与型号等标识。

对施工现场的安全设施、设备进行检验，验收合格后才能投入运行。

应按照经过审批的安装方案对大型施工机械设备进行验收，合格后使用，并做好书面存档。

通道保护棚，楼层周边等安全防护设施搭设，搭设完毕后必须进行检查，验收合格后须挂上标有验收人、搭设负责人的验收牌。

施工用电按临时施工用电规范要求编制施工方案，经验收合格后，方可使用。

对临边、洞口的防护、工地防火、环境卫生、劳动保护、文明施工等检查验收，应按照安全生产保证计划中规定的要求进行检查、检验。现场临时防护如图 2-8 所示。

 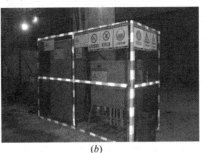

(a) (b)

图 2-8 现场临时防护

(a) 车站临时照明及临边防护；(b) 现场一级箱防护

上述各类检查和检验完毕后，须按体系规定的格式填写验收记录。

2.6.3 事故隐患的控制

针对工程实施各阶段、各工种的安全操作，并结合具体施工对象补充有针对性的安全技术交底内容。根据本标段机电专业安装工程施工特点，要重点防止以下事故隐患的发生：防高处坠落事故；防机具设备伤害事故；防触电事故；防洪事故；防交通安全事故；防火灾事故；防物体打击事故。

（1）任何人不得违章作业、违章指挥。安全员是安全生产的执法人员，有权制止违章作业，任何人不得干涉。

（2）当生产、施工与安全发生冲突时，必须服从安全需要。

（3）全员参与安全生产活动，使施工过程中存在的事故隐患能及时发现，及时处理，确保不符合设施不使用、不符合过程不通过、不安全行为不放过。

（4）对出现的隐患要及时督促施工部门进行整改，以达到规定要求，并组织复查，对有不安全行为的人员进行教育或处罚。

（5）对于事故隐患，安全员有权进行处理，具体方法包括：

对不合格设备和防护用品停止使用，必要时予以封存，并以文字或颜色等进行标识。

有事故隐患的设施，按照"三定"原则，指定专人进行整改，以达到规定要求。

（6）验证：

对施工过程中存在隐患的安全设施、设备、安全防护用品等，施工部门应进行整改，达到要求挂合格牌或其他合格标识后方可使用。

对于上级部门在检查过程中指出的事故隐患应落实整改，并将整改后的情况反馈至上级检查部门。

（7）纠正和预防措施：

1）对查出的事故隐患或潜在的危险状况进行分析，并制定相应预防措施，对事故隐患及时进行处理，落实整改措施。

2）纠正措施：

对施工现场发生的事故，应首先抢救伤员及国家财产，防止事故进一步扩大，然后保护现场，并按事故报告程序及时向上级部门报告。

对事故产生的原因进行调查，并研究防止发生重复事故的纠正措施。

对存在事故隐患的设施、设备及安全防护用品实施封存隔离等处置办法，并做好标识，如挂牌说明、警戒线等，必要时派专人设岗值班，然后进行调查分析，按制定的相应纠正措施进行处理。

对采取的纠正措施进行跟踪验证，并做好记录。

3）预防措施：

安全生产保证体系的健全和正常运作是预防的根本。

推行全面、全过程、全方位的标准化管理，教育工人增强自我保护意识，自觉执行各项安全技术规范。

针对性安全技术交底和教育是预防事故的必要手段。

2.6.4 安全教育和培训

(1) 教育和培训的目的和范围

1) 目的:

使处于每一层次和职能的人员都认识到:

遵守"安全第一、预防为主"方针和工作程序,认识符合安全生产保证体系要求的重要性。

与工作有关的重大安全风险,包括可能发生的影响,以及其个人工作的改进可能带来的安全因素。

在执行实现安全生产保证体系方面的作用与职责,包括在应急准备方面的作用与职责。

2) 范围:

全体管理和施工人员。

(2) 教育和培训的时间

根据《建筑业企业职工安全培训教育暂行规定》(建教〔1997〕83号)的要求:

项目经理每年不少于30学时;

专职管理和技术人员每年不少于40学时;

其他管理和技术人员每年不少于20学时;

特殊工种每年不少于20学时;

其他职工每年不少于20学时;

待、转、换岗重新上岗前,接受一次不少于20学时的培训。

(3) 教育和培训的形式与内容

1) 项目经理和安全管理人员的安全生产培训

定期轮训,提高政治水平,熟悉安全技术、劳动卫生知识。

专职安全员还应接受劳动部门和行业行政主管部门的培训,取得相应的证书持证上岗,并按规定定期复审。

2) 三级安全教育

① 公司(基层)级:

劳动保护的意义和任务的一般教育;

安全生产方针、政策、法规、标准、规范、规程和安全知识;

企业安全规章制度。

② 项目(施工队)级:

建安工人安全生产技术操作一般规定;

施工现场安全管理规章制度;

安全生产纪律和文明生产要求;

本工程基本情况。

③ 班组级:

本人从事施工生产工作的性质、必要的安全知识,机具设备及安全防护设施的性能和作用;

本工种安全操作规程；

班组安全生产、文明施工基本要求和劳动纪律；

本工种事故案例剖析，易发事故部位及劳防用品的使用要求。

3）特定情况下的适时安全教育

季节性如：冬季、雨季、汛期施工。

（4）实施要点

做好进场工人的安全教育，并贯穿始终、全过程地进行安全教育培训，教育培训的重点是操作者的自我保护意识。

在事故多发期及上级部门下达指令时，进行针对性的教育。

采取多样化的培训教育形式，如黑板报、宣传标语、大会、录像等。

实施施工队伍职工的安全进场教育及平时的安全教育培训，新工人必须经过三级安全教育。

由安全组负责安全培训教育工作并做好记录，建立职工劳动保护记录卡。建立安全体验区，安全教育培训如图2-9所示。

图2-9 安全教育培训图

(a) 正确使用担架；(b) 安全帽撞击体验；(c) 安全带使用体验；(d) 洞口坠落体验

（5）安全记录

由项目专职安全员组织相关人员，建立安全生产保证体系有效运行安全记录，包括相关的台账、报表、原始记录。

安全记录由项目专职安全员进行收集、整理，并进行标识、编目和立卷。

安全记录应完整及时，并延续到工程项目竣工。

施工现场安全记录要齐全，安全生产保证体系管理资料共分为8册：安全生产管理职责；安全生产保证体系文件；采购（安全设施所需的材料，设备和防护用品）；施工班组管理；安全技术交底及动火审批；检查、检验记录；事故隐患控制；安全教育培训。

2.6.5 消防保证措施

（1）消防保证体系

在施工现场建立以项目经理为第一责任人的项目经理部消防保证组织机构，树立从各车站负责人到每一个施工人员全员参与的消防意识。

机电承包商逐层签订消防安全责任书，同时服从政府消防主管部门的检查。

（2）消防保证措施

由于施工工种较多，所以在施工过程中如何协同配合好其余施工单位做好消防管理，将作为工程管理的重点之一。

机电承包商加强对参与现场施工人员的消防意识教育和消防技术指导，认真贯彻消防制度，经常开展消防活动，定期进行防火检查。

工地设立义务消防队，在设置灭火器、水源处的道路应保持畅通。在生活区内配备足够的消防器材，并且定期检查消防器材，以保证消防器材齐全有效。

用火点和燃气罐不能放置在同一房间内。在生活区内不得存放易燃、易爆、剧毒、放射源等化学危险品。

施工现场应严格按《施工现场防火规定》等文件的规定，进行施工消防工作，定期检查灭火设备和易燃物品的堆放处，消除火灾隐患，休息室，更衣宿舍更要注意防火。

加强对电焊，气焊设备的整治，要注意防火防爆，现场动用明火前，必须按规定办理动火证，并加强防范工作。

在进行焊割作业时必须严格执行"十不烧"规定。非电工严禁擅自拉接用电器具和电线。禁止擅自使用非生产性电加热和煤油炉等明火器具。

在各个施工作业面配置灭火器具，设置安全疏散通道及疏散指示标志。

及时清理施工现场垃圾杂物，特别是设备材料的木制包装、塑料包装、纸包装等，洒水清扫，保持施工现场环境的整洁等不容忽视。

现场标识好消防平面图，注明消防重点部位，消防设施位置。

工地设立联防小组，以预防为主。在每个建筑物内设置灭火器，水源处的道路应保持畅通。

重点部位必须执行严禁吸烟、动火等有关规定，有专人管理，落实责任，按规范设置警示牌，配置相应的消防器材。

值班人员必须配合安全部门定期巡逻，发现火苗，隐患及时采取措施，且立即报告有关领导部门。

消防器材不得挪作他用，周围不准堆物，保护道路畅通。消防专用器材如图2-10所示，春节期间各站要安排专人负责工地安全巡查，尤其要加强防火监控措施，防止因燃放烟花爆竹而导致的火灾。严禁周围居民在工地附近燃放烟花爆竹，配足意外火灾扑救时的

 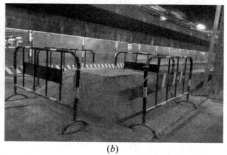

图 2-10　消防专用器材和消防砂
（a）消防专用器材；（b）消防砂

消防器材。

对施工人员进行专业化的灭火救援培训，为其配备高效灭火救援器材和防护器材。

2.6.6　施工现场安全保卫方案

（1）组织保证

要在组建项目经理部机构时就成立综合办公室，设专人负责现场安全保卫管理工作。

（2）人员保证

施工现场配备专职保安保卫人员24h值班，做好进入施工现场人员的登记手续，防止外来人员随便进入施工现场干扰施工，车辆进入施工区时应先在门卫登记而后才能进入，进出车辆要服从现场人员的调度安排。

（3）宣传措施

施工现场利用黑板报专栏和其他形式对各进场施工的承包商包括地盘管理商、员工进行法纪和道德宣传教育工作，使施工人员进入现场后遵纪守法、懂法并自觉遵守和维护国家的法规法令、政策法律。提高员工的法制观念，防止、杜绝盗窃、斗殴及进行黄、赌、毒等非法活动的发生。

施工内业资料应齐全、整洁、清楚、数据可靠，办公室按要求布置各种图表、专业岗位职责、施工图表，及时了解、掌握工程，完成进度、劳动力状况、机具设备使用状况以及各种职责的布置。

（4）安全保卫具体措施制度

进入施工现场要严格遵守门卫制度，主动出示临时出入证及其他有关证件，经保卫人员同意方可入内。

自进入施工现场起，施工作业人员必须按规定佩戴标有公司名称、姓名、工种的临时出入证。

临时出入证用完后由门卫室保留，如果发生遗失现象应立即汇报。

工作完成后，所有的临时出入证应该退还，临时出入证遗失或者损坏的则做出一定的赔偿。

骑自行车进出大门时，必须下车推行，并将自行车摆放在停车区域内，不得随意停放。

外来单位参观工程项目，须征得业主和地盘管理单位同意，并应有有关人员陪同，遵守工地安全管理规定。其他人员未经许可不得入内。

（5）施工现场的防盗措施

地盘管理单位将对所有出入口和地面上的施工设备材料架实行统一管理，出入口设岗哨，日夜安排保卫人员值班、巡视，检查所有进出车站车辆及施工现场人员出入证，工地采取封闭式管理。设置治安领导小组，对生活办公、生活现场区域和施工人员的治安，全面负责和管理，出现紧急情况直接向项目经理部报告，必要时可联系当地派出所，请予协助解决。设置治安保卫管理员一名，专门负责治安保卫工作，并建立现场治安管理小组。认真落实施工现场的防火、防盗、防破坏及治安管理等安全措施。严禁赌博、偷盗、打架斗殴等扰乱正常生产秩序的行为，严格执行施工现场的治安保卫工作制度，经常开展以"四防"为内容的安全检查，消除隐患。加强各类物质的管理，施工现场使用的工具、油料、设备、缆线等物资要严格管理，落实专人保管，防止被盗。

第3章 机电设备安装通用技术

本章主要介绍了综合管线布置及综合支架应用、机电设备接地及管道接地、防火封堵、标识等,重点学习综合管线布置优化的特点、设备接地的关键控制点、防火封堵操作要点、标识制作及安装,为机电设备通用安装提供了基本遵循的原则。

3.1 综合管线布置及综合支吊架应用

3.1.1 综合管线布置

1. 综合管线布置优化原则

各专业系统综合管线布置优化过程中应与设计院、业主协调合作。优化应在原设计的基础上,根据现场施工工艺及方法、各施工交叉作业配合、施工定位等相关因素对图纸管道布置平衡优化。

优化设计过程中应遵循以下原则,见表3-1。

优化设计原则   表3-1

序号	基本原则	注意事项
1	严格执行设计规范	优化设计需严格遵守相关设计规范
2	不改变设计意图	优化设计人员应熟悉施工图,仔细分析设计意图,在充分了解设计思想的基础上进行优化设计工作
3	不降低设计标准	优化设计不能随意变更原设计选用的设备、材料的性能参数,确有更改应征得业主、原设计人员书面同意,并签发设计变更单
4	不影响使用功能	优化设计不能改变或影响系统的使用功能,同时应特别注重人性化设计,方便使用与维护
5	方便现场施工	优化设计应考虑各种施工工艺,充分考验现场施工所需空间,保证优化设计图纸的可操作性
6	不影响美观	在满足规范和使用功能的前提下,应整齐美观,布置合理

2. 综合管线布置优化的主要内容

综合管线布置优化布置图包括内容:给水排水管道、消防管、空调送排风管、空调冷冻水管、冷却水管、母线槽、电缆桥架、线槽、线管等的平面布置图、剖面图、大样图和顶棚综合平面图等。

3. 综合管线布置优化的重点部位

由于车站有多个设备间,局部区域也集中了主要的大型设备和系统主管道,因此,在重点区域及管线安装大量集中的位置进行综合管线的统一部署将提高机电管线整体布局观感和合理性。

车站综合管线优化的重点部位包括：设备区主走廊位置；公共区；设备间，主要包括低压开关柜室、照明配电室、气体灭火气瓶间、冷水机房、小空调室、车控室等；轨行区等。

4. 综合管线布置优化的设计步骤

（1）专业对各自系统的设备、管线型号、参数等进行复核后，统一解决系统接口问题。

（2）各专业的平面图深化设计，按照技术要求和实物尺寸等技术参数来绘制水管、风管、电缆桥架（特别是要核实电缆桥架的大小）等机电设备和管线。

（3）在一个平面图上导入各专业管线，绘制出综合平面图，并合理调整各种管线的平面位置。

（4）绘制出各部位的剖视图，再次调整各种管道的位置和标高，并相应调整综合平面图各种管线的相应位置。

（5）初步绘制出综合图，经各专业工程师核实调整后，绘制综合图交业主、设计院、监理审批。

（6）按照审批后的综合图，绘制相应的施工图。

（7）有条件情况下可结合BIM模型进行综合管线布置优化。

5. 各重点区域综合管线布置优化

（1）公共区（站台、站厅）综合管线

1）站台、站厅综合管线布置概况

在公共区站台站厅的顶棚上端涉及风管、水管、电缆桥架、照明灯具以及广播、消防系统、通信等弱电系统的管槽安装位置，施工时应避免各类机电设备在顶棚上设置凌乱，严格按照装修图纸中风口、灯具、烟感、扬声器等的位置进行施工。

2）站台、站厅综合管线布置要点

① 公共区空间大，管线可按专业分区域布置，如图3-1所示。

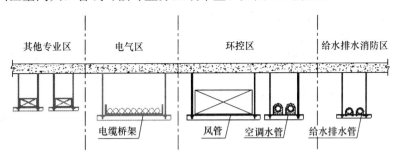

图3-1 管线分区布置示意图

② 严格按照装修公共区控制标高要求，以便为装修尽可能保证公共区净高。

③ 按照公共区建筑装修顶棚图纸对灯具、送排风口、烟感器、扬声器、导向指示、广告灯箱等位置进行细化布置。

④ 为防止吊顶内敷设的冷水和排水管道有凝结水下滴影响顶棚美观，应对冷水和排水管线采取防结露措施。

⑤ 空间变化时的布置应根据"小让大、软让硬、弱让强（电压等级）"的原则进行调整。

⑥ 相对位置布置要点：注意电缆（动力、自控、通信）桥架与水系统的管线应分开布置，以免管道渗漏时，造成事故。若必须在一起敷设，电缆应考虑设套管等保护措施。

⑦ 维护检修布置要求：公共区顶棚预留维修检修口主要是通风空调专业，当管线的宽度小于1.2m时，可只考虑单侧的检修空间；若管线的宽度大于1.2m时，应同时考虑两侧维修空间，且原则上最小检修空间不得小于0.4m。另外空调水系统、给水排水系统的管道阀门位置也要预留检修口，应根据实际情况与装修专业协调。

⑧ 分支管线错位布置要点

a. 电气专业的分支管线主要是公共区的顶棚末端，包括灯具、烟感器、扬声器、导向指示电源等，一般根据优化的公共区建筑装修图敷设管线，再用金属软管连接到末端。注意金属软管应该控制在1m以内，并做好金属软管的固定。

b. 通风空调专业公共区的末端主要是送排风口，在安装末端的过程中，要先保证送排风口的安装空间再考虑灯具等其他的管线，遵循管线小让大的原则。

3）关键控制点

① 走廊与公共区接口处管线走向

走廊与公共区的接口管线通常有标高和纵向位置的变化，要在安排走廊、公共区这两大区域的综合管线布置时，要考虑好接口部分的连接空间、位置是否充足，及各专业的施工顺序。在走廊的位置往往大管线安装后就无法在其上方再施工，因此要根据综合管线图协调好各专业的施工顺序。

② 垫层下与立柱中相关管线隐蔽工程

在施工工程中，垫层与立柱的管线有电气部分末端的管线，包括插座、灯箱等。此部分的管线我们通常是尽量采用在顶棚上走管线，再从墙或立柱引到末端，尽量减少在垫层上敷设管线。垫层上的管线主要是自动售票系统、AFC系统等专业系统承包商的管线，因此在公共区综合管线的地面图中应该细化专业系统承包商管线的走向及预埋件的位置，做好装修承包商与专业系统承包商的协调配合。

③ 不同管线之间相互防护距离

如果有专业之间交叉管线的情况要按照施工规范要求的安全距离进行施工。

（2）设备区走廊综合管线

1）设备区走廊综合管线布置概况

设备区走廊管线复杂，具有涉及专业多、空间狭小等特点，是综合管线布置的重点部位。

2）设备区走廊综合管线布置要点

① 管线布置时应考虑施工的先后顺序、安装操作距离、支托吊架的空间和预留维修检修的余地。

② 按照"电上、风中、水下、小管让大管、有压让无压"的总原则，即平行布置管线时电气设备的管线位于最上方，通风空调的风管位于中间层，所有水管位于最下层。

③ 对风管保温、桥架、线槽等应预留足够的施工操作空间。

④ 按照综合布置的要求控制好走廊的标高，在局部的位置无法保证标高的应将管线

尽量靠边安装。

⑤ 相对位置布置要点：电缆桥架与各种管道平行或交叉时，其最小净距应符合施工规范要求。当强电和弱电线路在一定空间范围内敷设时，应符合最小净距或采取隔离措施，以防止电气干扰。

⑥ 维护检修布置要求：注意走廊的主风管安装后影响其上方管线的维护检修空间，应该为上方的管线预留检修的空间供施工人员进入及操作空间。空调水系统、给水排水系统的管道阀门位置也要预留检修空间及操作空间。

⑦ 分支管线错位布置要点：

a. 通风空调专业的末端主要是送排风口，在安装末端的过程中，要先保证送排风口的安装空间再考虑灯具等其他的管线，遵循管线小让大的原则。

b. 走廊的灯具建议采用靠墙安装的形式，如果是采用吊装形式则很多位置会因为上方的管线占用了空间而无法安装支架。

3）关键控制点

① 走廊墙壁箱盒主要包括弱电模块箱、弱电末端、消防箱等，箱盒布置要考虑操作空间，综合布置好走廊立面，避免箱盒或相关管线的位置冲突。

② 不同管线之间相互防护及空间关系参照设备区走廊综合管线布置要点中的阐述。

③ 走廊的管线综合布置要协调好各专业的管线的走向和位置，考虑施工的先后工序、安装操作距离、支托吊架的空间和预留检修的余地，综合考虑，使管线布置整齐有序，利于施工和今后的维修管理。

④ 综合管线布置要结合施工顺序进行考虑，一般是大风管、管道、电缆先行施工，广播线路、照明灯具、风口和顶棚支架安排在后，最后是灯具、风口、扬声器等末端。

（3）设备房综合管线

1）设备房综合管线布置概况

设备区空间较大，但由于设备、管线多，体积大，管线布置更应整齐有序，利于施工和今后的维修管理，对于车控室、环控机房、环控电控室及照明配电室等重要设备房，需综合管线优化设计布置详细的平面图及立面图。

2）设备房综合管线布置要点

① 管线桥架与设备相对位置及出入线布置要点：

根据每个设备房的特点，先规划好设备间的设备位置，再综合布置管线桥架的进出线。设备间的管线布置应考虑其他专业承包商的管线，例如通信设备室就应该着重考虑通信专业承包商的管线安排，综合协调布置管线。

② 在有防静电地板的设备房，走静电地板下面的管线布置要避开地板的支撑件。

③ 照明配电室的综合布置要点：

a. 照明配电箱的布置，结合配电室的结构进行布置，首先要罗列配电箱的编号、数量、规格大小，注意要考虑其他专业的电箱，例如照明监控箱。根据配电箱的规格大小进行布置，在符合规范要求的情况下要确保布置的美观性。根据配电箱的布置绘制照明配电室的综合管线布置图。配电箱根据实际情况可以采用上进上出的形式或上进下出的形式安排线槽。

b. 布置要确保工作空间的预留，以备设备的维护和检修。

c. 线槽的走向要综合考虑配电室的管槽进出的位置，弱电与强电线槽要分开敷设或采用线槽内设隔板的形式。

④ 环控电控室综合布置要点：

a. 环控电控室是集中了车站环控设备的主要线路，环控电控室的管线综合布置以电气的管线为主，有桥架、母线槽等管线。

b. 通常先按照设计的环控电控柜的安装位置，布置联络柜母线槽的走向和标高，注意母线槽的上方不宜有水管道。再安排主干线桥架的走向和标高，根据空间确定入柜桥架采用的方式，确保安装效果美观，并且应保证电缆敷设的弯曲度。

c. 对环控电控室有主风管经过的，风管可采用尽量靠顶靠墙安装，为主桥架留出工作空间，确保主桥架的电缆敷设工作。

d. 环控电控室设置气体灭火管道的要根据桥架、风管的走向在规范允许的条件下调整管道的敷设位置和标高。

e. 环控电控室的弱电末端管线的敷设采用贴顶敷设，注意避开其他管线的支架位置。

f. 以上的综合布置要点适合低压开关柜室的综合布置。

⑤ 冷水机房综合布置要点：

a. 冷冻机房是空调工程的重点，冷冻机房管线布置直接决定冷冻机房的美观，因此在安装冷冻机房空调管线时（主要是冷冻、冷却水管）应全面考虑布局，使管线布置协调美观。

b. 冷水机房的布置关键是先对设备定位，再根据设备定位进行管道的布置规划。

c. 管道的布置：

a) 水系统的管道等有排水坡度要求的管道，严格按设计图纸的要求的安装尺寸、标高和流体走向进行布置。

b) 水管（包括给水、排水、冷冻水、冷却水、冷凝水管道等）与电气桥架、线槽平行安装，则安装间距应大于 200mm，在水管与电气桥架、线槽安装位置的交叉处，电气桥架、线槽爬升至水管上方安装。

c) 管道布置应确保管道之间有足够的空间用于检修。

d) 水管与风管交叉重叠处，风管做"马鞍"型避过，尽量不降低水管标高。

d. 设备、管道附件布置要求：

设备、管道附件布置成排成线，排列整齐，标高一致，位置正确、合理，间距合理。

a) 闸阀布置在同一标高上，手柄方向统一。

b) 压力表、温度计等仪表要在同一水平或垂直面上，使其布置整齐、方向统一。

e. 维护及检修空间：

设备、管线综合平衡深化设计时，均需要预留一定的安装操作空间以及日后使用维护空间。

a) 焊接管道还需要考虑焊枪的焊接空间。

b) 保温管道需要预留保温层的安装空间。

c) 卡箍连接管道需要预留活动扳手操作空间。

d) 阀门位置除按设计及规范安装要求外还需要考虑阀门操作手柄的操作位置，当然也需要考虑阀门重新拆装的方便性。

e）设备布置充分考虑设备吊装空间、运行时操作的方便性和日后维护空间。

6.过程中的沟通与协调

施工前会同设计、监理及其他承包商，对综合管线的布置图进行会审优化，大家明确各自管线的走向及标高，对发现的问题及时解决。施工过程中，严格按优化图纸规定的管线走向及标高施工，并在每周的例会中及时反映综合管线布置出现的问题，与各方沟通解决，必要时可采用专题会议的形式协调相关内容。

3.1.2 综合支吊架应用

1.综合支吊架应用概况

车站机电专业管线（通风空调、给水排水、消防及气体灭火、动力照明、供电等）均可采用装配式成品综合支吊架，装配式成品综合支吊架所有产品的零配件及型材按需在工厂内下单预制完成，现场只进行装配，不允许焊接。所有配件的安装依靠机械咬合实现，以保证整个系统的可靠连接。综合支吊架系统一般由设计单位根据每个支吊架条件和要求个性化设计综合支吊架，再由机电承包商根据专业厂家按标准工艺和系列产品深化设计。该系统通常由锚固件或预埋槽钢、U形槽、连接件、管卡、可调式槽钢螺母及支托系统通过螺栓机械连接的方式组成，连接件可以随意调节管道支架的尺寸、高度。

为保证公共区、设备区走廊上的各种管线布置合理、方便检修，充分利用站厅站台的净空高度，在站厅、站台设备区的走廊内安装综合支吊架，敷设风管、水管、动力照明电缆等专业的管槽。同时综合支吊架充分考虑其他承包商的管槽及其相关设备的安装空间和荷载，为各设备专业以外的其他管线留出安装条件，并进行综合吊架二次深化设计。

2.综合支吊架应用要点

（1）综合支吊架可采用组合式构件，装配化施工，使得观感质量好。利用构件装配组合，可方便地进行拆改调整，可重复使用，也可对以后管道的扩展预留一定的空间，浪费极小。

（2）机电各专业在确保室内吊顶空间标高的前提下进行协调，可共用一支吊架。充分利用空间，可使各专业的管束得以良好的协调，达到空间和资源共享，提高有限空间利用率，从而可以确保安装场所的标高，解决了标高和检修通道预留困扰的难题。

（3）应使用受力可靠、稳定的综合支吊架系统。综合支吊架系统应具备完善的二次深化设计方案，所有的受力构件如型钢及扣件可以实现拼装构件的刚性配合，连接无位移，无阶调节，精确定位。抗冲击及振动，增强支架节点的抗剪能力。底座与结构顶板采用锚栓连接。

（4）吊杆和横担是厂家的定尺产品，根据深化的综合管线图进行下料，便可进行组装，安装速度是传统做法的6～8倍，安装速度快，施工工期短。各专业和工种可交叉作业，提高工效，缩短工期。

（5）结构的变化，决定了吊架几何尺寸的不统一性，有些需要根据位置来设计吊架的几何尺寸，由于组合性丰富的标准组件种类，可供多种选择。保证了不同条件下各类支架的简便性、适用性及灵活性。

（6）使用综合支架，并对各专业支架间距进行优化。例如规定风管的支架间距为2.7m/处（规范3m/处），消防水管支架间距为5.4m/处（规范6m/处），线槽、桥架支架间距为1.8m/处（规范2m/处），这样做的好处是三个专业的支架（电气隔2处支架可与风管、水管支架重叠，风管隔1处支架可与电气、水管重合），可以多次采用综合支架，提高了整体的观感。按上述要求完成深化设计后，再由业主、设计、监理、顾问等相关单位进行审核，经审批完成，形成综合支架深化图纸。

3. 综合支吊架在狭小空间上的应用

（1）情况一：宽度不够

1）与线槽厂家配合，在管线能通过或不减小截面的情况下，更改线槽断面形状，如图3-2所示。

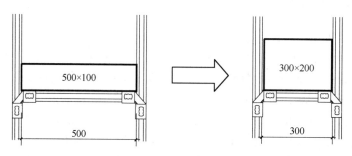

图 3-2　线槽修改示意图

2）部分管线可改线槽形式为穿管形式，如图3-3所示。

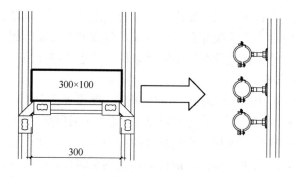

图 3-3　线槽改管线示意图

3）单层桥架变多层桥架，以减小单层的宽度，如图3-4所示。

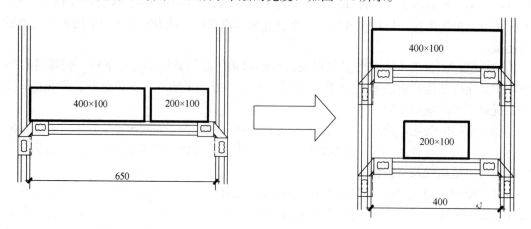

图 3-4　单层桥架改多层桥架示意图

4）可以利用侧墙固定方式增加空间，如图 3-5 所示。

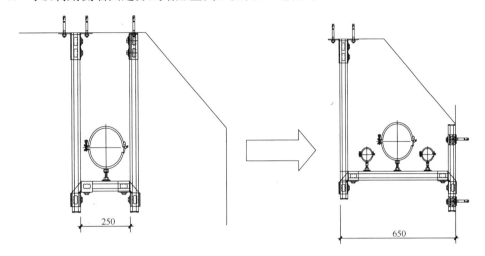

图 3-5　吊挂式改侧墙固定式示意图

（2）情况二：高度不够

1）与线槽厂家配合，在管线能通过或不减小截面的情况下，更改线槽断面形状，如图 3-6 所示。

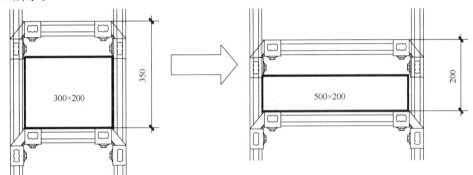

图 3-6　线槽断面形状修改示意图

2）在与设计院沟通的前提下，可减小每层层高，但保证最小层高不小于 200mm，如图 3-7 所示。

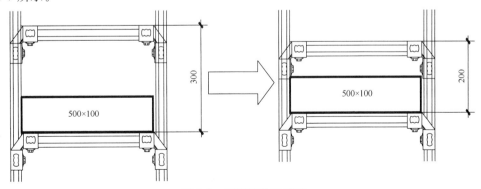

图 3-7　层高修改示意图

3）采用加密平面布置的方式，可减小横杆的高度，降低标高，如图3-8所示。

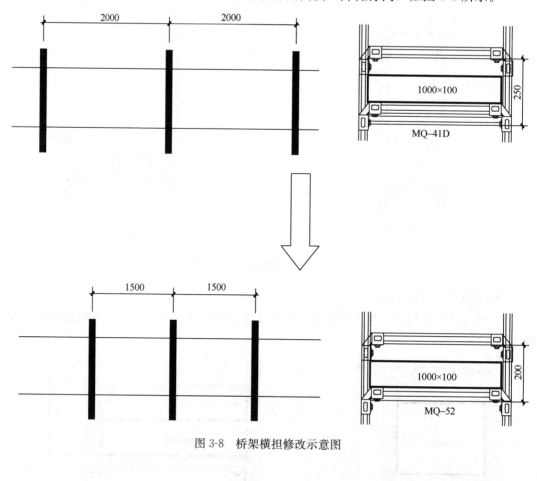

图3-8 桥架横担修改示意图

3.2 机电设备接地及管道等电位连接

3.2.1 设备房接地

1. 设备房接地要点描述

（1）可采用接地干线搭接长度为100mm，支持码间距为1000mm。

（2）接地干线安装高度为250mm，接地支线伸出设备基础100mm，采用25mm² 镀锡铜编织带与设备金属底座可靠连接。接地干线色标总宽度100mm，接地干线为银漆、色标为黄绿色相间标记。

（3）设备房接地干线水平扁钢与垂直接地支线扁钢连接时，扁钢平面变向处使用揻弯，弯曲半径为150mm。

（4）设备房接地干线采用－40×4镀锌扁钢绕一圈与接地引下线有两处以上的可靠连接，搭接不应小于扁钢宽度的2倍，且应至少三面施焊。

（5）设备房的金属门应与接地干线作可靠电气连接，门扇与门框、门框与接地干线分别通过镀锡铜编织带连接。

（6）与接地引下线连接处采用不干胶粘贴接地符号作为接地标识。

2. 实例

如图3-9、图3-10所示。

图3-9 设备房接地干线安装

图3-10 设备房金属门应与接地干线连接

3.2.2 设备管道等电位连接

等电位连接（又称等电位联结）是将建筑物内的金属构架、金属装置、电气设备不带电的金属外壳和电气系统的保护导体等与接地装置做可靠的电气连接。用作等电位连接的保护线称为等电位连接线。等电位连接措施可以减少设备外壳可能出现的危险电位。当利用金属构件、金属管道做接地线时，应在构件或管道与接地干线间焊接金属跨接线。防静电接地：车控室等设备房内防静电地板必须按有关规范采取防静电接地措施。

1. 设备管道等电位要点描述

（1）各系统金属管道由室外进入室内处，应通过与附近的接地引出点或设备房内的接地干线联结，实现等电位联结。

（2）设备房内多条排列管道等电位连接接地线不得串接，必须要独立与接地干线可靠连接。

（3）设备房内的设备金属底座（或金属外壳）应与接地干线联结。与设备连接处的管道应与设备跨接联结。

（4）设备基础和不带电金属外壳等电位连接时，采用25mm^{2}铜软导线与接地干线相连接，不得采用镀锌扁钢或圆钢与设备金属基础直接连接。

（5）金属管道通过抱箍在管道上的卡码与联结线的焊接实现等电位联结，电气金属槽架和金属风管通过末端支架与联结线的焊接实现等电位联结。

（6）管道与卡码接触的部位不得有油漆。卡码油漆颜色为银色。

2. 实例

如图3-11、图3-12所示。

图 3-11 橡胶软接等电位连接

图 3-12 设备等电位连接

3.2.3 防雷接地

在一个完整轨道交通系统中，一定要求有一个良好的接地系统，因所有防雷系统都需要通过接地系统把雷电流泄入大地，从而保护设备和人身安全。如果机房接地系统做得不好，不但会引起设备故障，烧坏元器件，严重的还将危害工作人员的生命安全。另外还有防干扰的屏蔽问题，防静电的问题都需要通过建立良好的接地系统来解决。一般整个建筑物的接地系统有：建筑物地网（与法拉第网相接）、电源地（要求接地电阻小于 10Ω）、逻辑地（也称信号地）、防雷地等要求接地电阻小于 4Ω（根据实际情况可能也会要求小于 1Ω）。然而，各地必须独立时，如果相互之间距离达不到规范要求的话，则容易出现地电位反击事故，因此，各接地系统之间的距离达不到规范的要求时，应尽可能连接在一起，如实际情况不允许直接连接的，可通过地电位均衡器实现等电位连接。为确保系统正常工作，应每年定期用精密地阻仪，检测接地电阻值。接地装置由接地极及一些附件、辅助材料组成。接地装置的选材和施工主要决定于土质结构，即土壤的地电阻率 ρ。不同层土质结构不同，因而地电阻率 ρ 不同，为增加接地装置使用效率，可使用长效降阻剂。

车站结构底板下方设综合接地网，分别是强电接地端口、弱电接地端口、车站金属管线接地端口。供电房、照明配电间、通风空调电控室、污水泵房、冷冻机房、泵房消防泵房、废水泵房及有洗浴设备的卫生间、淋浴间均设置局部等电位箱，弱电接地箱及弱电接地端子排，应与房间内预留接地预埋件联结，形成一个环形接地网。

3.3 防 火 封 堵

3.3.1 风管防火封堵

1. 带防火阀风管穿墙防火封堵

（1）操作要点

风管穿墙处采用钢套管保护，钢套管使用 2.0mm 钢板。制作尺寸为风管高度（宽度）+30mm，套管长度为墙体厚度+40mm，套管穿墙后两边各翻边 20mm。套管与墙体四周的缝隙使用水泥砂浆封填。套管与风管四周的缝隙采用玻璃棉填实，外侧用 20mm 厚的防火泥或防火胶封堵。墙体两面的防火泥采用 L40×4 的角钢焊接固定圈，然后用膨胀螺栓固定到墙体上，套管与风管之间用玻璃丝棉塞实，防火泥或防火胶内部压实，外表面涂抹均匀光滑，修边整齐，如图 3-13 所示。

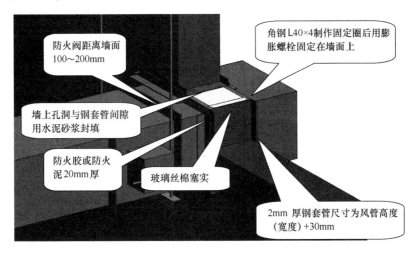

图 3-13　有防火阀风管穿墙处防火封堵剖面图

（2）材料

下列位置的防火封堵的防火密封材料可选用防火胶：①穿公共区与设备区的防火隔墙处；②穿设备管理用房与环控机房的防火隔墙处；③楼板处；④穿风道处。其他位置的防火密封材料可用防火泥代替防火胶。

2. 风管穿中板防火封堵

（1）操作要点

风管穿中板处采用钢套管保护，钢套管使用 2.0mm 钢板制作尺寸为风管高度（宽度）+30mm，套管长度为楼板厚度+40mm，套管穿墙后两边各翻边 20mm。套管与楼板四周的缝隙使用水泥砂浆封填。套管与风管四周的缝隙采用玻璃棉填实，外侧用 20mm 厚的防火泥或防火胶封堵。楼板底面的防火泥采用 L40×4 的角钢焊接固定圈，然后用膨胀螺栓固定到楼板上。楼板上洞口周围使用水泥砂浆砌 100mm×100mm 的防水台，套管与风管之间用玻璃丝棉塞实，防火泥或防火胶内部压实，外表面涂抹均匀光滑，修边整齐，如图 3-14 所示。

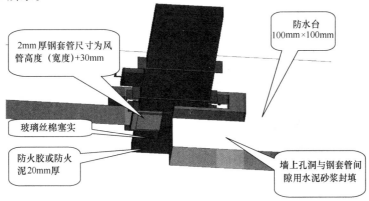

图 3-14　有防火阀风管穿中板处防火封堵剖面图

(2) 材料

下列位置的防火封堵的防火密封材料可采用防火胶：①穿公共区与设备区的防火隔墙处；②穿设备管理用房与环控机房的防火隔墙处；③楼板处；④穿风道处。其他位置的防火密封材料可用防火泥代替防火胶。

3.3.2 水管防火封堵

1. 操作要点

当金属管道须穿越墙壁时应进行防火封堵，套管与水管之间用玻璃丝棉塞实，防火泥或防火胶内部压实，外表面涂抹均匀光滑，修边整齐，如图3-15所示。

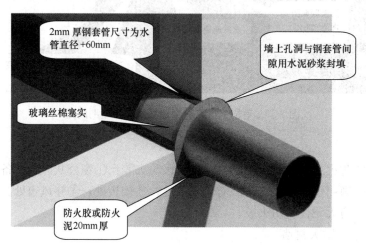

图3-15 水管穿墙处防火封堵剖面图

2. 材料

下列位置的防火封堵的防火密封材料采用防火胶：①穿公共区与设备区的防火隔墙处；②穿设备管理用房与环控机房的防火隔墙处；③楼板处；④穿风道处。其他位置的防火密封材料可用防火泥代替防火胶。

3.3.3 电气线管穿墙防火封堵

操作要点：

（1）结合施工图设计要求以及施工平面布置图确定穿楼板或墙的电气管道防火封堵位置。

（2）电气线管穿越楼板时，预留套管与电气线管之间用防火棉封堵，防火泥压实表面，外表面涂抹均匀光滑，修边整齐，如图3-16所示。

3.3.4 电气线槽穿墙防火封堵

操作要点：

（1）结合施工图设计要求以及施工平面布置图确定防火封堵位置。

（2）线槽穿越墙体时，穿墙洞用防火堵料封堵，线槽穿越防烟分区隔墙时，穿墙洞亦

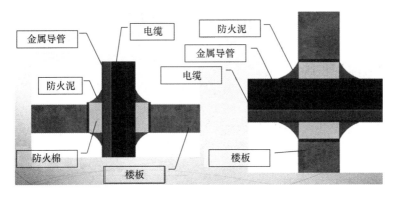

图 3-16　电气管道穿楼板防火封堵剖面图

需封堵，防止火灾沿线路延燃。防火隔离段施工中，应配合装修施工预留洞口，在洞口处预埋好护边角钢。施工时根据电缆敷设的根数和层数用 L50×50×5 角钢制作固定框，同时将固定框焊在护边角钢上，如图 3-17 所示。

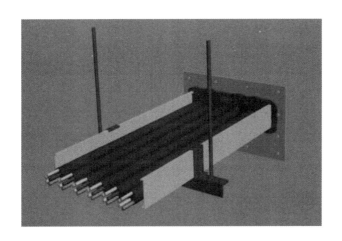

图 3-17　线槽防火封堵示意图

3.3.5　箱/柜防火封堵

操作要点：

（1）当电缆进入配电柜底部的孔洞时，用无机防隔板在底部铺垫封堵，再用有机防火泥对进入的电缆进行包裹封堵，并高出配电柜底部 50mm 做成规则形状。

（2）清理干净电缆穿管孔口的污渍杂物。

（3）用有机防火泥对电缆穿管孔口进行填充封堵，并做成规则形状。

（4）要求封堵密实，外表平整光洁。

3.4 标　　识

3.4.1 电线电缆标识牌

1. 电缆标识牌

电缆标识牌的样式可参考图 3-18 及表 3-2。

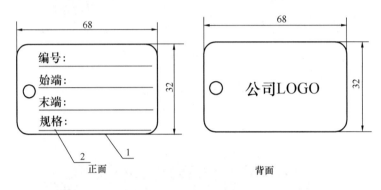

图 3-18　电缆标识牌样式

标识牌规格　　　　　　　　　　　　　　　　　　　表 3-2

编号	名称	规格
1	PVC 电缆标识牌	乳白色，32mm×68mm，厚度 2mm
2	标识牌字体	正面：采用 10 号字体，宋体，内容至少包括以上四项内容，全部采用打印机打印。 背面：公司 LOGO

2. 电线标识牌

电线标识牌的样式可参考图 3-19 及表 3-3。

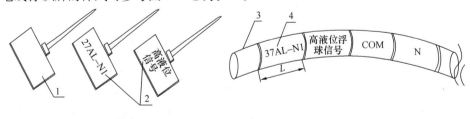

图 3-19　电线标识牌样式

电线标识牌的样式　　　　　　　　　　　　　　　　表 3-3

编号	名称	规格
1	标牌式尼龙扎带	成品
2	标牌式尼龙扎带填写内容举例	填写内容：电气回路编号或名称内容，采用电脑打印

续表

编号	名称	规格
3	PVC套管	适用于0.5mm²、1.0mm²、1.5mm²、2.5mm²、4.0mm²、6.0mm²电线
4	自打印式PVC套管上字体	填写内容：电气回路编号、电气回路名称等，采用专门线号打印机打印

3. 电缆电线设置

（1）电缆首端、末端、分支和主要转弯处应设永久性标志牌，标明电缆编号、型号规格、起点和终点，要求打印清晰准确，保存长久耐用，使用尼龙扎带固定电缆上，同一工程项目安装位置和表现方式统一。

（2）电线PVC套管标识应根据电线的截面积大小选择，打印或填写字迹需清晰，信息完整，同一工程项目安装位置和表现方式统一。

（3）尺寸标准：图3-19中，$15mm \leqslant L \leqslant 30mm$。

4. 实物照片

实物照片如图3-20、图3-21所示。

图3-20　槽架内电缆牌安装

图3-21　配电箱电缆牌安装

3.4.2　防雷接地点标识

1. 防雷接地点标识要点

（1）防雷接地测试引出点使用镀锌扁钢，安装高度按设计要求，如设计图纸未标示，则安装高度为镀锌线盒盒底离地面500mm。

（2）接地点标识牌设置位置按照设计图纸要求，如设计图纸未标示，则一般在以下位置设置：设备房（配电房、空调机房、水泵房等）接地干线与预留的等电位连接处。

（3）防雷测试引出点不得再次焊接。

（4）装饰盖板采用100mm×100mm不锈钢材料，应使用沉头不锈钢螺栓固定于装饰面，装饰盖板上字样"防雷接地测试点"采用刻印，涂黑色漆；装饰盖板上接地符号采用刻印或凹（凸）印，靠下边居中。

2. 防雷接地点标识示意图

防雷接地点标识如图 3-22 所示。

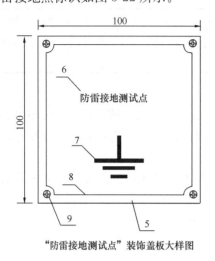
"防雷接地测试点"装饰盖板大样图

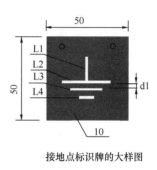
接地点标识牌的大样图

图 3-22 防雷接地点标识示意图

3.4.3 管道标识

管道标识要点：

（1）在设备出入口、直线段管道和三通处，用模板将带颜色的箭头印刷到保温层外皮或管道上以指示流向，并用油漆模板印刷出回路和系统。无油漆修饰的管道，漆以色码条纹和文字以示识认，对 50mm 直径及以下管道，箭头应为 75mm 长，字高不少于 15mm，大直径管道的箭头 150mm 长，字高 40mm，如图 3-23 所示。

（2）箭头方向表示介质流向；文字虚线框表示文本尺寸，无需标出。

（3）冷冻（冷却）"供"或"回"水以冷冻主机为参考；流出冷冻主机为"供"、流入冷冻主机为"回"，如图 3-24 所示。

图 3-23 消防管道标识

图 3-24 空调水管道标识

（4）明暗装管道均需标识。

（5）标识内容颜色需与背景色有一定反差；标识应结合现场情况选择合理位置。

(6) 成排管道标识时需考虑标识的一致性。

(7) 管道油漆：

1) 底漆：冷冻、冷却、冷凝系统中，各种管材的管道在连接受损处应刷防锈漆两遍；无缝钢管应统一刷防锈底漆两遍。

2) 油漆施工时，应采取防火、防冻、防雨等措施，并不应在低温或潮湿环境下作业。明装部分的最后一遍色漆，宜在安装完毕后进行。

3) 油漆应均匀，无堆积、皱纹、气泡、掺杂、混色与漏涂等缺陷。

3.4.4 设备与阀门标识

1. 设备与阀门标识要点

（1）所有设备在其显目位置全部漆上设备名称及其在图纸上编号，有流向的标上流向指示，文字大小应与设备相适合。

（2）采用白色硬质塑料牌。

（3）字体为仿宋体、红色。

（4）用塑料绑扎带将标识牌挂于设备的显著位置或阀门操作柄，但悬挂后不得影响设备或阀门的正常操作；或可将标识牌贴于设备的表面。

（5）水管阀门标识适用于设备房、主管及次主管等处起切断等主作用（或有特殊用途）的阀门。

（6）阀门需标识"常开"或"常闭"或其他用途。

（7）其他设备或配件可参考上述图式标识。

尺寸标准：塑料牌尺寸：100mm×70mm×2mm，悬挂孔直径：10mm。

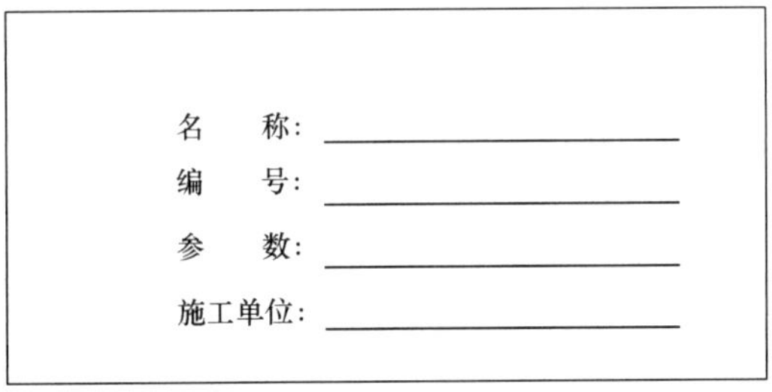

2. 标识牌样式

标识牌样式如图 3-25 所示。

图 3-25 标识牌样式

第4章 通风空调工程

随着城市轨道交通的不断发展，地铁已成为人们日常出行的首选交通工具，而地铁通风空调系统的主要作用就是使站内的温度、相对湿度、空气流动速度以及空气洁净度（主要指尘埃及二氧化碳含量）保持在规定的范围内，为乘客创造舒适的乘车环境。

4.1 通风空调工程系统及组成

通风空调系统在城市轨道交通领域是必须要有的一个系统工程，主要包含通风与空调两大部分，以下主要针对通风空调系统以及系统管道及配件制作安装进行介绍。

4.1.1 系统简介

随着现代城市轨道交通工程的不断发展，地铁在各大城市轨道交通建设领域中占主导地位。地铁车站主要有地下站、地上站及地面站三种形式。

地铁工程是一个复杂的系统工程，要达到运营条件，不仅是车站机电设备安装工程和土建工程要优质按期地完成，而且还有许多其他的系统承包商，如：供电系统、FAS系统、AFC系统、通信信号、电梯、安全门、电力牵引系统等承包商都要进行施工；因此在本专业施工的同时，还需做好与其他专业/系统间的协调配合及接口工作。管线施工图应根据综合管线图纸示意走向，按"小让大、软让硬、弱让强"的原则进行管线协调排布，对于在设备区走廊及空间小、管线布置密集的施工部位，应严格控制管道标高、坡度，不侵占其他专业的安装位置，对顶部管线安装应"先高后低"，底部管线安装应"先低后高"的原则。

通风空调风系统：由车站左端、右端公共区（站厅、站台）通风空调兼排烟系统（大系统），设备管理用房通风空调送排风兼排烟系统（小系统），以及隧道通风系统组成。其中车站公共区空调通风系统由组合式空调箱、回排风机、排烟风机等设备以及彩钢复合板风管、消声器、风阀、风口等管道部件构成；隧道通风系统包括区间隧道（含单渡线）通风兼排烟系统和车站车行区排热兼排烟系统，由大型可逆转耐高温轴流风机、排热风机及联动组合风阀、结构消声器等设备和风道、碳钢风管构成；设备管理用房空调通风小系统由空气处理机、各类送排风机、钢板风管及风阀等通风管道部件构成。

空调水系统：由设在站厅层或站台层冷冻机房内的冷水机组、冷冻水泵、冷却水泵、水处理仪器、分集水器、定压补水装置、管道和部件，以及设在地面上冷却塔等构成；通过两台螺杆式冷水机组转换为各工况下运行的空调设备提供冷源，适应不同季节站内空气质量要求。

地铁施工中常用的风管类型有：双面彩钢酚醛风管、镀锌钢板风管、冷轧钢板风管、碳素钢板风管等。

4.1.2 风管制作

(1) 金属风管的材料品种、规格、性能与厚度等应符合设计和现行国家产品标准的规定。当设计无规定时，应按现行国家标准《通风与空调工程施工质量验收规范》GB 50243 执行。钢板或镀锌钢板、不锈钢板、铝板的厚度分别不得小于规范的规定。

(2) 防火风管的本体、框架与固定材料、密封垫料必须为不燃材料，其耐火等级应符合设计的规定。

(3) 风管的连接应符合：①咬口缝应错开，不得有十字形拼接缝；②风管法兰材料规格、法兰螺栓及铆钉孔孔距应符合规范要求；③无法兰连接风管的薄钢板法兰高度应参照金属法兰风管的规定执行。

(4) 金属风管的加固应符合下列规定：①圆形风管（不包括螺栓风管）直径大于等于 800mm，且其管段长度大于 1250mm 或总表面积大于 $4m^2$ 均应采取加固措施；②矩形风管边长大于 630mm、保温风管边长大于 800mm，管段长度大于 1250mm 或低压风管单边平面积大于 $1.2m^2$、中、高压风管大于 $1.0m^2$，均应采取加固措施；③非规则椭圆风管的加固，应参照矩形风管执行。

(5) 矩形风管弯管的制作，一般应采用曲率半径为一个平面边长的内外同心弧形弯管。平面边长大于 500mm 时，应当采用其他形式的弯管。

(6) 风管法兰的焊缝应熔合良好、饱满，无假焊和孔洞；法兰平面度的允许偏差为 2mm，同一批量加工的相同规格法兰的螺孔排列应一致，并具有互换性。风管与法兰采用铆接连接时，铆接应牢固、不应有脱铆和漏铆现象；翻边应平整、紧贴法兰，其宽度应一致，且不应小于 6mm；咬缝与四角处不应有开裂与孔洞。风管与法兰采用焊接连接时，风管端面不得高于法兰接口平面。除尘系统的风管，宜采用内侧满焊、外侧间断焊形式，风管端面距法兰接口平面不应小于 5mm。当风管与法兰采用点焊固定连接时，焊点应融合良好，间距不应大于 100mm；法兰与风管应紧贴，不应有穿透的缝隙或孔洞。

(7) 薄钢板法兰矩形风管的接口及附件，其尺寸应准确，形状应规则，接口处应严密；薄钢板法兰的折边（或法兰条）应平直，弯曲度不应大于 5/1000；弹性插条或弹簧夹应与薄钢板法兰相匹配；角件与风管薄钢板法兰四角接口的固定应稳固、紧贴，端面应平整，相连处不应有缝隙大于 2mm 的连续穿透缝；采用 C、S 形插条连接的矩形风管，其边长不应大于 630mm；插条与风管加工插口的宽度应匹配一致，其允许偏差为 2mm；连接应平整、严密，插条两端压倒长度不应小于 20mm；采用立咬口、包边立咬口连接的矩形风管，其立筋的高度应大于或等于同规格风管的角钢法兰宽度。同一规格风管的立咬口、包边立咬口的高度应一致，折角应倾角、直线度允许偏差为 5/1000；咬口连接铆钉的间距不应大于 150mm，间隔应均匀；立咬口四角连接处的铆固，应紧密、无孔洞。

(8) 风管的加固可采用楞筋、立筋、角筋（内、外加固）、扁钢、加固筋和管内支撑等形式；楞筋或楞线的加固，排列应规则，间隔应均匀，板面不应有明显的变形；角钢、加固筋的加固，应排列整齐、均匀对称，其高度应小于或等于风管的法兰宽度。角钢、加固筋与风管的铆接应牢固、间隔应均匀，不应大于 220mm；两相交处应连接成一体；管内支撑与风管的固定应牢固，各支撑点之间或与风管的边沿或法兰的间距应均匀，不应大于 950mm；中压和高压系统风管的管段，其长度大于 1250mm 时，还应有加固框补强。

高压系统金属风管的单咬口缝,还应有防止咬口缝胀裂的加固或补强措施。

1. 施工准备

(1) 材料要求及主要机具

1) 所使用镀锌板材、镀锌型钢等材料应具有合格的产品合格证明书或质量鉴定文件,并满足招标投标文件中关于乙供材料技术性能的要求。

2) 制作风管及配件的钢板厚度见表 4-1。

3) 镀锌钢板表面不得有裂纹、结疤及水印等缺陷,应有镀锌层结晶花纹。

4) 主要机具:电冲剪、手用电动剪倒角机、咬口机、折方机、型钢切割机、电动拉铆枪、台钻、手枪钻、电气焊接设备,不锈钢板尺、钢直尺、角尺量角器、划规、划针、铁锤、木锤等小型工具。

(2) 作业条件

1) 集中加工作业区应保证宽敞、明亮、洁净、通风、场地平整等。

2) 应设置半成品堆放区,并具有防雨、防风、防潮等设施。

3) 加工作业区内使用的带电设备应保证有可靠的接地系统,并配有消防器材。

4) 风管制作应有批准的图纸,经审查的大样图、系统图,并有技术及安全交底。

风管板材厚度选型表 表 4-1

矩形风管长边尺寸 b (mm)	通风空调风管壁厚 (mm)	排烟风管壁厚 (mm)
b≤1000	0.8	1.2
1000<b≤2000	1.0	1.2
2000<b≤4000	1.2	1.5

2. 操作工艺

(1) 工艺流程

展开下料→剪切→倒角→咬口制作→风管折方→成型

法兰下料→焊接→打眼冲击→铆法兰→翻边→检验→成品

(2) 操作要求

1) 画线的基本线有:直角线、垂直平分线、平行线、角平分线、直线等分、圆等分等。根据图及大样风管不同的几何形状和规格、分别进行画线展开。

2) 板材剪切必须进行下料的复核,以免有误。按画线形状用机械剪刀进行剪切。

3) 板材下料后在轧口之前,必须用倒角机或剪刀进行倒角工作。风管转角处采用联合咬口方式如图 4-1 所示,风管大边长不满足要求需要拼接时采用单边咬口如图 4-2 所示。咬口宽度和留量根据板材厚度而定,见表 4-2。

图 4-1 联合咬口形式　　图 4-2 单咬口形式

咬口形式如下:

咬口宽度表 表 4-2

咬口形式	板材厚度（mm）		
	0.5～0.7	0.7～0.9	1.0～1.2
单咬口形式	6～8	8～10	10～12
联合咬口形式	3～9	9～10	10～11

4）铆钉连接时，必须使铆钉中心线垂直于板面，铆钉头应把板材压紧，使板缝密合并且铆钉排列整齐均匀。

5）风管制作，如图 4-3 所示。

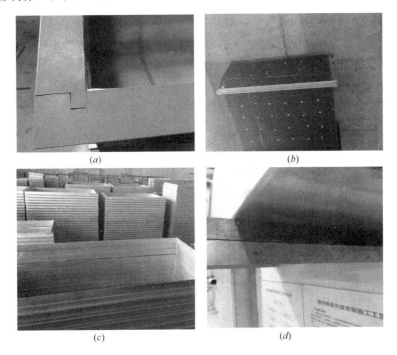

图 4-3 风管配件制作安装示例
(a) 风管法兰垫片楔形倒角，防止漏风；(b) 风管末端固定支架；(c) 风管法兰；(d) 风管垫木

① 风管制作中采用联合式咬口进行施工，风管之间连接采用法兰＋螺栓连接，如图 4-3 所示。

② 风管加工中风管与配件的咬口缝隙应该紧密，宽度应该一致；折边应该平直，圆弧应该均匀；两端面平直。风管无明显扭曲与翘角；表面平整，不平度不大于 10mm。

③ 风管外径或边长允许偏差：边长小于 300mm 时，为 2mm；大于 300mm 时，为 3mm。管口平面度允许值不大于 2mm，矩形风管对角线长度之差不大于 3mm。

④ 风管法兰焊接缝融合良好、饱满、无假焊、漏焊和孔洞。法兰平面度允许偏差为 2mm，同一批量加工的法兰孔洞排列间距应该一致。

⑤ 风管制作过程中板面宽度为 630～1250mm 时，宜采用钢板预轧横向弧形楞筋或交叉楞筋方式加固；板面宽度为 1600～3000mm 时，应采用 L40×4 角钢沿气流方向加固。

角钢应置于风管宽度方向的中间或均分位置，其间距为800～1000mm。

4.1.3 风管部件与消声器制作

(1) 手动单叶片或多叶片调节风阀的手轮或扳手，应以顺时针方向转动为关闭，其调节范围及开启角度指示应与叶片开启角度一致。用于除尘系统间歇工作点的风阀，关闭时应能密封。

(2) 净化空调系统的风阀其活动件、固定件以及紧固件均应采取镀锌或作其他防腐处理（处喷塑或烤漆）；阀体与外界相通的缝隙外，应有可靠的密封措施。

(3) 插板风阀应符合下列规定：①壳体应严密，内壁应做防腐处理；②插板应平整，启闭灵活，并有可靠的定位固定装置；③斜插板风阀的上下接管应成一直线。

(4) 风罩的制作应符合下列规定：①尺寸正确、连接牢固、形状规则、表面平整光滑，其外壳不应有尖锐边角；②槽边侧吸罩、条缝抽风罩尺寸应正确，转角处弧度均匀、形状规则，吸入口平整，罩口加强板分隔间距应一致；③厨房锅灶排烟罩应采用不易锈蚀材料制作，其下部集水槽应严密不漏水，并坡向排放口，罩内油烟过滤器应便于拆卸和清洗。

(5) 风帽的制作应符合下列规定：①尺寸应正确，结构牢靠，风帽接管尺寸的允许偏差同风管的规定一致；②伞形风帽伞盖的边缘应有加固措施，支撑高度尺寸应一致；③锥形风帽内外锥体的中心应同心，锥体组合的连接缝应顺水，下部排水应顺通；④筒形风帽的形状应规则、外筒体的上下沿口应加固，其不圆度不应大于直径的2%。伞盖边缘与外筒体的距离应一致，挡风圈的位置应正确；⑤三叉形风帽三个支管的夹角应一致，与主管的连接应严密。主管与支管的锥度应为3°～4°。

(6) 矩形弯管导流叶片迎风侧边缘应圆滑，固定牢固，导流片弧度与弯管的角度相一致，导流片的分布应符合设计要求，当导流片长度超过1250mm时，应有加强措施。

(7) 柔性短管应符合下列规定：①应选用防腐、防潮、不透气、不易霉变的柔性材料，用于空调系统的应采取防止结露的措施；用于净化空调系统的还应是内壁光滑、不易产生尘埃的材料；②柔性短管的长度，一般宜为150～300mm，其连接处应严密、牢固可靠；③柔性短管不宜作为找正、找平的异径连接管；④设于结构变形缝的宽度加100mm及以上。

(8) 风口的外表装饰面应平整，叶片或扩散环的分布应匀称、颜色应一致、无明显的划伤和压痕；调节装置转动应灵活、可靠，定位后应无明显自由松动。

(9) 消声弯管的平面边长大于800mm时，应加设吸声导流片；消声器内直接迎风面的布质覆面层应有保护措施；净化空调系统消声器内的覆面应为不易产尘的材料。

(10) 消声器的制作应符合下列规定：所选用的材料，应符合设计的规定，如防水、防腐、防潮和卫生性能等要求；外壳应牢固、严密，其漏风量应符合规范规定；充填的消声材料，应按规定的密度均匀铺设，并应有防止下沉的措施。消声材料的覆面层不得破损，搭接应顺气流，且应拉紧，界面无毛边，隔板与壁板结合处应紧贴、严密；穿孔板应平整、无毛刺，其孔径和穿孔率应符合设计要求。消声器的安装应符合下列规定：消声器安装前应保持干净，做到无油污和浮尘；消声器安装的位置、方向应正确，与风管的连接应严密，不得有损坏与受潮。两组同类型消声器不宜直接串联；现场安装的组合式消声器，消声组件的排列、方向和位置应符合设计要求。单个消声器组件的固定应牢固。消声器、消声弯管均应设独立支吊架。

1. 施工重点、难点

（1）车站消声器的安装部位主要为：活塞风道及排热风道内风机前后落地安装的金属外壳片式消声器、风道内落地安装的结构片式消声器、风亭内架空安装的不锈钢片式消声器。

（2）施工重点、难点部位主要为：风亭内架空安装的不锈钢片式消声器和风机前后落地安装的金属外壳片式消声器。施工过程中，该部位的消声器安装存在如下的危险源：

1）触电伤害：安装的环境全部为金属部件，容易存在漏电现象。

2）高处人员坠落：高处使用手持机械钻孔，施工人员容易麻痹。

3）物体伤害：拼接消声器过程中，板材的边角容易造成身体伤害。

2. 危险源的防护、应对措施

（1）针对触电伤害，安装的环境全部为金属部件，容易存在漏电现象：

消声器拼装过程中，作业环境全部为金属部件，且拼装的消声器外壳2mm镀锌钢板边角锋利，容易对使用的手持电动工具电源线造成划伤，产生漏电现场。在现场作业过程中，应将使用的手持电动工具电源线做好保护，禁止现场随意拖拉电源线。现场使用的手持电动工具应开关灵活，并且电源线插头完好，严禁无插头直接插接电源箱插座。

（2）针对高处人员坠落，高处使用手持机械钻孔，施工人员容易麻痹：

风亭内安装的不锈钢片式消声器，距地面高度大于4m，且消声器的型钢支撑架均与结构混凝土侧墙连接，作业人员在安装该部分型钢支撑架时，应做好防护，正确佩戴安全带，搭设的脚手架平台牢靠平稳。在混凝土侧壁栽种膨胀螺栓及支撑架上连接用螺栓孔时，作业人员应用力均匀，避免用力不均导致人员意外坠落，造成伤害。

（3）针对物体伤害，拼接消声器过程中，板材的边角，容易造成身体伤害：

高处作业时，拼装消声器法兰及支撑架的作业人员应相互配合，待各自负责的支撑架、法兰连接固定牢靠后，方可换下道工序作业，防止未连接牢靠，便进行下道工序，造成物体脱落，对施工的人员造成伤害。在拼装金属外壳片式消声器时，厂家提供的外壳板均为2mm厚，且边角较为锋利，容易在施工时对操作人员造成身体伤害。此外消声器框架顶部拼装外壳板时，作业人员应对拼装自攻丝间距加密，保证拼装的顶板牢靠。

3. 安全文明施工要求

（1）现场拼装消声器时，应对周边的作业环境清理干净，待用的材料应按规格码放整齐，避免安装过程中浪费工作时间。

（2）现场使用的三级配电箱，接线应完好，使用的电动工具应有自动保护装置，且电动工具的电源线应绝缘良好。

（3）超过2m的高处作业时，作业人员应佩戴安全带，且使用的脚手架平台应由固定装置，避免作业中，脚手架晃动；使用的人字梯应用可靠的拉绳，人字梯的张开角度应符合规范要求，拉绳严禁使用无弹性的金属材料。

（4）安装过程中，施工人员应相互配合，待配合双方相互确认工作完毕后，方可开始下道工序施工，避免单方作业人员失误，造成物体材料掉落，造成另一方人员伤害。

（5）消声器安装完成后，应对消声器底板进行清扫，对掉落的杂物、金属垫片等清理干净，确认消声器内部再无杂物后，用彩条布将消声器敞口面遮盖，防止灰尘、异物掉落其中，并清理干净施工现场，做到工完料尽，如图 4-4 所示。

图 4-4　风管配件及消声器安装示例

(a) 防火阀距墙间距不应大于 200mm；(b) 风阀加装独立支吊架；
(c) 风管穿墙套管；(d) 片式消声器顶端封堵；
(e) 相邻防火阀间距大于 300mm；(f) 柔性短管加装

4.1.4　风管系统安装

（1）在风管穿过需要封闭的防火、防爆的墙体或楼板时，应设预埋管或防护套管，其钢板厚度不应小于 1.6mm。风管与防护套管之间，应用不燃且对人体无危害的柔性材料封堵。

(2) 风管部件安装必须符合下列规定：①各类风管部件及操作机构的安装，应能保证其正常的使用功能，并便于操作；②斜插板风阀的安装，阀板必须为向上拉启；水平安装时，阀板还应为顺气流方向插入；③止回风阀、自动排气活门的安装方向应正确。

(3) 风管系统安装完毕后，应按系统类别进行严密性检验，漏风量应符合设计与《通风与空调工程施工质量验收规范》GB 50243—2016 中第 4.2.5 条的规定。风管系统的严密性检验，应符合下列规定：低压系统风管的严密性检验应采用抽检，抽检率为 5%，且不得少于 1 个系统。在加工工艺得到保证的前提下，采用漏光法检测。检测不合格时，应按规定的抽检率做漏风量测试。中压系统风管的严密性检验，应在漏光法检测合格后，对系统漏风量测试进行抽检，抽检率为 20%，且不得少于 1 个系统。高压系统风管的严密性检验，为全数进行漏风量测试。系统风管严密性检验的被抽验系统，应全数合格，则视为通过；如有不合格时，则应再加倍抽检，直至全数合格。

(4) 风管的安装应符合下列规定：①风管安装前，应清除内、外杂物，并做好清洁和保护工作；②风管安装的位置、标高、走向，应符合设计要求，现场风管接口的配置，不得缩小其有效截面；③连接法兰的螺栓应均匀拧紧，其螺母宜在同一侧；④风管接口的连接应严密、牢固；风管法兰的垫片材质应符合系统功能的要求，厚度不应小于 3mm；垫片不应凸入管内，亦不宜突出法兰外；⑤柔性短管的安装，应松紧适度，无明显扭曲；⑥可伸缩性金属或非金属软风管的长度不宜超过 2m，并不应有死弯或塌凹；⑦风管与砖、混凝土风道的连接接口，应顺着气流方向插入，并应采取密封措施；风管穿出屋面处应设有防雨装置；⑧不锈钢板、铝板风管与碳素钢支架的接触处，应有隔绝或防腐绝缘措施。

(5) 风管的连接应平直、不扭曲。明装风管水平安装，水平度的允许偏差为 3/1000，总偏差不应大于 20mm。明装风管垂直安装，垂直度的允许偏差为 2/1000，总偏差不应大于 20mm。暗装风管的位置，应正确、无明显偏差。除尘系统的风管，宜垂直或倾斜敷设，与水平夹角宜大于或等于 45°，小坡度和水平管应尽量短。对含有凝结水或其他液体的风管，坡度应符合设计要求，并在最低处设排液装置。

(6) 风管支吊架的安装应符合下列规定：①风管水平安装，直径或长边尺寸小于等于 400mm，间距不应大于 4m；大于 400mm，不应大于 3m；螺旋风管的支吊架间距可分别延长至 5m 和 3.75m；对于薄钢板法兰的风管，其支吊架间距不应大于 3m；②风管垂直安装，间距不应大于 4m，单根直管至少应有 2 个固定点；③风管支吊架宜按国标图集与规范选用强度和刚度相适应的形式和规格；对于直径或边长大于 2500mm 的超宽、超重等特殊风管的支吊架应按设计规定；④支吊架不宜设置在风口、阀门、检查门及自控机构处，离风口或插接管的距离不宜小于 200mm；⑤当水平悬吊的主、干风管长度超过 20m 时，应设置防止摆动的固定点，每个系统不应少于 1 个；⑥吊架的螺孔应采用机械加工，吊杆应平直、螺纹完整、光洁；安装后各副支吊架的受力应均匀，无明显变形；⑦抱箍支架，折角应平直，抱箍应紧贴并箍紧风管；安装在支架上的圆形风管应设托座和抱箍，其圆弧应均匀，且与风管外径相一致。

(7) 风口与风管的连接应严密、牢固，与装饰面相紧贴；表面平整、不变形，调节灵活、可靠。条形风口的安装，接缝处应衔接自然，无明显缝隙。同一厅室、房间内的相同风口的安装高度应一致，排列应整齐。明装无吊顶的风口，安装位置和标高偏差不应大于 10mm。风口水平安装，水平度的偏差不应大于 3/1000。风口垂直安装，垂直度的偏差不应大于2/1000。各类风阀应安装在便于操作及检修的部位，安装后的手动或电动操作装置应灵活、可靠，阀板关闭应保持严密。防火阀直径或长边尺寸大于等于630mm时，宜设独立支吊架。

1) 风管连接

① 酚醛复合板风管管段连接，以及风管与阀部件、设备连接的基本形式见表4-3。

风管与阀部件、设备连接的基本形式　　　　　　　表4-3

连接方式		附件材料	适用范围
45°角粘接		铝箔胶带	$b \leqslant 500mm$
槽形插件连接		PVC	低压风管 $b \leqslant 2000mm$ 中、高压风管 $b \leqslant 1600mm$
工形插件连接		PVC	低压风管 $b \leqslant 2000mm$ 中、高压风管 $b \leqslant 1600mm$
		铝合金	$b \leqslant 3000mm$
"H"法兰连接		PVC、铝合金	用于风管与阀部件、设备连接

注：1. 在选用PVC及铝合金成形连接件时，应注意连接件壁厚，插接法兰件的壁厚应大于或等于1.5mm。风管管板与法兰（或其他连接件）采用插接连接时，管板厚度与法兰（或其他连接件）槽宽应有0.1～0.5mm的过盈量，插件面应涂满胶粘剂。法兰四角接头处应平整，不平度小于或等于1.5mm，接头处的内边应填密封胶。低压风管边长大于2000mm、中高压风管边长大于1500mm时，风管法兰应采用铝合金材料；

2. b—内边长。

② 主风管与支风管的连接

主风管上直接开口连接支风管可采用90°连接件或其他专用连接件，连接件四角处应涂抹密封胶。当支管边长不大于500mm，也可采用切45°坡口直接连接，如图4-5所示。

图4-5　主风管与支风管的连接

③ 主风管与柔性风管的连接

主风管与柔性风管的连接应注意将环状止口顶在复合板上，再扳边固定，如图 4-6 所示。

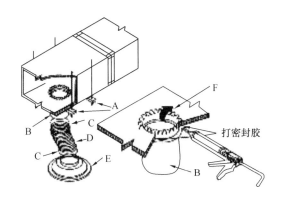

图 4-6 主风管与柔性风管连接
A—双挂板；B—连接风管的紧固环；C—紧固圈；
D—伸缩软管；E—可调圆形散流器；F—弯曲所有的尖齿

④ 风管与部件的连接

风管与部件的连接方式，采用"F"法兰连接，如图 4-7 所示。

2) 风管吊装

① 安装前依施工图的要求，确定风管走向、标高；风管按分段尺寸制作成形后，要按系统编号并标记，以便安装；检查风管的尺寸、法兰安装是否正确，风管及法兰制作允许偏差是否符合规定；风管安装前应清除其内、外表面粉尘及管内杂物。

② 按设计要求在风管承重材料上钻膨胀套孔。用全丝螺丝制作吊杆。吊杆按吊装高度要求，用砂轮切割机下料，安装吊杆。按设计要求对横担下料、钻孔，并做好防腐处理。吊装风管，在风管下安装横担和防震垫，用平垫、弹垫、螺母固定横担。按设计要求安装连接风管、通风系统部件。对金属法兰和金属通风部件做绝热处理。

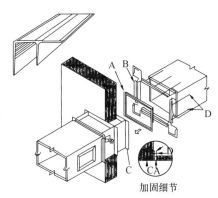

图 4-7 风管与部件连接
A—密封填料；B—"F"型法兰；
C—防火调节阀；D—自旋螺钉

3) 风管修复

风管在搬运、安装过程受到偶然的碰撞会引起损坏。根据风管损坏程度有不同的修复方法。风管内表面铝箔凹痕和刮痕，可以通过表面修平或重新粘贴新的铝箔胶带修复；风管壁产生孔洞比较大时，将孔洞 45°切割方块后，再按相等的方块封堵，粘接缝粘贴铝箔胶带；风管壁产生小孔洞可用玻璃胶封堵，再粘贴铝箔胶带；法兰处断裂时，距法兰处 300mm 切割下来，增补一节短管。

4）漏风检测

风管制作与风管系统安装完毕后，按分项工程质量检验程序和要求分别进行质量检查验收。漏光法检验和漏风量试验方法按现行国家标准《通风空调工程施工质量验收规范》GB 50243 规定实施。

5）酚醛风管质量控制

① 制作风管时为保证风管制作后的强度，在下料时粘合处有一边要保留 20mm 铝箔做护边。

② 风管在粘合前需预组合，检查拼接缝处是否严密，尺寸是否符合要求。根据季节温度、湿度及胶粘剂的性能确定最佳粘合时间。粘接后，用角尺、钢卷尺检查、调整垂直度及对角线偏差应符合规定。

③ 粘接缝在粘接后应平整，不得有歪斜、错位、局部开裂，以及 2mm 以上的缝隙等缺陷。

④ 选择胶水可选用高固含量、固化程度快、合适酚醛铝箔复合板的专用胶水。在选用溶剂型胶液时，一定要使溶剂挥发后，再进行风管拼接。

⑤ 风管安装前，要根据设计要求对拟安装的风管位置、标高、定位、放线及技术方案进行复核，在确定无误后再进行施工。风管经过建筑结构的预留孔洞位置应认真校核。

6）酚醛风管支吊架安装

风管支吊架间距应符合规定。水平安装风管底边尺寸不大于 1000mm 时，支吊架间距不超过 2m；水平安装风管底边尺寸大于 1000mm 时，支吊架间距不超过 1.5m；水平安装风管底边尺寸大于 1600mm 时，支吊架间距不超过 1m；垂直安装风管的支架间距不超过 2.4m，每根立管的支架不少于 2 个；水平安装风管主、干管长度超过 20m 时，应设置不少于 1 个防摆支架。

7）安装中应注意的事项

① 与风管连接的风阀等部件，应单独设置支吊架，不得将风阀的重量转接在风管上。

② 风管穿过楼板或墙时，应设预埋管或防护套管，其钢板厚不小于 1.5mm；穿过封闭的防火、防爆的墙体或楼板时，其预埋管或防护套管钢板厚不小于 1.6mm。

③ 对于安装完毕的风管，应做好防护，将管段的敞口处采用塑料薄膜遮盖，防止灰尘及杂物进入风管内部。

8）成品保护及现场文明

① 制作完成的成品风管，应设置固定的存放区，并应设置防隔离措施。

② 成品风管运输时，应注意不得碰撞摔损，防止成品风管变形损坏。

③ 存放区内的成品风管，应按规格分开码放，便于清点数量。

④ 加工完毕，未成形的风管应码放在半成品存放区，与成品风管分开码放。

⑤ 风管加工区每天应在下班后，清理干净，做到工完料净。

⑥ 加工完毕的剩余板材下脚料，应集中存放，不得随意丢弃、摆放。

⑦ 对于粘接、加固完毕的成品风管，应集中摆放在通风的环境下，保证粘接的强度达到要求后，方可开始连接成品风管。现场实例如图 4-8 所示。

图 4-8 风管安装及保温完成示例

(a) 风管穿中板封堵；(b) 公共区复合风管安装及保温；(c) 镀锌钢板风管安装；
(d) 公共区大系统风管安装；(e) 风管组装吊装；(f) 穿墙风管封堵

4.1.5 通风与空调设备安装

在地铁通风空调分部工程施工过程中，设备安装主要有：空调水泵冷冻水泵、冷却水泵的安装、冷水机组安装、冷却塔安装、空调机组安装、风机安装、风阀、消声器等安装，现场实例如图 4-9 所示。

（1）制冷设备与制冷附属设备的安装应符合下列规定：

1）制冷设备、制冷附属设备的型号、规格和技术参数必须符合设计要求，并具有产品合格证书、产品性能检验报告。

2）设备安装的位置、标高和管口方向必须符合设计要求。用地脚螺栓固定的制冷设备或制冷附属设备，其垫铁的位置应正确、接触严密；螺栓必须拧紧，并有防松动措施。

（2）直接膨胀表面式冷却器的外表应保持清洁、完整，空气与制冷剂应呈逆向流动；

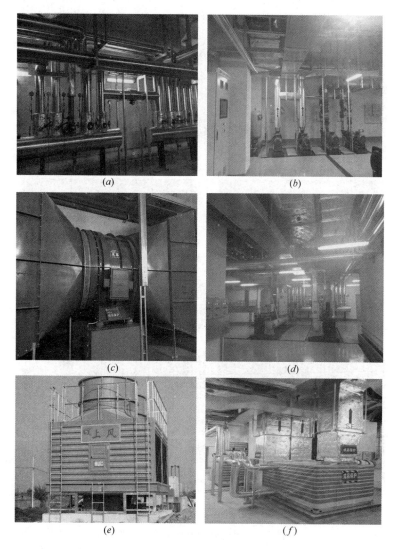

图 4-9 通风空调设备安装完成示例
(a) 分集水器安装；(b) 空调水泵安装；(c) 天圆地方安装；
(d) 冷水机组安装；(e) 室外冷却塔安装；(f) 安装完成的机组保护

表面式冷却器与外壳四周的缝隙应堵严，冷凝水排放应畅通。制冷设备的各项严密性试验和试运行的技术数据，均应符合设备技术文件的规定。对组装式的制冷机组和现场充注制冷剂的机组，必须进行吹污、气密性试验、真空试验和充注制冷剂检漏试验，其相应的技术数据必须符合产品技术文件和有关现行国家标准、规范的规定。

(3) 整体安装的制冷机组，其机身纵、横向水平度的允许偏差为 1/1000，并应符合设备技术文件的规定；采用隔振措施的制冷设备或制冷附属设备，其隔振器安装位置应正确；各个隔振器的压缩量，应均匀一致，偏差不应大于 2mm；模块式冷水机组单元多台并联组合时，接口应牢固，且严密不漏。连接后机组的外表，应平整、完好，无明显的扭曲。

(4) 通风机的安装应符合下列规定：型号、规格应符合设计规定，其出口方向应正确；叶轮旋转应平稳，停转后不应每次停留在同一位置上；固定通风机的地脚螺栓应拧紧，并有防松动措施。通风机传动装置的外露部位以及直通大气的进、出口，必须装设防护罩（网）或采取其他安全措施。现场组装的轴流风机叶片安装角度应一致，达到在同一平面内运转，叶轮与筒体之间的间隙应均匀，水平度允许偏差为1/1000。

（5）冷却塔安装应符合下列规定：①基础标高应符合设计的规定，允许误差为±20mm。冷却塔地脚螺栓与预埋件的连接或固定应牢固，各连接部件应采用热镀锌或不锈钢螺栓，其紧固力应一致、均匀；②冷却塔安装应水平，单台冷却塔安装水平度和垂直度允许偏差均为2/1000；同一冷却水系统的多台冷却塔安装时，各台冷却塔的水面高度应一致，高差不应大于30mm；③冷却塔的出水口及喷嘴的方向和位置应正确，积水盘应严密无渗漏；分水器布水均匀。带转动布水器的冷却塔，其转动部分应灵活，喷水出口按设计或产品要求，方向应一致。冷冻水和冷却水的除污器（水过滤器）应安装在进机组前的管道上，方向正确且便于清污；与管道连接牢固、严密，其安装位置应便于滤网的拆装和清洗。过滤器滤网的材质、规格和包扎方法应符合设计要求。

（6）冷冻水泵的安装：

1）冷冻水泵就位前应作下列检查：泵的基础尺寸、位置、标高应符合设计要求，对角线的误差不大于5mm。设备不应有缺件、损坏和锈蚀等情况，管口保护物和填盖应完好，以防止杂物进入设备。盘车应灵活，无阻滞、卡住现象，无异常声音。

2）泵的找平应符合下列要求：卧式水泵的纵、横向水平度不应超过0.1‰～0.2‰，测量时应以加工面为基准。电动机与泵连接前，应单独先试验电动机的转向，确认无误后再连接。主动轴与从动轴找平、找正连接后，应盘车检查是否灵活。泵与管路连接后，应复核找正情况，如由于管路连接而不正常时，应调整管路。

（7）制冷机组的安装：

1）运输（吊装）前的准备：吊装前要必须详细绘出设备拖运的平面图、立面图。

2）设备拖运时的负载，应根据楼面有关资料，确定设备的吊运位置，且要经甲方及监理审核，确定结果的可取性。对设备运输通道、场地等，必须在吊装作业前准备就绪。必须保证吊运、装时的电源供给，避免过程中出现停电现象。

① 概况：冷冻机房位于站厅层南端。除了安装2台水冷螺杆式冷水机组、冷冻水泵和冷却水泵各2台外，还有冷冻管、冷却管，由于机房面积较小位置比较紧凑，因此在进行冷水机组安装前必须对机房内的施工内容进行周密的计划，与各专业互相协调，合理安排施工顺序，避免出现互相影响的局面。

② 进行基础验收：机组安装前应对基础尺寸、高差、荷载等进行复核，应符合施工规范及设计图纸要求，并且要与机组配套。

③ 拆箱后应连同原有底排子，拖运至安装地点，吊装的钢丝绳应设于蒸发器筒体支座外侧，并注意钢丝绳不要使仪表板、油水管路等受力，钢丝绳与设备接触处应垫以木块，以防损伤设备。

④ 机组吊装就位后，中心线与基础轴线应重合，两台机组，应在同一基准标高线上，允许偏差±40mm。

4.1.6 空调水系统管道与设备安装

(1) 工艺流程如图 4-10 所示。

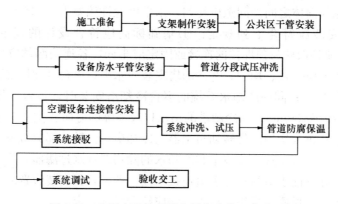

图 4-10 空调水系统管道与设备安装工艺流程图

(2) 支架制作安装:

1) 本站公共区管道支架采用三管或两管联合吊架,吊架采用角钢横担＋圆钢吊杆制作,用两个 $\phi 12$ 的膨胀螺栓＋长 80mm65×5 角钢在顶板上生根;设备区走廊内管道采用综合支吊架系统;机房内总、干管的支吊架,应采用承重综合管阻焊支架。具体型钢规格按不同管径在表 4-4～表 4-6 中选用:

① 单管水管公称直径对应的支吊架吊杆间距、吊杆、横担规格见表 4-4。

单管水管支吊架吊杆间距、吊杆、横担规格 表 4-4

序号	公称直径 DN (mm)	吊架间距 (m)	吊杆直径 (mm)	支架角钢或槽钢	备注
1	<200	3	10	L50×5	保温
		3		L50×5	不保温
2	200	3	10	L50×5	保温
		3		L50×5	不保温

② 双管水管公称直径对应的支吊架吊杆间距、吊杆、横担规格见表 4-5。

双管水管公称直径对应的支吊架吊杆间距、吊杆、横担规格 表 4-5

序号	公称直径 DN (mm)	吊架间距 (m)	吊杆直径 (mm)	支架角钢或槽钢	备注
1	50	≤3	10	L50×5	保温
		≤3			不保温
2	65	≤3	10	L50×5	保温
		≤6			不保温
3	100	3	10	L50×5	保温
		6			不保温

续表

序号	公称直径DN (mm)	吊架间距 (m)	吊杆直径 (mm)	支架角钢或槽钢	备注
4	125	3	10	L63×6	保温
		6			不保温
5	150	6	12	L63×6	保温
		6	10		不保温
6	200	6	16	[8#	保温
		6			不保温

③ 三条水管共用横担公称直径对应的支吊架吊杆间距、吊杆、横担规格见表4-6。

三条水管共用横担公称直径对应的支吊架吊杆间距、吊杆、横担规格表　　表4-6

序号	公称直径DN (mm)	吊架间距 (m)	吊杆直径 (mm)	支架角钢或槽钢	备注
1	65	3	10	L50×5	保温
		6			不保温
2	100	3	10	[8#	保温
		6			不保温
3	125	3	10	L63×6	保温
		6	12	[8#	不保温
4	150	3	10	[8#	保温
		3			不保温
5	200	3	12	[10#	保温
		3			不保温

2）支架的切割采用锯断的方法。支架制作完毕后，应除锈后刷两道红丹防锈漆两道中灰色面漆。管道支吊架的焊接应由合格持证焊工施焊，并不得有漏焊、欠焊或焊接裂纹等缺陷。支架与管道焊接时，管道侧的咬边量，应不小于管壁厚的10%。

3）冷冻水管道的支吊架不能与管道直接接触，应加垫木，垫木必须经过沥青防腐，垫木厚度与保温层厚度相同，宽度与支架一致，表面平整。管道与设备连接时必须设支架，管道不能直接作用在设备上。

4）支吊架安装时根据图纸确定管道的位置，在墙壁或顶板上标出管道中心线，根据管道中心线安装管道支架；管道安装前，先对管道进行检查，如发现有歪斜曲扭，应马上调直，再进行安装。

（3）管道安装：

1）冷冻水供回水管均采用镀锌钢管，管径小于DN100mm时采用螺纹连接，管径大于或等于DN100mm时采用卡箍或法兰连接，管道与设备、阀门及软接头等管道附件采用法兰连接；补水管采用镀锌钢管，螺纹连接。

2）管子螺纹应规整，如有断丝或缺丝，不得大于螺纹全扣数的10%。安装螺纹零件时，应按旋紧方向一次装好，不得倒回，不得将填料挤入管内。安装后，露出2~3牙螺纹，并清除剩余填料、刷防锈漆。

3）卡箍连接的管道，使用管道厂家提供的压槽机，严格按照厂家提供的压槽参数，调整好槽口的深度，保证槽口的深度一致；连接时管道两端口应平整，无缝隙，沟槽应均匀，卡紧螺栓后管道应平直，卡箍安装方向应一致。

4）管道安装前要将管子及管件内部的杂物清理干净。安装要横平竖直，出现局部的最高点和最低点时，应在相应的地点分别设置排气阀和泄水阀。

5）从冷冻干管引出支管，应从干管底部或侧面接出，有两根以上的支管与干管相连，连接间距应相互错开。

6）管道穿过墙或楼板应设钢制套管，套管壁厚为1.5mm；管道接口不得置于套管内，钢制套管应与墙面或楼板底面平齐，但应比地面高20mm，套管不得作为管道的支承，管道与套管的间隙应用不燃保温材料填充密实。冷凝水管的坡度应符合设计要求，严防倒坡，就近接入地漏或明沟。

（4）管道试压及冲洗：

1）管道试压前，先对系统进行检查。检查泄水阀、排气阀是否安装，支架安装是否到位，检查无误后，再进行系统灌水。根据现场实际情况进行分段试压。当管道承压时，不得转动接头等部件。试验压力为工作压力的1.5倍，在试验压力下，稳压30min，压力不得下降，再将系统压力降至工作压力，在60min内压力不下降、外观检查无渗漏为合格。

2）管道试压合格后进行管道冲洗，在进行冲洗工作前，先把管道与设备断开，避免杂物堵塞设备，设备的进水管道与出水管道连通，确认无误后，进行系统灌水，系统灌满水后，启动水泵进行循环。直至泄水的颜色、透明度与自来水的颜色、透明度一致时为合格（以后将单独出冲洗方案）。

（5）阀门及附件安装：

1）阀门的规格和型号应符合设计规范阀体铸造规格，表面光滑，开启灵活，关闭严密，填料密封完好无渗漏，手轮完好无损坏，阀门安装位置、方向、高度应符合设计要求，不得反装，连接紧密、牢固。安装带手柄的手动截止阀，手柄不得向下；电磁阀、压差旁通阀等的电动阀头均应向上竖直安装。对于工作压力大于1.0MPa及在主管道上起隔断作用的阀门应进行强度和严密性试验，合格后方可使用。

2）橡胶软接头两端的法兰中轴线应在同一直线上，不得强行拉接。冷冻水供回水管的直线部分每隔50m装设金属波纹补偿器，水管穿越结构缝时需要设置补偿器，并在两个补偿器之间设置固定支架。

3）膨胀水箱与支架或底座接触紧密，安装平整、牢固，标高允许偏差±5mm，平面位置允许偏差15mm，垂直度允许偏差1/1000。膨胀水箱在制作好时应做好严密性实验，要求用水注满水箱后等24h后，水箱水位不下降为试验合格。现场实例如图4-11所示。

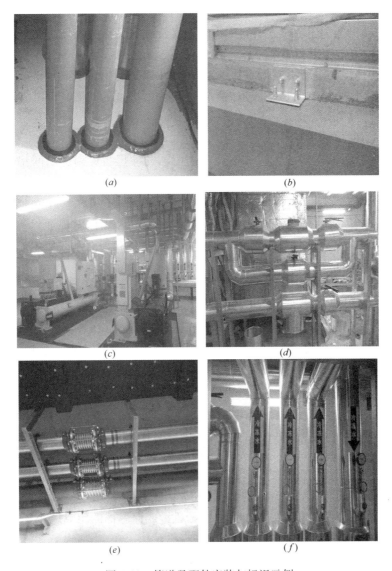

图 4-11 管道及配件安装与标识示例
(a) 水管穿墙封堵；(b) 设备明露螺栓头增设不锈钢保护帽；(c) 冷水机房管道施工；
(d) 空调水管道安装；(e) 伸缩节两端加装支架；(f) 管道标识

4.1.7 防腐与绝热施工

1. 保温流程及注意事项

(1) 常规保温顺序为：弹线→粘保温钉→安装保温棉→安装保温垫→保温钉折边→打包。

(2) 保温前应清除表面油渍，以免保温钉在风管保温棉施工完毕后脱落，无法起到应有的作用。

(3) 粘保温钉前先弹线，保证保温钉粘贴后横平竖直。在干燥环境下保温钉粘贴后最少在 24h 后再上保温棉，在潮湿环境必须 48h 后方可上保温棉。

(4) 矩形风管保温钉的分布应均匀，其数量在底面每平方不应少于 16 个，侧面不应少于 10 个，顶面不应少于 8 个。首行保温钉至风管或保温棉的距离应小于 120mm。轨行区保温钉增加 1 倍的保温钉数量。

(5) 风管绝热层的厚度不应低于保温棉厚度的 80%。风管四角处的保温禁止四角处用切割保温棉 45°的方式，应切除四角处与保温棉厚度同宽的凹槽，再折成 90°角度。

(6) 风管保温棉搭接方式为搭接的一端保温板内侧剔掉 25mm 搭接方式，严禁两平面搭接，以避免缝隙产生冷凝水。

(7) 风管保温在横担处保温棉可不连续，在风管横担与保温棉之间垫以浸过沥青垫木，厚度与保温棉相同，宽度与横担同宽，吊杆应穿过垫木。

(8) 一般保温钉长度为 70mm，在法兰部位保温钉长度应为 120mm。法兰处保温棉断开，并在法兰部位设置宽度为 120mm 的保温棉（端面露出保温棉部分采用白色加筋铝箔粘贴密封好），120mm 长的保温钉穿过该保温棉。保温材料安装时应采用与贴面颜色配套的专用白色密封胶带。

2. 风管保温

(1) 保温范围及材质：大、小系统空调送风管均需保温，保温分别做至组合空调机组、空气处理机组出风口，保温风管上的设备及附件也需保温；保温材料采用离心玻璃棉，空调房间内保温层厚度 δ 为 30mm，非空调房间内保温层厚度 δ 为 40mm。外覆加强铝箔作为隔汽防潮保护层，铝箔厚度 $\geqslant 0.3$mm，接口采用铝箔胶带粘封，在粘封前应先将接口处的油污或灰尘除净，以免脱落失效。保温板采用保温钉固定，固定钉密度按规范要求进行。

(2) 保温前应清除表面油渍，以免保温钉在风管保温棉施工完毕后脱落，无法起到应有的作用。在干燥环境下保温钉粘贴后最少在 24h 后再上保温棉，在潮湿环境必须 48h 后方可上保温棉。粘保温钉前先弹线，保证保温钉粘贴后横平竖直。

(3) 矩形风管保温钉的分布应均匀，其数量在底面每平方不应少于 16 个，侧面不应少于 10 个，顶面不应少于 8 个。首行保温钉至风管或保温棉的距离应小于 120mm。轨行区保温钉增加 1 倍的保温钉数量。

(4) 风管绝热层的厚度不应低于保温棉厚度的 80%。

(5) 风管四角处的保温禁止四角处用切割保温棉 45°的方式，应切除四角处与保温棉厚度同宽的凹槽，再折成 90°，如图 4-12 所示。

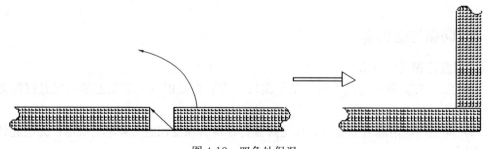

图 4-12 四角处保温

(6) 风管保温棉搭接方式为搭接的一端保温板内侧剔掉 25mm 搭接方式，严禁两平面搭接，以避免缝隙产生冷凝水。

（7）风管保温在横担处保温棉可不连续，在风管横担与保温棉之间垫以浸过沥青垫木，厚度与保温棉相同，宽度与横担同宽，吊杆应穿过垫木。

（8）常规保温顺序为：弹线→粘保温钉→安装保温棉→安装保温垫→保温钉折边→打包。

（9）过轨风管保温顺序为：弹线→粘保温钉→安装保温棉→缠玻璃丝布→安装保温垫→保温钉折边→打包。

（10）0.5mm镀锌钢板包覆保温顺序：弹线→粘保温钉→安装保温棉→安装保温垫片→0.5mm镀锌钢板包覆。

（11）打包包角，选用0.5mm长镀锌钢板，长度为100mm，L形40×40龙骨形，采用风管废料。在风管正中间以及风管法兰部位打包。

（12）一般保温钉长度为70mm，在法兰部位保温钉长度应为120mm。法兰处保温棉断开，并在法兰部位设置宽度为120mm的保温棉（端面露出保温棉部分采用白色加筋铝箔粘贴密封好），120mm长的保温钉穿过该保温棉。做法如图4-13所示。

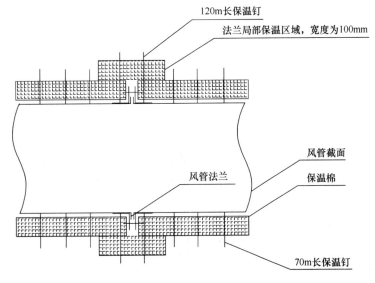

图4-13　法兰局部保温示意图

（13）保温材料安装时应采用与贴面颜色配套的专用白色密封胶带。

（14）站台公共区手动调节阀全部保温（风阀开度末端全开，依次递减，始端开度为1/4开度）；站厅层公共区风口带人字调节阀全部保温。需要保温的防火阀、调节阀注意连杆活动部分做成可拆装形式，以便于调试时不破坏保温棉。

3. 管道油漆、保温

（1）油漆

管道在涂刷底漆前，应进行除锈。人工除锈用砂布或钢丝刷除去表面浮锈，再用布擦净。机械除锈用电动旋转的圆钢丝刷刷除管内浮锈或圆环钢丝刷刷除管外浮锈，再用布擦净。手工涂刷应往复、纵横交叉进行，保持涂层均匀。刷油时，要用纸或塑料布遮盖墙面、地面等部位，做好保护，以防污染；要备好棉纱、汽油，以便污染时及时擦拭干净。

刷油后要均匀一致，不透底、颜色和光泽好，不漏刷、无流坠、不显刷印、附着好、不起皮、无污染现象，特别要求阀门红、黑分明，管后、散热器后，支架、吊架等处不得漏刷油漆。

（2）保温

管道保温采用玻璃棉进行保温。保温时要粘接牢固，接缝错开，表面光滑。保温管壳与水管管壁之间、保温管壳接缝处，都必须用胶水粘贴密实，保温管壳接缝处还要用专用密封胶带粘贴，以保证不泄露空气。接触管道的支、吊、托架必须放在保温层外，并加防火、防腐垫木。管道上的阀门、法兰及其他可拆卸部件保温两侧应留有螺栓长度加25mm的空隙，但断面应封闭严密。阀门、法兰部位应单独进行保温。支托架处的保温层不得影响管道活动面的自由伸缩，与垫木支架接触紧密，管道托架内及套管内的保温，应充填饱满。阀门、过滤器及法兰处保温应能单独拆卸。保温后的阀门启闭标记明确，清晰、美观且操作方便。水管与空调设备的接头处以及产生凝结水的部位必须保温良好，严密无缝隙。管道保温后，保温层外贴高强度防潮防火带肋铝箔作为隔汽保护层，如图4-14所示。

图4-14 管道保温及铝皮保护壳示例

(a) 保温样板流程；(b) 风阀检修口标识；(c) 画线及保温钉粘贴；
(d) 风管保温；(e) 机房管道保温；(f) 管道保温及铝皮保护壳

4.1.8 系统调试

1. 准备工作

(1) 熟悉资料

熟悉暖通系统的全部设计资料，包括图纸、设计说明和产品使用说明书，充分领会设计意图，了解各种设计参数、系统的全貌及通风空调设备的性能及使用方法等。搞清送（回）风及排烟系统、供冷系统的特点，注意调节装置和检验仪表所在位置。

(2) 设备及风管系统的准备

1) 检查通风空调设备的外观和构造有无尚未修整过的缺陷。

2) 运转的轴承部分及需要润滑的部位，添加适量的润滑剂。

3) 检查和调节好风量调节阀、防火阀及排烟阀动作状态。

4) 检查和调整送风口和回风口（或排风口）内的风阀、叶片的开度和角度。

(3) 电气控制系统的准备

1) 电动机及电气箱盘内的接线应正确。

2) 电气设备与元件的性能应符合技术规定要求。

3) 继电保护装置应整定正确。

4) 电气控制系统进行模拟动作试验。

(4) 风机试运转

1) 外观检查

① 核对风机、电动机型号、规格及皮带轮直径是否与设计相符。

② 检查风机、电动机的皮带轮（联轴器）的中心是否在一条直线上，地脚螺栓是否拧紧。

③ 检查风机进出口处柔性短管是否严密。

④ 检查轴承处是否有足够的润滑油，加注润滑油的种类和数量应符合设备技术文件的规定。

⑤ 用手动盘车时，风机叶轮应无卡碰现象。

⑥ 检查风机调节阀门启闭的灵活性，定位装置的可靠性。

⑦ 检查电机接地线连接的可靠性。

2) 风口检查

① 关好空调器上的检查门和风管上的检查人孔门。

② 干管及支管上的调节阀应全开；如用三通调节阀应调到中间位置。

③ 风管内的防火阀应放在开启位置。

④ 送、回（排）风口的调节阀应全部开启。

⑤ 新风口、一次回风口前的调节阀开启到最大位置。

3) 风机的启动与运转

① 风机经一次启动立即停止运转，检查叶轮与机壳有无摩擦和不正常的声响。

② 风机的旋转方向应与机壳上箭头所示方向一致。

③ 风机启动后，如发现机内有异物时，应立即停机，设法取出异物。

④ 风机启动时，用钳型电流表测量电动机的启动电流，待风机正常运转后再测量电

动机的运转电流。如运转电流值超过电机额定电流值时，应将总风量调节阀逐渐关小，直到回降到额定电流值。

⑤ 在风机运转过程中，应以金属棒或长柄螺丝刀，仔细监听轴承内有无噪声，以判定轴承是否有损坏或润滑油中是否混入杂物。

⑥ 风机运转一段时间后，用表面温度计测量轴承温度，所测量温度值不应超过设备说明书中的规定。

说明：

风机经试转检查一切正常，再进行连续运转，连续运转时间为2h或2h以上；风机试运转时，兼作风管风道吹扫。为防止设备房被灰尘污染，应将给风口加防护罩。

① 风量调节阀的电气动作试验。

② 手动测试阀门的启闭性能，使其灵活。

③ 检查自控线路的接线是否正确。

④ 根据风阀的控制电路原理，单体通电模拟动作试验。

4) 防火阀单体调试

① 机械检查

阀门安装就位后，就可进行机械检查，检查内容如下：

a. 防火阀的安装方向位置应正确，熔断器（易熔片）应先于叶片轴接触热气流（即位于叶片的迎风侧）。

b. 检查防火阀是否有足够的操作空间，当设计防火阀为吊顶安装或靠近墙体安装时，要保证防火阀周围留有足够的空间，以便操作、维护、检查。在重要位置处的阀体附近管道上应设检查口，其大小位置适合检查维修需要。

c. 外观检查：阀体内清扫干净，外层锈蚀、变形部位及时更换或维修处理，转动部位加注润滑油。

d. 机械动作试验：利用手拉钢索把柄，操作阀门关闭（开启）若干次，确认叶片无刮壳，关闭严密，开启顺利，微动开关的联锁信号正常。

② 通电试验

在机械检查合格，电气接线完成，线路检查正常后，可进行通电测试。电源可采用DC24V的蓄电池或带整流的调压变压器，将直流电源接通电气控制盒的电磁铁引出线，看电磁铁能否动作，关闭（打开）阀门。若电磁铁无动作，需检查电磁的供电线路是否畅通，若电磁铁有动作，但无法打开（关闭）阀门，需检查活动铁芯的行程是否足够，以及电动控制盒的机械联动部分是否正常。

2. 系统设计负荷试运转的测试

(1) 系统设计负荷联合试运转的条件要求

系统设计负荷联合试运转应在达到或接近设计负荷的条件下进行。

(2) 系统设计负荷联合试运转的测试项目

1) 室外新风的干、湿球温度。

2) 送风干、湿球温度。

3) 回风干、湿球温度。

4) 混合风干、湿球温度。

5）室内各控制点干、湿球温度。

6）室内正压值。

7）冷媒送、回水温度、流量。

8）室内气流组织的测定、调整。

9）送风量的测定。

10）室内噪声测定。

11）自动调节系统的参数整定和联合调试。

12）编制系统测试记录和联调记录。

3. 水泵单机试运转

(1) 准备工序

1）检查水泵和附属系统的部件是否齐全。

2）检查水泵各紧固连接部位不得松动。

3）用手盘动叶轮应轻便、正常，不得有卡碰现象。

4）轴承应加注润滑油脂，所使用的润滑油脂标号、数量应符合设备技术文件的规定。

5）水泵与附属管路系统上的阀门启闭状态，经检查和调整后应符合设计要求。

6）水泵运转前，应将入口阀全开，出口阀全闭，待水泵开启后再将出口阀打开。

(2) 水泵运转

1）水泵经一次启动立即停止运转，检查叶轮与泵壳有无摩擦声和其他不正常现象，并观察水泵的旋转方向是否正确。

2）水泵启动时，测量电动机的启动电流，待水泵正常运转后，再测量电动机的运转电流，保证电动机的运转功率或电流不超过额定值。

3）在水泵运转过程中应用金属棒或长柄螺丝刀，仔细监听轴承内有无杂声，以判断轴承的运转状态。

4）水泵的滚动轴承运转时的温度不应高于75℃；滑动轴承的运转温度不应高于70℃。

水泵运转时，其填料的温升也应正常，在无特殊要求情况下，普通软填料允许有少量的泄漏，即每分钟10～20滴；机械密封的泄漏不允许有10mL/h，即每分钟不超过3滴。

注：1. 水泵带负荷试运转应在电动机空载试验合格后进行。

2. 各水泵带负荷试运转持续时间应不少于2h。

4. 车站设备联调前应具备的条件

车站联动调试必须在各系统单元件、分部、分系统单体试验正常后进行，并由BAS、FAS专业主责实施。

(1) 电气装置的校验调试已符合设计部门对电网和回路的各种参数和保护特性要求，控制回路及继电保护装置，系统整组试验符合设计要求实际整定值，有关元件完整无损，所有测量表计检验合格。

(2) 配电装置、照明回路、电缆母线槽绝缘试验合格，各电机已检查并已受电运行。

(3) 各柜盘、电源箱、控制二次回路以作模拟动作试验，受电试运行正常。

(4) 事故照明电源成套设备的受电调试，包括正常供电、充电（均充电、浮充电）停电、来电自动切换投入等已进行模拟调试。

(5) 各种防火阀、电动蝶阀、电动风阀已调试，校验及通电试运已正常。

(6) 冷冻循环系统机泵、空调柜机及盘管风机、单机运转正常。

(7) 各种水泵、污水泵、废水泵单体试运转正常。

(8) 消防自动报警系统，气体灭火系统已单系统调试正常。

(9) 车站电力监控设备安装完毕，单元件调试正常。

(10) 系统无负荷联合试运转：在竣工季节气温符合冷源的运行条件时，空调系统应做带冷源的联合试运转。

(11) 系统设计负荷联合试运转应在地下铁道试运期间达到或接近设计负荷的条件下进行。

系统调试注意事项：通风机、空调机组中的风机、叶轮旋转方向正确，运转平稳，无异常振动与声响，其电机运行功率应符合设备技术文件的规定。在额定转速下连续运转2h后，滑动轴承外壳最高温度不得超过70℃；滚动轴承不得超过80℃。水泵叶轮旋转方向正确，无异常振动和声响，紧固连接部位无松动，其电机运行功率值应符合设备技术文件的规定。水泵连续运转2h后，滑动轴承外壳最高温度不得超过70℃；滚动轴承不得超过75℃。冷却塔本体应稳固、无异常振动，其噪声应符合设备技术文件的规定。风机试运转按《通风与空调工程施工质量验收规范》GB 50243—2016中第11.2.2条第1款的规定。冷却塔风机与冷却水系统循环试运行不少于2h，运行应无异常情况。制冷机组、单元式空调机组的试运转，应符合设备技术文件和现行国家标准《制冷设备、空气分离设备安装工程施工及验收规范》GB 50274的有关规定，正常运转不应少于8h。电控防火、防排烟风阀（口）的手动、电动操作应灵活、可靠，信号输出正确。系统无生产负荷的联合试运转及调试时：系统总风量调试结果与设计风量的偏差不应大于10%。系统无生产负荷的联合试运转及调试时：空调冷热水、冷却水总流量测试结果与设计流量的偏差不应大于10%。系统无生产负荷的联合试运转及调试时：舒适空调的温度、相对湿度应符合设计的要求。恒温、恒湿房间室内空气温度、相对湿度及波动范围应符合设计规定。防排烟系统联合试运行与调试的结果（风量及正压），必须符合设计与消防的规定。

4.2 通风空调工程施工过程常见问题及处理措施与典型做法

4.2.1 施工过程常见问题及解决办法

1. 通风空调专业质量通病

（1）各类风机风阀检修空间不足

在地铁施工的狭小区域里，所需要安装的设备种类非常多，往往在设备区走廊地带，各类管线错综复杂，设备安装空间狭窄。在通风专业中各类风机风阀的检修空间往往不够，运营维护人员难以在狭小的检修空间里动手操作，给运营检修带来了诸多不便。

应对措施：在施工准备时期内，技术人员仔细审核图纸，检查管线密集区域的各类风机及风阀的检修空间，当遇到检修空间不足的问题，及时和设计沟通，请求设计做变更。在技术交底及施工交底中，加入各类风机风阀检修空间的要求，并在施工图纸上检修空间的大小、方式等。

（2）空调箱的过滤网无法抽出

通风空调专业中，环控机房内的管线都是比较复杂和紧凑的，其中有各类风机、各类空调箱以及空调水系统的各种设备。其中空调箱内都有过滤网，目的是净化外来空气。

应对措施：在空调水系统安装之前，充分考虑到空调箱过滤网抽出的空间。严禁在空调箱检修口前横向安装空调水管，可以高于或者低于空调箱检修口安装。在空调水系统施工过程中，对此类问题做一个专项检查，防止有此类情况发生。施工单位将此项内容作为施工交底的一项，提早告知作业人员，以免返工造成不必要的损失。

（3）风管保温层容易脱落

通风空调风管中为了防止风管外表面结露，保证空调风的温度，风管外面一般都设置保温层。保温层一般采用绝热性能较好的离心玻璃丝棉板作为主要绝热材料，但是因为玻璃丝棉板的柔韧性差，与风管底部连接的保温钉容易分离，造成保温层的脱落。

应对措施：选取高性能金属粘合剂，在粘贴保温钉之前，把风管擦拭干净，防止灰尘影响保温钉和风管的粘合强度。在规范基础上再增加保温钉的密度，然后开始安装玻璃丝棉板。玻璃丝绵板粘贴安装完毕，用铝箔胶带把保温板连接处缝隙缠绕三层，并控制还力度，既不要把玻璃丝绵板压扁，也要保证铝箔胶带的紧绷程度。然后，在保温层外部包覆 0.5mm 的铝板，把风管丝绵缠绕一圈。最后用铆钉把连接处铆合结实。这种做法可大大提高保温钉的防脱落性能，即使保温钉有脱落，保温层也不会随之脱落。

（4）风管吊丝长短不齐，风管内有灰尘

每个房间内风管吊丝参差不齐，尤其没有吊顶的房间，影响了整个通风系统的观感质量。风管盲端没有做封闭，风管内有许多灰尘，风机试机的时候，房间内灰尘都从风口处飞出，影响车站的卫生和通风系统的观感。

应对措施：加强施工人员的管理，在技术交底中明确提出风管吊丝不能长于横担的下边缘，在现场检查过程中，专项列出影响观感质量的情况，严格控制吊丝长度。在施工过程中，在系统形成之前，风管安装完毕，要把连接风管产生的盲端用塑料布包裹严实，把风口用透明塑料布密封起来，严格控制站内的空气内粉尘的含量。

2. 施工问题

（1）镀锌钢板采购及施工工艺

镀锌钢板作为常用通风管道的材质选择，由于其良好的防腐性能而适用于地铁工程中的潮湿环境，国内地铁一般送排风系统及空调风系统的管道材质采用镀锌薄钢板，厚度采用《通风与空调工程施工质量验收规范》GB 50243—2016 规定；排烟风管材质一般选择 1.5 或者 2.0 的冷轧钢板。镀锌钢板根据《地下铁道工程施工质量验收标准》GB/T 50299—2018 第 18.2.3 条，采用镀锌钢板厚度 1.2 及以下时，镀锌层质量为 235～385 g/m²，根据锌的密度 7.14g/cm³，换算得出锌层厚度为 32.9～53.92μm。施工单位在物资选择时需注意以下几点：①根据物质厂家提供的产品质量证明书上的相关数据，选择所用镀锌钢板；②市场上往往存在小钢厂采用伪造产品质量证明书导致质量参差不齐的情况，在物资到货时务必采用测厚仪对其镀锌层厚度进行实测实量，确保锌层厚度达到要求。

某地铁通风与空调施工蓝图设计说明中要求：风管材料采用镀锌钢板，符合现行国家标准《通风与空调工程施工质量验收规范》GB 50243 的有关规定；薄钢板风管外表面涂防锈漆两遍，防锈漆面采用带油带水带锈防腐底漆。我们认为此做法不妥，理由如下：

①镀锌层本身具有很好的防腐效果,在镀锌板运输加工时,对镀锌层局部有划伤、破损的情况,采用环氧树脂漆进行补强,再次涂刷防锈底漆无必要,而且增加造价成本;②带水、带锈、带油防锈底漆适用于外表面有水、锈、油的钢结构工程,用于镀锌钢板很显然不合适。

(2) 风口短管与风管主干管连接方式

地铁通风空调施工过程中,施工单位风管安装过程中,风口短管与主/支风管连接方式采用四角开口折边,用铆钉连接的方式与主/支管连接,而不采用联合咬口的安装方式,见《矩形金属风管干管与支管连接方法的改进》一文,此文对于连接方式及此做法的优点做了详细的说明。采用铆钉连接的方式漏风问题不能很好的解决,并且在开孔时,施工质量控制不严格,风口短管与开孔大小不一致,导致局部阻力增大,影响正常的通风工艺。施工单位在施工过程中,宜采用较为先进的工艺,严格控制施工质量,在保证施工工艺的前提下,提高工作效率。

(3) 站台两端(面向轨行区)设备区走廊上端管道保温

因站台两端设备区走廊与轨行区未隔离,在车辆行驶过程中,会产生较大的活塞风,对走廊上端的管道保温会产生损坏,时间长了会造成保温棉脱落现象,因此需要在保温管壳或者离心玻璃棉板的外面增加1.5mm铝皮保护壳或者防火板。施工时特别注意阀门检修口的预留,确保后期运营检修方便。

(4) 双面彩钢复合风管道系统中风阀单独保温

城市轨道交通施工中,大系统送风管道大多数设计采用双面彩钢复合风管,因管道自带保温,不需要再对管道单独进行保温,在保温施工过程中,容易将此系统管道中的风阀保温遗漏,导致风阀表面冷凝水较多,很多固定配件生锈,如图4-15所示。

(a) (b)

图4-15 风阀未单独保温导致结露示例
(a) 风阀保温遗漏导致结露;(b) 风阀保温遗漏

(5) 风管穿墙套管位置偏斜,管道不能居中放置

所有的管道穿过墙体都必须设置套管,风管穿墙套管一般采用2mm厚的碳素钢板加工制作,为了使管道居中放置,一般可以先吊装风管,将套管穿到管道上在圈梁以上砌体施工时随墙体同时砌筑,确保位置居中美观。

(6) 施工过程中注意成品及半成品保护

风管材料要放在宽敞干燥的隔潮木头垫架上,叠放整齐,半成品风管应按系统编号分别码放在平整处,搬运装卸时应轻拿轻放。

在未安装完的风管开口处,应封闭,以防杂物进入。刷油漆和涂料时,对风管用塑料布遮盖保护,防止污染风管,尤其不得污染螺栓的螺纹,以免影响拆卸。

多叶调节阀注意调整连杆的保护,保持螺母在拧紧状态。交叉作业较多的场所,严禁以安装完的风管作为支吊架。风机在吊装时,吊点设在底座框架上,不能将绳索捆绑在机壳和轴承盖的吊环上,如吊绳与风机有接触,应在棱角处垫放橡胶板等柔软材料。风机在未接管时,进出口用盖板盖住。

堆放保温材料的场地要采取可靠的防水措施,管道试压时防止漏水浸泡保温;对已保温好的管道作一定的防护处理以防保温棉损坏,风管上严禁人走动。大型落地式设备安装完成后对设备区增加临时门或周围采用落地架杆围护措施;对于易拆卸的仪表备品备件采取收库的方法。

对安装好的制冷机组的各种水泵等设备用薄膜塑料盖住,以防止其他专业对设备的污染。进出口在配管前一定要堵好,防止异物进入,地脚螺栓上的油污清理干净,螺纹部分应少涂油脂风管组装后不得受力、受压,防止其粘合密封处开裂。成品、半成品材料应做好标识,做好材料进场后的成品保护;风管安装后应有明显提示标志:不许人员攀登、碰撞。

(7) 风口的安装位置

公共区所有风口的开孔位置按照装修排版图施工,确保送风口不可以开到闸机的正上方,所有的风口确保不与灯具及其他管线打架;所有机房内的送风口不可以安装到电气设备的正上方,防止冷凝水损坏设备。

4.2.2 通风空调工程施工典型做法

(1) 两端排热风道卧式风阀需加底座,采用8号槽钢加工制作;天圆地方扩散孔底下支撑支架采用63号角钢进行加工制作,采用螺栓连接。

(2) 通风空调机房内2.5m以下风管离心玻璃棉保温层外增加0.5mm镀锌铁皮保护壳,有效防止碰撞引起保温棉破损。

(3) 所有片式消声器底座不需要单独再用槽钢制作支架,直接放在混凝土基础上,保证消声器底面与基础全面接触。

(4) 空调机组底座槽钢与混凝土基础之间需用膨胀螺栓固定,每台机组不少于12个;所有固定设备明露的螺栓头外需安装不锈钢保护壳。

(5) 风管防火垫木厚度大于等于40mm,宽度与横担宽度一致,端头必须进行防腐防火处理,垫木需拉通垫,支吊架采用双螺母。

(6) 所有风管吊装前需与保温队伍协商好,吊装后空间不够的需提前做好保温,遵循先保温、后吊装的原则。确保所有风管保温吊装前必须进行漏光实验,实验合格后方可进行后续工作。

(7) 风机支架:口径小于等于500mm采用5号角钢,大于500mm小于等于800mm采用63角钢,大于800mm小于等于1200mm采用8号槽钢,大于1200mm采用10号槽钢。所有风机支吊架采用龙门式,两侧需用10mm厚的三角钢板作斜撑,支架及所有焊缝处须做好防锈防腐处理。机房内所有设备及管道支架底托采用 10mm 厚的黑钢板，风机支架底角加装肋板，增加支架负荷。

（8）防腐保温：粘保温钉前先弹线，采用梅花桩方式，保证保温钉粘贴后横平竖直。小系统风管大边长小于等于 500mm，法兰处直接拉通包，不需要单独保温。所有风管与风口下挂连接处及三通处的风管外贴镀锌铁皮时，90°拐弯处应有弧度，做成 45°斜角。所有风阀必须单独保温，在风阀检修口处的保温做成活页，并在铝箔层外粘贴检修口明显标识。

（9）镀锌钢板风管大边长大于等于 630mm 时，统一采用丝杆进行加固，风管大边长小于等于 1200mm 时采用 10 号镀锌丝杆，大于 1200mm 时采用 12 号镀锌丝杆。

（10）所有风管吊装完成后，末端需用彩条布进行封堵，堵头处需平整美观；空调机组等设备安装完成后也需要用彩条布包起来，并挂上成品保护牌。

（11）地下站隧道通风系统 TVF 风机消声器与电动组合风阀连接处采用 2.5mm 镀锌钢板，预留正方形检修口。风道电动组合风阀与消声器上端封堵采用 2.5mm 镀锌钢板。

（12）公共区风管采用黑色离心玻璃棉进行保温，水管采用黑色离心玻璃棉管壳；所有风阀检修口预留圆孔，外贴标识，供电房间风管外包 0.5mm 厚镀锌钢板进行保护。

（13）所有设备固定不能直接在基础上打膨胀螺栓，做基础时采用 upvc 管进行预埋，待混凝土凝固之前将其取出，后再采用螺栓固定，表面用水泥抹平。

（14）吊装管道风机、单体空调器及消声器。宜在预埋钢板上焊接吊杆。如采用膨胀螺栓固定时，每根吊杆顶端应设型钢，并用两个膨胀螺栓固定型钢。现场实例如图 4-16 所示。

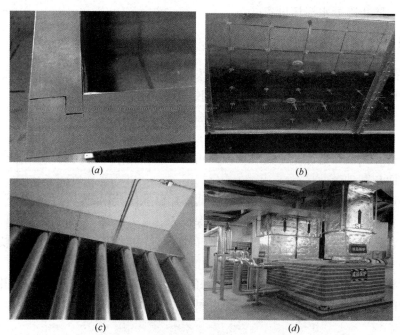

图 4-16 细部创优与典型做法示例（一）
(a) 风管法兰垫片采用楔形倒角，防止漏风；(b) 风管保温棉粘贴前弹线，保温钉粘贴；
(c) 片式消声器与土建顶部上端缝隙采用镀锌钢板封堵；(d) 空调机组等设备成品保护

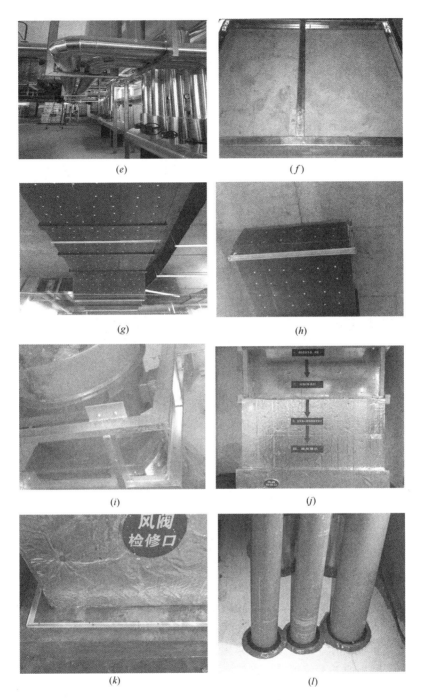

图 4-16 细部创优与典型做法示例（二）

(e) 冷水机房管道保温及联合支架制作；(f) 设备基础底座采用膨胀螺栓固定，并做隐蔽验收；(g)、(h) 公共区所有风管水管保温材料采用黑色离心玻璃棉，保证与装修颜色保持一致。公共区喷黑正好是黑色，整体美观；(i) 所有风机支架底角加装肋板焊接，增强强度；(j) 保温工艺流程现场交底，并在风阀检修口处粘贴明显标识；(k) 风阀检修口处粘贴明显标识；(l) 穿墙水管套管与水管同心设置安装，外侧安装装饰胶圈，并用防火泥进行封堵，较美观

图 4-16 细部创优与典型做法示例（三）

(m) TVF 风机安装，扩散筒底部加装 63 号角钢支撑，增加其受力，保证稳固性；(n) 所有设备固定螺栓明露头增加不锈钢帽保护，设备基础统一刷绿色油漆；(o) 穿中板风管风管周边封堵，基础边收口，外边粘贴反光带，并采用灰泥抹平，美观实用；(p) 设计机房本为水泥砂浆地面，后期将所有空调、冷水及环控机房全部采用环氧地坪地面，方便运营日常打扫，美观

4.3 推广工厂化加工成品在地铁通风空调工程施工中的应用

（1）随着当代新技术的发展，城市轨道交通工程施工中采用工厂化成品的种类越来越多，地铁通风空调工程施工中，例如：大系统送风管道双面彩钢复合风管、风管法兰、综合支吊架等，部分城市镀锌钢板风管也采用工厂化加工。

（2）采用工厂化加工不仅可以提高施工效率，而且可以节省成本。双面彩钢复合风管厂家加工生产完毕后，到现场直接就可以连接吊装，采用承插式连接，操作方便，工艺简单。如果现场加工，不仅需要加工操作场地，而且需要二次倒运，还需要配备专用的设备，成本相对还较高。地铁中常用的风管法兰根据风管规格尺寸的大小经常使用的有 30×3、40×4 及 50×5 的法兰，原来施工采用的镀锌角钢现场加工操作，随后对焊缝处重新进行防腐处理，并刷银粉漆，如果防腐处理不到位，特别容易生锈。现在大多数项目施工时，风管法兰直接采用工厂化加工，加工效率高，产品质量更有保证，加工完毕后在镀锌厂进行除锈及二次镀锌处理，有效提高防腐等级，如图 4-17 所示。

图 4-17 工厂化成品
(a) 工厂加工成品—彩钢酚醛风管；(b) 工厂加工成品—风管法兰

第5章 给水排水系统

地铁站作为各大城市客流量最大的场所之一,车站内的给水排水系统是保证其运营稳定性的重要环节之一。在过往地铁案例中,管道漏水、冻裂、爆管等现象时有发生,影响了运营及行车的安全。本章介绍了给水排水系统的标准化施工工艺流程,以及一些典型、优化的做法,供参考交流。

5.1 给水排水系统组成

地下车站给水排水系统由车站给水排水系统和消防给水系统组成。给水系统包括生产用水、生活用水及冷却循环用水,其中冷却循环用水是空调制冷循环水系统,主要设备为冷却塔和冷却水泵,循环水通过冷却塔进行降温处理;排水系统包括污水系统、废水系统和雨水系统;消防给水系统包含消火栓系统和水喷淋给水系统。地下区间主要由消火栓给水和区间及旁道废水排水系统组成,包括消火栓给水系统、区间及旁通道废水排水系统。

本节主要介绍城市轨道交通机电工程给水排水系统的组成以及施工工艺。

5.1.1 城市轨道给水系统

1. 系统概述

城市轨道给水系统一般包括空调水系统补水、车站冲洗用水、卫生间及商铺用水及消火栓系统的总进水等。

2. 施工工艺

(1) 工艺流程

给水系统施工流程如图5-1所示。

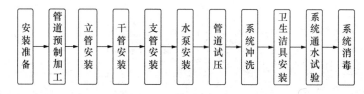

图5-1 给水系统施工流程图

(2) 安装准备

1) 图纸会审

施工图纸及其他技术文件齐全,且已进行图纸技术交底,满足施工要求。根据施工图结合现场实际情况,与其他专业平衡管线走向;根据深化图纸编制施工方案、施工技术,保证施工科学、合理进行。

2) 配合土建预埋、预留

配合土建泵组、冷却塔等设备基础预埋件的安装，复核孔洞的预留、预埋。

(3) 给水管道安装

1) 工艺流程

施工准备→支吊架制作安装→管道预制加工→干管安装→支管及配件安装→管道试压→管道防腐和保温→管道消毒、冲洗

2) 控制要点

① 生活给水系统所涉及的材料必须达到饮用水卫生标准。

② 支吊架预制加工形式正确，支吊架设置位置合理，间距符合规范要求。

③ 管道安装完成应当进行强度和严密性试压。

3) 质量要求

明装管道成排安装时，直线部分应互相平行。曲线部分，当管道水平或垂直并行时，应与直线部分保持等距；管道水平上下并行时，弯管部分的曲率半径应一致。给水水平管道应有2‰～5‰的坡度坡向泄水装置。

管道接口应符合下列规定：

采用橡胶圈接口的管道，允许沿曲线敷设，每个接口的最大偏转角不得超过2°。

法兰连接时衬垫不得伸入管内，其外边缘接近螺栓孔为宜。连接法兰的螺栓，直径和长度应符合标准，拧紧后，突出螺母的长度不应大于螺杆直径的1/2。

螺纹连接管道安装后的管螺纹根部应有2～3扣的外露螺纹，多余的麻丝应清理干净并做防腐处理。

卡箍（套）式连接两管口应平整、无缝隙，沟槽应均匀，卡紧螺栓后管道应平直，卡箍（套）安装方向应一致。

管道支吊架安装应平整牢固。支架型钢下料、加工应采用机械方式切割钻孔，禁止采用气（电）割。

当采用塑料、不锈钢、铜等材质的管道时，其与金属支吊架间应加衬非金属垫。

当阀门与管道连接时不能使阀体承担管道的重力，应在阀门两侧的管道上设置支吊架，且以不影响阀门开闭和拆装为宜。

4) 安装准备

管材及附件必须具有质保书，且产品质量不得低于国家现行标准，满足设计及使用要求。

管材及管件的外观应无砂眼、气泡、裂口及显著的波纹；内衬塑钢管不得有分层、裂纹，内壁衬塑层应光滑，无裂纹、毛刺等缺陷。

5) 管道预制

按设计图纸画出管道分路、管径、变径、预留管口、阀门位置等施工草图，在实际安装的结构位置做上标记。

按标记分段量出实际安装的准确尺寸，记录在施工草图上，然后按草图测得的尺寸预制加工。

6) 支吊架安装

支吊架必须按设计、规范相应的要求进行安装。

管道立管支架安装应符合下列规定：楼层高度小于或等于5m，每层必须安装1副支

架；楼层高度大于5m，每层不得少于2副支架。

支架安装高度，距地面应为1.5~1.8m，两副以上的支架应匀称安装，同一房间管卡应安装在同一高度上。

7）管道安装

内衬塑热镀锌钢管切断时，严禁采用砂轮切割机，应使用专业工具进行切割，以避免切割时损坏管道内衬塑料管的管口，而影响管道的施工质量和寿命。管道端口，应按照内衬塑热镀锌钢管的衬塑厚度的1/2进行内倒角，用专用的刮刀或塑料管用铰刀进行，并用木锉刀或砂纸将管道端头部位的毛刺清理干净。管道套丝采用配套的电动套丝机进行。管道压槽时，一旦发现衬塑层被破坏，必须切除，否则会影响管道的使用质量和寿命。

管道接口应符合下列规定：采用螺纹连接管道安装后的管螺纹根部应有2~3扣的外露螺纹，多余的麻丝应清理干净并做防腐处理。采用卡箍式连接的管道管口两端应保证平整、无缝隙，沟槽应均匀，卡紧螺栓后管道应平直，卡箍安装方向应一致。

管道穿过墙壁和楼板，应设置金属套管。安装在楼板内的套管，其顶部应高出装饰地面20mm；安装在卫生间内的套管，其顶部应高出装饰地面50mm，底部持平；安装在墙壁内的套管其两端与饰面相平。穿过楼板的套管与管道之间缝隙应用阻燃密实材料和防水油膏填实，端面光滑。穿墙套管与管道之间缝隙宜用阻燃密实材料填实，且端面应光滑。管道的接口不得设在套管内。

（4）阀门及配件安装

1）工艺流程

施工准备→阀门试压→安装→系统试压→消毒、冲洗

2）控制要点

① 生活给水系统所涉及的材料必须达到饮用水卫生标准。

② 支吊架预制加工形式正确，支吊架设置位置合理，间距符合规范要求。

③ 管道安装完成应当进行强度和严密性试压。

3）质量要求

当采用塑料、不锈钢、铜等材质的管道时，其与金属支吊架间应加衬非金属垫。

当阀门与管道连接时不能使阀体承担管道的重力，应在阀门两侧的管道上设置支吊架，且以不影响阀门开闭和拆装为宜。

阀门安装前，应作强度和严密性试验。试验应在每批（同牌号、同型号、同规格）数量中抽查10%，且不少于一个。对于安装在主干管上起切断作用的闭路阀门，应逐个作强度和严密性试验。

阀门的强度和严密性试验，应符合以下规定：阀门的强度试验压力为公称压力的1.5倍；严密性试验压力为公称压力的1.1倍；试验压力在试验持续时间内应保持不变，且壳体填料及阀瓣密封面无渗漏。

连接法兰的螺栓，直径和长度应符合标准，拧紧后，突出螺母的长度不应大于螺杆直径的1/2。

（5）水表安装

1）工艺流程

施工准备→支吊架制作安装→管道预制加工→干管安装→支管及配件安装→管道消毒、冲洗

2）控制要点

① 水表安装前应当报送计量检定，合格后才能进行安装使用。

② 水表进出水口前后安装的直线管段应当符合规范要求。

③ 小口径旋翼式水表必须水平安装，倾斜会导致灵敏度降低。

3）质量要求

水表应按表身箭头所示顺向安装，不得倒装、侧装、斜装、垂直装，管径≥100mm的水表组应有支墩支承。

多个水表组上下排列安装时，须排列整齐，表与表中轴水平间距不得小于0.2m。水表安装高度的上下限为0.2～1.4m。

安装螺翼式水表，表前与阀门应有不小于8倍水表接口直径的直线管段。表外壳距墙表面净距为10～30mm；水表进水口中心标高按设计要求，允许偏差为±10mm。

水表安装完之后，要缓慢放水充满管道，防止高速气流冲坏水表。

（6）水泵安装

1）工艺流程

基础放线→基础验收→设备开箱检查→水泵就位→管道安装→管道试压冲洗→支管与设备接驳→试运转

2）控制要点

机房应当进行综合排布，将设备位置、尺寸、标高等资料提交给土建专业。基础施工完成后对强度、位置、标高、尺寸、螺栓孔位置进行验收。

水泵机组基础的减振形式正确，减振装置合格。水泵吸水管和出水管上应设置减振装置，柔性连接位置正确，支架设置位置合理。

3）质量要求

给水设备安装允许偏差见表5-1。

给水设备安装允许偏差表　　　　　表5-1

序号	项目		允许偏差
1	静止设备	标高（mm）	5
		垂直度（mm）	5
2	水泵	立式泵体垂直度（mm）	0.1
		卧式泵体水平度（mm）	0.1

水泵与建筑本体墙面的净距离应满足检修的需要，无管道的侧面宜≥800mm，管道外壁与墙面的距离宜≥600mm。

当水泵吸入管道需变径连接时，应采用偏心异径管件并采用管顶平接。

立式水泵的减振装置不应采用弹簧减振器。

水泵的平面位置和标高允许偏差为±10mm，安装的地脚螺栓应垂直、拧紧，且与设备底座接触紧密。

整体安装的泵，纵向水平偏差不应大于 0.1/1000，横向水平偏差不应大于 0.20/1000；解体安装的泵纵、横向安装水平偏差均不应大于 0.05/1000；水泵与电机采用联轴器连接时，联轴器两轴芯的允许偏差，轴向倾斜不应大于 0.2/1000，径向位移不应大于 0.05mm；小型整体安装的管道水泵不应有明显偏斜。

减振器与水泵基础连接牢固、平稳、接触紧密。

4）安装流程

根据施工图，检查水泵基础的外形尺寸及基础上的预埋件或预留孔位置。基础表面应无裂缝、空洞、露筋和掉角现象

在水泵基础上根据设计尺寸从泵房内墙墙面或柱子中心线返到设备基础中心线处，划定水泵中心线的位置。水泵中心线找正时以泵轴中心线为准；横向中心线找正时以水泵出口中心线为准。水泵标高找正时利用水泵底座底面与基础表面之间加垫铁来调整。但垫铁厚薄要合适，不要垫入过多薄垫片，以免影响安装的正确性和稳定性。

（7）水箱安装

1）工艺流程

设备基础检验→设备就位→底座及框架焊接加工→箱体板材拼装→水箱管接配件安装→注水试验

2）控制要点

① 机房应当进行综合排布。设备安装前应当对基础进行验收，基础混凝土强度、尺寸、位置应当达到安装要求。

② 连接件与箱体同材质，防电化学腐蚀。不锈钢水箱安装时与支座间应有隔离措施。

③ 水箱的溢流管、放空管不得与排污管直接连接，管口不得伸入排水沟，溢流管口必须设防虫网。

④ 水箱人孔、检修口设在便于人员上下的位置，内外均配有爬梯，满足人员检修清洁的要求。

3）质量要求

成品水箱的拼装焊缝要饱满，外部拼装的焊接必须平整、匀称。

敞口水箱的满水试验静置 24h 观察，不渗不漏；密闭水箱（罐）的水压试验在试验压力下 10min 压力不降，不渗不漏。

水箱的进水口应与最高水位保持安全距离，溢流口不应高于进水口。

敞口水箱的满水试验和密闭水箱（罐）的水压试验必须符合设计与规范的规定。

水箱支架或底座安装，其尺寸及位置应符合设计规定，埋设平整牢固。

水箱、集水器、分水器、储冷罐等设备的安装，支架或底座的尺寸、位置符合设计要求。设备与支架或底座接触紧密，安装平正、牢固。平面位置允许偏差为 15mm，标高允许偏差为±5mm，垂直度允许偏差为 1/1000。

（8）压力试验

1）给水管道的水压试验必须符合设计要求。

2）当设计未注明时，各种材质的给水管道系统试验压力均为工作压力的 1.5 倍，但不得小于 0.6MPa。金属及复合管给水管道系统在试验压力下观测 10min，压力降不应大于 0.02MPa，然后降到工作压力进行检查，应不渗不漏。

3) 给水管道在竣工后，必须对管道进行冲洗，饮用水管道还要在冲洗后进行消毒，满足饮用水卫生要求。

（9）冲洗消毒

1) 给水管道在水压试验后，应进行冲洗和消毒。冲洗时应用流速不小于 1.5m/s 的水流连续冲洗，直至出水口处浊度、色度与入口处冲洗水浊度、色度相同为止。

2) 冲洗后还要用每升水含 20~30mg 游离氯的水灌管道进行消毒，含氯水在管道中应留置 24h 以上。

3) 消毒完后，再用饮用水冲洗，并经有关部门取样检验，符合现行国家标准《生活饮用水卫生标准》GB 5749 方可使用。

（10）系统通水

1) 在各系统安装完毕，试压清洗与系统开通交验后，为了确保给水系统的设计要求与功能的完善体现，使系统能投入正常运行，还应做好各系统负荷运行的系统调试工作。

2) 对管道系统的阀门、附件、自控元件、泵类设备进行检查（调试），并配合做好给水系统的联合调试工作，使给水系统处于正常运转状态，符合设计与负荷调试验收要求。

（11）电伴热的安装

1) 电伴热安装前的准备工作

① 该系统管道等均安装施工完毕，除去所有毛刺和利角，涂层均干透。

② 检查电热带是否完好，以及对绝缘性能的测试。

2) 施工方法：

① 固定胶带每隔约 50cm 处将电热带固定于管道上。

② 平敷时尽可能将电热带附在管道的下方 45°侧方处。

③ 在线路的第一供电点和尾端各预留 1m 长的电伴热电缆。

④ 按设计图要求缠绕布线。

⑤ 所有散热体应按设计图要求预留所需电热带长度，将此段电热带缠绕于散热主体上并固定。

⑥ 电伴热在安装保温材料前需进行检查及测试。

⑦ 测试后应立即进行保温层安装。

5.1.2 排水系统及卫生器具

1. 系统概述

排水系统包括雨废水系统、污水系统；其中污水系统包括生活污水和冷却塔排污水；废水包括车站冲洗水、消防废水、结构渗漏水、空调冷凝水、雨水等。

雨废水系统主要组成分为以下三个部分：

（1）主废水泵房：车站主要的废水泵房设置在车站两端的最低处，通常位于端头井处。个别较大的车站中，可在两端分别设置废水泵房。废水泵房内设置二台潜水泵，平时一用一备，消防时同时使用。

（2）局部集水井排水：在车站局部低洼的地方，如自动扶梯基坑旁、敞口式风道等，通常设置一座废水集水井，井内设置二台小泵，一用一备，以排局部地方的积水。

（3）废水汇集：车站内的废水在站厅层主要通过站厅两侧地漏及各出入口伸缩缝横截沟内地漏收集后，汇流至轨道两侧明沟。各类废水通过废水泵的提升，排至地面压力释放井。

污水系统主要组成分为以下两个部分：

（1）污水泵房：泵房内设置一套污水提升装置，用于收集及提升污水至地面压力释放井。

（2）污水汇集：厕所污水通过重力流管道直接排至污水提升装置储水罐中；冷却塔污水一般直接排入污水井内。

2. 施工工艺

（1）工艺流程

排水系统施工流程如图5-2所示。

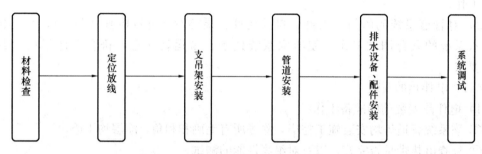

图5-2 排水系统施工流程图

（2）安装检查

1）排水工程所使用的主要材料、成品、半成品、配件、器具和设备必须具有中文质量合格证明文件，规格、型号及性能检测报告应符合国家技术标准或设计要求。

2）所有材料进场时包装应完好，表面无划痕及外力冲击破损。

3）排水所有管节、半成品、构配件等在运输和保管、施工过程中必须采取有效措施防止其损坏、锈蚀或变质。

（3）支吊架安装

1）支吊架的安装各种直径的管道都必须按设计、规范相应的要求。

2）排水系统的镀锌管道及PVC管道立管支架安装应符合下列规定：楼层高度小于或等于5m，每层必须安装1个。楼层高度大于5m，每层不得少于2个。

3）支架安装高度，距地面应为1.5~1.8m，2个以上支架应匀称安装，同一房间支架应安装在同一高度上。

（4）UPVC排水管道安装

1）工艺流程

施工准备→预制加工→支架安装→干管安装→立管安装→支管安装→封堵洞口→灌水试验→通球试验

2）控制要点

① 支吊架的设置应满足设计或规范要求，排水立管根部、超高层排水立管应设承重

支架，横管转弯处及管件集中处应增设支吊架。

② 管道坡度及伸缩节安装应满足设计或规范要求。

③ 清扫口、检查口、伸缩节和通气管的设置及安装应满足设计及规范要求。

④ 排水管道灌水试验及通球试验应满足设计或规范要求，通球球径不小于排水管管径的 2/3，通球率必须达到 100%。

3）质量要求

① 本章节适用于室内 UPVC 排水管的安装。

② 检查口中心高度距操作地面一般为 1m，允许偏差±20mm，朝向应便于检修。

③ 排水塑料管道应按要求设置阻火圈。

(5) 铸铁排水管道安装

1）工艺流程

施工准备→预制加工→支架安装→干管安装→立管安装→支管安装→灌水试验→通球试验

2）控制要点

① 排水铸铁管的接口不得设置在楼板、屋面板、墙体等结构层内。

② 支吊架的设置应满足设计或规范要求。

③ 排水铸铁管立管底部与排出管端部的连接，应采用两个 45°弯头，并在立管底部设置固定支架。

④ 管道坡度应满足设计或规范要求，严禁出现无坡、倒坡现象。

3）质量要求

① 本章节适用于室内铸铁排水管的安装。

② 检查口中心高度距操作地面一般为 1m，允许偏差±20mm，朝向应便于检修。

③ 铸铁管道支架及透气管安装应符合相关规范要求。

(6) 小便器的安装

1）工艺流程

安装准备→小便器及配件检验→现场测量放线定位→小便器洁具安装→排水管安装→给水管安装→通水试验

2）控制要点

① 立式小便器给水点中心预埋距离完成地面 1130mm，挂式小便器给水点中心预埋距离完成地面 1050mm。

② 安装小便器镀铬配件时不得使用管子钳，以免镀铬表面遭破坏而影响美观。

③ 小便器与台面、墙面、地面等接触部位均应采用硅酮胶或防水密封条密封。

④ 与小便器连接的管道其试压、灌水、通球试验已完毕，隐蔽部分已作记录，并办理预验手续，小便器交工前应做满水和通水试验。

3）质量要求

设计无要求时，居住和公共建筑的挂式小便器安装高度为 600mm。

自带水封小便器，其排水管不再安装 S 形或 P 形存水弯，以免影响排水效果。

小便器排水管最小坡度为 20‰，管径宜选 40～50mm。

(7) 大便器的安装

1）工艺流程

安装准备→大便器及配件检验→现场测量放线定位→大便器洁具安装→排水管安装→给水管安装→通水试验

2）控制要点

坐便器低水箱角阀给水点中心预埋距离完成地面高度为150mm，蹲便器低水箱角阀给水点中心预埋距离完成地面高度为250mm，手动式自闭冲洗阀给水点中心预埋距离完成地面高度为600mm，脚踏式给水点中心预埋距离完成地面高度为150mm。

安装大便器镀铬配件时不得使用管子钳，以免镀铬表面遭破坏而影响美观。

与大便器连接的管道其试压、灌水通球试验已完毕，隐蔽部分已作记录，并办理预验手续，大便器交工前应做通水试验。

3）质量要求

自带水封式小便器，排水管不再安装S形或P形存水弯，以免影响排水效果。

大便器排水管最小坡度为12‰，管径宜选100mm。

设计无要求时，居住及公共建筑的坐便器低位水箱安装高度为470mm，（自完成地面之低水箱底），蹲便器低水箱安装高度为900mm（自完成地面之低水箱底）。

（8）洗脸盆的安装

1）工艺流程

安装准备→洗脸盆及配件检验→现场测量放线定位→洗脸盆洁具安装→排水管安装→给水管安装→满水试验→通水试验

2）控制要点

① 洗脸盆给水管道预埋及安装时，必须遵循左热右冷，上热下冷原则。

② 洗脸盆给水点中心预埋高度距离完成地面高度为450mm。

③ 洗脸盆交工前应做满水和通水试验。

3）质量要求

洗脸盆安装高度距离完成地面为800mm，供儿童使用的洗脸盆安装高度为500mm（均为完成地面至器具上边缘）。洗脸盆排水管最小坡度为20‰，管径宜选32～50mm。冷热水龙头距离为150mm。台下盆支架安装也符合规范要求，应有完整的洗脸盆满水及通水试验资料。

卫生器具的支、托架必须防腐良好，安装平整、牢固，与器具接触紧密、平稳。卫生器具给水配件应完好无损伤，接口严密，启闭部分灵活。连接卫生器具的排水管道接口应紧密下漏，其固定支架、管卡等支撑位置应正确、牢固，与管道的接触应平整。

（9）系统调试

1）排水系统调试主要内容为排水管道系统的灌水、通球、通水试验。排水管道的灌水试验在施工过程中需按照规范要求进行。

2）通球试验：通球的直径不小于排水管道管径的2/3，通球率必须达到100%。

3）检查各排水系统，均应与室外排水系统接通，并可以向室外排水。

（10）排水泵的调试

1）启动排水泵，检查转向是否正常；记录空载启动电流、空载运行电流、负载启动电流、运行电流。

2）测试集水井的高水位报警，并调校过载保护设定值。

（11）离壁沟

离壁沟通常与结构板同期浇筑施工，在装饰装修过程中，对离壁沟用防水砂浆找坡。

离壁沟作为排水系统的一部分，机电施工过程中需检查其排水功能是否满足要求，地漏的位置与离壁沟的坡度方向是否相符等工作。

5.2 给水排水系统的典型做法

本节介绍城市轨道交通机电工程中给水排水做法的案例，包括预埋套管、支架及托架制作安装、管道及阀门安装、保温、标识标牌等典型做法。

5.2.1 套管的预留

管道穿过墙壁和楼板，应设置金属或塑料套管。安装在楼板内的套管，其顶部应高出装饰地面20mm；安装在卫生间及厨房内的套管，其顶部应高出装饰50mm，底部应与楼板底面相平；安装在墙壁内的套管其两端与饰面相平。穿过楼板的套管与管道之间缝隙应用阻燃密实材料和防水油膏填实，端面光滑。穿墙套管与管道之间缝隙宜用阻燃密实材料填实，且端面应光滑。管道的接口不得设在套管内。

卫生间排水立管穿楼板时应设止水环；明装消火栓管道穿楼板处设国标镀锌钢套管，套管高出地面50mm；管道井内所有给水排水管道穿楼板处设PVC-U套管，套管高出地面50mm；所有伸屋面管道均需预埋防水套管，套管材料采用焊接钢管，翼环厚5mm。

注意事项：

（1）标高严格按照设计图纸的要求安装；水平度、垂直度达到规范要求。

（2）掌握套管预留预埋时机。土建制模完毕后，或二次结构砌体砌筑时，安装专业需配合土建进行套管预留预埋；套管安装尽量避免损坏或切断钢筋。

（3）套管埋设时要固定牢固，防止浇筑混凝土时套管发生移位。楼板套管可用铁丝、铁钉固定；穿墙、梁套管须增加负筋绑扎固定。

（4）土建基础结构承台下的埋地管道安装完毕后要复查试水，隐蔽后如果出现问题将无法整改。

（5）排水管道套管要注意预埋坡度方向，不得使安装后的排水管出现倒坡。

（6）预留预埋完毕后注意成品保护，套管端口必须封堵好，防止浇筑混凝土时，混凝土堵塞套管。

（7）浇筑混凝土前，对预留预埋进行复检；浇筑过程中派人跟进检查。

管道穿越后砌墙体时，根据穿越处墙体饰面两边界限在地面上画线定位，通过红外线水平仪器把墙体界限在穿越管道上精确定位，保证套管安装后与后砌墙体饰面平齐。同时在套管内部设置支撑，使得套管中心与管道中心保持一致，保证套管完美居中，确保完工后整体美观，如图 5-3 所示。

5.2.2 支架的制作及安装

管道支、吊、托架的安装，应符合下列规定：位置正确，埋设应平整牢固。固定在建筑结构上的管道支吊架不得影响结构的安全。

采用金属制作的管道支架，应在管道与支架间加衬非金属垫或套管。

金属排水管道上的吊钩或卡箍应固定在承重结构上，固定件间距应满足横管不大于 2m；立管不大于 3m。楼层高度小于或等于 4m，立管可安装 1 个固定件。立管底部的弯管处应设支墩或采取固定措施。

图 5-3 后砌墙套管安装

图 5-4 支架圆角

注意事项：

（1）管道支架离墙、柱的距离及管道与管道中心距离应满足图纸设计要求。支架间距符合规范要求。支架尖角处可打磨圆角，如图 5-4 所示。

（2）固定在建筑结构上的管道支吊架不得影响结构安全。

（3）针对不同管线，按照设计和规范要求，设置固定支架、导向支架或滑动支架。

（4）支架的间距及密度按照设计及规范要求进行设置。支架尽量安在梁、剪力墙等承重结构上。

（5）管件、阀门集中处要加设支架，特别是大阀门及附件两侧须加设支架，防止应力过大。

（6）不锈钢管、铜管与支架，管卡应垫胶垫绝缘，以防止电化学腐蚀。

5.2.3 螺纹连接处防腐处理

螺纹连接的镀锌钢管连接处应有 2~3 扣的外露螺纹，经清除多余的麻丝填料后对外露螺纹做防腐处理。

5.2.4 水管防火封堵

排水塑料管道应按要求设阻火圈或防火套管，管道穿墙处用防火泥封堵。

5.2.5 水泵接地

将水泵的金属外壳用导线与大地相连，达到避免表面带电危害人体的作用。

5.2.6 设备阀门安装

设备出口管道处，立管上阀门标高统一，方向一致，操作方便。

5.2.7 卡箍连接管道支架的设置

沟槽式（卡箍、卡套式）连接的给水钢管在相邻两个接口间必须设置管架。避免沟槽式配件卡箍连接处受力。

为保证沟槽弯头处连接牢固稳定，可采用了对拉支架加强固定，避免水流冲力可能造成管件的松动与脱落。标准化安装示例如图5-5所示。

图5-5 标准化安装示例图
(a) 螺纹连接管道及防腐处理；(b) 塑料管设置阻火圈；(c) 管道穿墙防火封堵；(d) 水泵外壳接地；
(e) 集水井排水泵阀门；(f) 机组阀门；(g) 管道对拉支架

5.2.8 管道金属保护壳

金属保护壳应紧贴绝热层，不得有脱壳、褶皱、强行接口等现象。接口的搭接应顺水，并有凸筋加强，搭接尺寸为20～25mm。采用自攻螺丝固定时，螺钉间距应匀称，并不得刺破防潮层，如图5-6、图5-7所示。

户外金属保护壳的纵、横向接缝，应顺水；其纵向接缝应位于管道的侧面。金属保护壳与外墙面或屋顶的交接处应加设泛水。

图 5-6　风井集水井管道保温　　　图 5-7　风井进水总管保温

5.2.9　区间废水泵房

区间废水泵房管道，应做好防腐工作，避免潮气对管道的腐蚀。

5.2.10　卫生间洁具安装

卫生间洁具安装应在给水、排水管道点位定位时与装修专业相互沟通确认，使得洁具、地漏、龙头等均"局部"居中，与地砖对缝，起到美观作用，如图 5-8、图 5-9 所示。

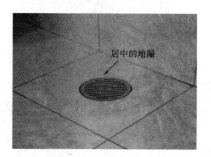

图 5-8　洁具间距一致　　　　　图 5-9　地漏居中布置

5.2.11　管道标识、阀门挂牌

清晰地标注管道的介质及流向，可以减少运营维护时的操作错误，如图 5-10、图5-11 所示。

图 5-10　管道标识　　　　　图 5-11　阀门及管道回路挂牌

5.2.12 弯头托架

根据弯头外形加工制作曲面支撑钢板,托架管中心应与支撑板中心一致;将法兰安装在托管高度中间位置,法兰螺栓向下,外露长度为螺杆长度的 1/2 且长度一直;托架顶部焊接曲面支承钢板,钢板与管道之间设橡胶垫,与弯头底部焊接牢固,防锈漆及面漆涂刷均匀、无污染,如图 5-12 所示。

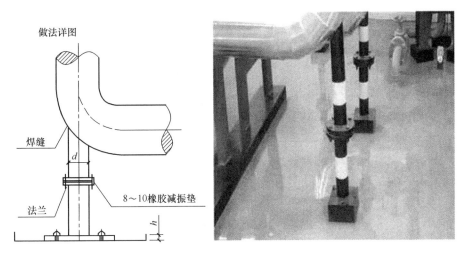

图 5-12 弯头托架

5.2.13 保温管道穿墙处理

保温管道穿墙、板时,保温层应连续。应采用橡塑保温管(板)进行穿墙、穿楼板保温,用橡塑专用胶粘接牢固,接缝严密,两端与墙面平齐,对接严密平整,两侧加牢固规整装饰圈保护。保温管(板)与墙、板面根部应粘贴装饰圈,接缝应放在顶部或正视不明显处,装饰圈宽度 20~50mm。标准化安装示例如图 5-13 所示。

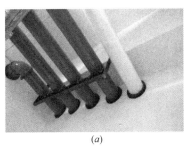 

(a) (b)

图 5-13 标准化安装示例图(一)
(a)成排管道穿墙;(b)管道与支架间加衬非金属垫安装图

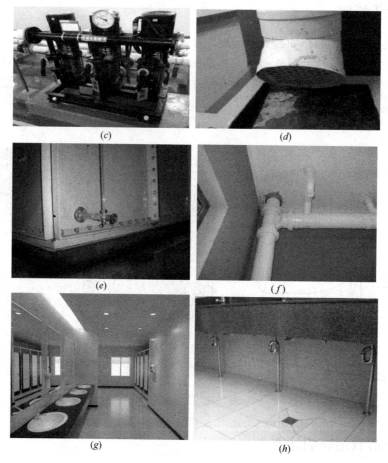

图 5-13 标准化安装示例图（二）
(c) 给水泵组；(d) 水箱溢流管设置防虫网；(e) 水箱溢流管放水阀；
(f) UPVC 排水管伸缩节安装示意图；(g)、(h) 洗手盆安装实例图

5.3 给水排水工程施工过程常见问题及解决方法

本节介绍城市轨道交通工程给水排水系统中比较常见的施工质量问题，以及对应的防治措施。

5.3.1 管道支架形式选用不当

（1）现象：有防晃要求的未设置防晃支架，有热伸长的管道未按设计（或规范）设置滑动支架等，管道晃动，支架容易松动、脱落。

（2）原因分析：未按照设计要求设置。

（3）防治措施：

1）管道支、吊、托架的形式、尺寸及规格应按设计或标准图集加工制作，型材与所固定的管道相称。孔、眼应采用电钻或冲床加工，且金属支、吊、托架应做好防锈处理。

2）有热伸长的管道支吊架应按设计设置固定及滑动支吊架，管道的各配水点、受力点以及穿墙支管节点处，应采取可靠的固定措施。

5.3.2 支架安装间距不合理

（1）现象：管道支架安装间距过大，标高不准，接触不紧密不牢固，管道投入使用后，有局部"塌腰"现象。

（2）原因分析：管道支架间距不符合规定，管道使用后重量增加；弯曲的管道安装前未调直；支架安装前所定坡度、标高不准，安装时未纠正；支架埋设安装不平正、不牢固。

（3）防治措施：

1）支架安装前应根据管道设计坡度和起点标高，算出中间点、终点标高，弹好线，根据管径、管道保温情况，按"墙不作架、托稳转角，中间等分，不超最大"原则，并参照设计图纸及规范关于管道支架安装最大间距要求，定出各支架安装点及标高进行安装。

2）支架安装必须保证标高、坡度正确，平正牢固，与管道接触紧密，不得有扭斜、翘曲现象；弯曲的管道，安装前需调直。

3）安装后管道产生"塌腰"，应拆除"塌腰"管道，增设支架，使其符合设计要求。

5.3.3 套管选用不匹配

（1）现象：

1）渗水。

2）美观度差。

（2）原因分析：

1）管道穿墙套管露出墙面，穿楼板套管高出楼板面太多。

2）管道和套管不同心、偏差较大。

3）套管封堵不符合规范要求。

（3）防治措施：

1）穿墙套管两端面与墙体饰面齐平。

2）穿无用水点的楼地面套管顶部高出楼地面装饰面20mm。

3）穿卫生间和厨房的套管顶部高出楼地面装饰面50mm。

4）穿墙套管用阻燃密实材料填实、且端面光滑；穿楼板套管用阻燃密实材料和防水油膏填实、且端面光滑。

5.3.4 管道穿越伸缩缝、沉降缝时未采取措施

（1）现象：

管道受力，弯曲损坏，如图5-14所示。

（2）原因分析：

未按照设计要求施工。

（3）防治措施：

穿越时，应装套管，在伸缩缝和沉降处应以柔性管连接，如图5-15所示。

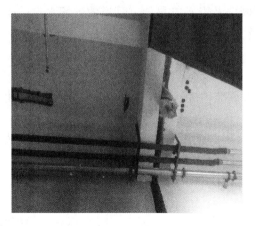 

图 5-14　未设置补偿管道　　　　　　图 5-15　变形缝设置金属软管

5.3.5　阀门安装位置不符合要求

（1）现象：阀门安装位置和标高不便操作和维修，影响使用；阀门方向装反、倒装、手轮朝下。

（2）防治措施：

1）止回阀、减压阀等均有方向性，若装反，拆下后按阀体箭头所示方向与介质流向一致重新安装。

2）在走道上和靠墙、靠设备安装的阀门，不得碰头、踢脚或妨碍搬运工作；阀门安装过高，需经常启闭时，应设操作平台（梯）；安装时阀门手轮要朝上或侧向安装，手轮不得朝下。

3）明杆阀门不得直接安装在地下；升降式止回阀应水平安装；旋启式止回阀要保证摇板的旋转枢轴呈水平；减压阀要直立地安装在水平管上，不得倾斜。

4）立管上阀门安装高度，当设计未明确时，可安装成阀门中心与胸口齐平，距地面 1.2m 为宜，如图 5-16 所示。

图 5-16　阀门、过滤器、水表安装高度便于检修

5.3.6　阀门关闭不严及有泄漏

（1）现象：阀门安装后，经强度试验或使用后，关闭不严，有泄漏。

（2）原因分析：有杂物进入阀腔、阀座，堵塞阀芯；阀瓣与阀杆连接不牢，密封圈与阀座、阀瓣配合不严密；利用阀杆吊装或操作用力过猛，阀杆弯曲变形；密封面研磨不符合要求，或阀门关闭太快，密封面受损；用阀闸、截止阀作调节阀用，使关闭件、座圈磨损加快。

（3）防治措施：

1）阀门安装前应做强度试验，发现密封面或密封圈根部泄漏时，修复后使用。

2）阀门安装前要检查各部分是否完好，阀杆有弯曲或阀瓣与阀杆连接不严密不得安装。

3）安装前应清除阀内杂物，安装后管网要冲洗，若输送介质中有可能将杂物带入阀门，阻塞阀芯时，在阀前应装设Y型过滤器（阀）；阀门关不严，应缓慢用力启闭阀门数次止漏，或拆下泄漏阀解体检查，清除阀芯杂物后安装。

4）选用的阀门材质和结构必须与输送介质相适应，不得用截止阀、闸阀代替节流阀。

5）阀座、阀瓣与密封圈采用螺纹连接时，可用聚四氟乙烯生料带作填料。

6）吊装阀门时，绳扣应系在阀体上，严禁系在阀杆上。

5.3.7 卫生器具安装不规范

（1）卫生器具安装后，不平正，尺寸位置不准确，不稳固，影响使用。

（2）原因分析：墙体施工时，未预埋木砖，或预埋不牢固；在预埋木砖和固定卫生器具时，未划出安装器具的水平线和中心线；螺栓规格小，钻孔深度浅，墙面不平正，卫生器具与墙面接触不严实，与轻质隔墙固定未采用锚固措施，安装不牢；支架结构尺寸偏心，与卫生器具接触不良。

（3）防治措施：

1）固定用的螺栓或木砖必须刷好防腐油，在墙上按核对好的位置预埋平整、牢固。严禁采用后凿墙洞再埋螺栓或填木砖、木塞法固定。

2）卫生器具安装前，应把该部分墙、地面找平，并在墙体画出该器具的上沿水平线和十字交叉中心线，再将卫生器具用水平尺找平后安装；固定用的膨胀螺栓、六角螺栓规格应符合国家标准图的规定，并垫上铅垫或橡胶垫，用螺母拧紧牢固。

3）安装卫生器具的支托架结构，尺寸应符合国家标准图集要求，有足够刚度和稳定性；器具与支托架间空隙用白水泥砂浆填补饱满、牢固，并抹平正。

4）在轻质墙上安装固定卫生器具时，尽量采用落地式支架安装，必须在墙上固定时，应用铁件固定或用锚固。

5.3.8 保温结构松散及保温层厚度不均

（1）现象：保温结构松散，保温层厚度不均，管道保温层厚度不均，外壳粗糙，凹凸不平，用手抠动保温层松动，甚至脱落。

（2）原因分析：在施工管壳、瓦块和缠绕式保温结构时，管道和保温层粘接不牢或镀锌铁丝绑扎方法不当，绑扎不紧；用涂抹式或松散型材料进行立管保温时，未加支承环或支承环固定不牢；保温层外壳粗糙，厚薄不均。

（3）防治措施：

1）采用管壳、瓦块和聚苯乙烯硬塑料泡沫板保温时，须用热沥青或胶泥等与管道粘牢，同层的接缝要错开，内外层厚度要均匀，外层的纵向接缝设置在管道两侧。热保温管壳缝隙应小于5mm，冷保温小于2mm，其间隙应用胶泥或软质保温材料填塞紧密，并每隔200～250mm用直径1.0～1.2mm的镀锌铁丝绑扎两圈，严禁螺旋状捆扎。

2) 用玻璃棉毡、沥青矿渣棉粘缠包式保温时，应按管径大小或按管道周长剪成200~300mm的条带，以螺旋状包缠在已涂好防锈漆的管道上，边缠、边压、边抽紧，并将保温厚度修正均匀，绑扎方法同管壳结构。

3) 松散型和涂抹式保温材料在立管上保温时，必须在立管卡上部200mm处焊接或卡牢同保温层厚度相等的支承托板，使保温层结构牢固，保温厚度一致；如保温结构松散或厚度超过允许偏差（负值）时，应拆下重做。

第6章 配电与照明系统

城市轨道交通的低压配电与照明系统，主要了解掌握低压配电系统的构成、负荷分类及供电方式，低压配电系统控制方式、照明系统的照明工作原理、低压开关柜的基本结构与使用。本章详细讲述了配电及照明的施工工艺流程，为大家更深入了解城市轨道交通工程的机电设备安装指明了方向。

6.1 配电与照明系统

本小节主要介绍城市轨道交通工程中设备、管线的施工流程、工艺及方法、质量要求，以及单系统调试的具体方法。

6.1.1 城市轨道交通工程配电与照明系统概况

1. 低压配电系统

车站、区间低压配电系统安装工程的内容主要包括：低压开关柜；应急照明电源装置（EPS）安装、调试；照明配电箱、动力配电箱、双电源切换箱、控制箱及维修电源箱安装、调试；密集型母线槽安装、调试；公共区和出入口应急照明灯具、设备区所有灯具、疏散指示牌、区间所有灯具安装、调试；公共区和出入口LED灯具安装、调试；电缆敷设、测试；电缆桥架安装；设备接地安装、测试等。

（1）低压配电系统按负荷划分

一级负荷：通信系统、民用通信、信号系统、PIDS、防灾报警系统、综合监控、机电设备监控系统、屏蔽门、自动售检票、所用电、防淹门、应急照明、公共区照明、灾害时需正常运行的自动扶梯、气体灭火、消防泵、废水泵、雨水泵、防火卷帘、组合空调器、事故风机及其阀门等。

供电技术要求：从变电所的两段母线上分别引出两路互为备用的两路独立电源，末段切换，保障供电的可靠性。应急及疏散照明另增设蓄电池装置做为备用电源，容量应满足90min的供电要求。

二级负荷：出入口集水泵、污水泵，灾害时需停止运行的自动扶梯、电梯，设备区和管理区照明，非事故风机及风阀，设备用房的通风空调、银行等。

供电技术要求：从一、二级负荷母线馈出单回路电源至设备。

三级负荷：公共区及管理用房空调系统（冷水机组、冷冻水泵、冷却水泵、冷却塔风机）、广告照明、电开水器、保洁电源、商铺用电等。

供电技术要求：从一、二级负荷母线馈出单回路电源至设备，当一、二级负荷母线的两段母线其中一段供电发生故障时，负荷予以切除。

（2）低压配电系统及配电方式

动力配电系统进行供电通常采用放射式和树干式相结合的方式。动力配电要遵循以下原则：控制室设在负荷集中的地方，对环控负荷进行集中控制；由配电所对非环境控制设备直接配电；一级、二级负荷要在控制室内用双电源装置对双电源进行切换，变为单回路供电。

1) 地铁车站内大容量的电机采用软启动方式，其他设备可使用硬启动方式。

2) 车站内的水系统要满足车室、就地手动、自动等控制方式。

3) 车站的环境控制设备需要满足车控制和控电室统一控制，总控制室安装智能系统，并纳入车站监控总系统。

4) 冷却塔应当由冷水机房的配电控制箱集中控制，冷水机房的配电控制箱和防火阀应由控车站监控系统控制。

2. 照明系统及配电方式

地铁站的照明通常包括安全电压、广告、正常照明、应急照明等方式。工作区域的工作照明、节能照明、应急照明的照度不低于10%。此外，在控制室、变电所、通信室、信号室、人行通道等重要场所，应配备应急照明设备；在转弯处，20m内的直线段应当设备疏散照明设备；疏散和安全标志要设立在1m墙面上。

(1) 供电方式为放射式和树干式相结合，而又以放射式为主。

(2) 照明由变电所配电，采用220V交流电压，而应急照明则通过专门的应急照明系统配电。

(3) 公共区域的照明配电室设在站厅和站台配电室。

(4) 每个照明配电室都具有两个控制照明的总控制箱，这两个总控制箱向站内交叉提供照明，各自承担一半的公共区域照明。

(5) 应急照明系统：

地铁站的应急照明系统是由应急照明电源装置（简称EPS）组成系统，由交流输入、交流输出、智能功率模块、蓄电池组、逆变器、智能监控单元（含单节蓄电池巡检）、切换装置、中文液晶（LCD）显示、通信接口（RS485/RS232）等组成。正常情况下，应急照明电源装装置由降压变电所的两段交流低压母线各供一路三相电源（手动选择任一路电源为主用电源），当主用电源故障时，由进线电源自动投切装置进行控制，备用电源自动投入，保证一路电源的正常工作，蓄电池处于浮充状态，应急照明负荷和疏散标志照明由交流低压母线供电。

双路进线电源故障时，自动切换装置动作，应急照明电源装置的电池组通过逆变器向应急照明与疏散标志照明设备供电。应急照明电源装置的输出频率由内部振荡器控制、输出电压、电压波形为标准正弦波。

应急照明电源系统容量应能保证应急照明和疏散标志照明负荷运行90min的用电需求。当电池开始放电系统发出报警信号上传给上位监控系统。任一单体电池放电至额定最低电池电压时，系统自动停机以保护电池（紧急情况除外），并发出报警信号。交流进线电源从故障状态恢复正常时，逆变器自动退出运行，逆变器处于热备用工作状态，应急照明负荷和疏散标志照明由交流低压0.4kV母线供电，同时整流/充电器向电池组充电，电池组充电完成后，整流/充电器应自动调整电压向蓄电池浮充电。

为便于维修，应急照明电源装置设置维修旁路开关可以将整流/充电单元、逆变器与电池组隔离。

3. 接地防雷系统

在一个完整轨道交通系统中，一定要求有一个良好的接地系统，因所有防雷系统都需要通过接地系统把雷电流泄入大地，从而保护设备和人身安全。如果机房接地系统做得不好，不但会引起设备故障，烧坏元器件，严重的还将危害工作人员的生命安全。另外还有防干扰的屏蔽问题，防静电的问题都需要通过建立良好的接地系统来解决。一般整个建筑物的接地系统有：建筑物地网（与法拉第网相接）、电源地（要求地阻小于10Ω）、逻辑地（也称信号地）、防雷地等要求接地电阻小于4Ω（根据实际情况可能也会要求小于1Ω）。然而，各地必须独立时，如果相互之间距离达不到规范要求的话，则容易出现地电位反击事故，因此，各接地系统之间的距离达不到规范的要求时，应尽可能连接在一起，如实际情况不允许直接连接的，可通过地电位均衡器实现等电位连接。为确保系统正常工作，应每年定期用精密地阻仪，检测接地电阻值。接地装置由接地极及一些附件、辅助材料组成。接地装置的选材和施工主要决定于土质结构，即土壤的地电阻率 ρ。不同层土质结构不同，因而地阻率 ρ 不同，为增加接地装置使用效率，可使用长效降阻剂。

车站结构底板下方设综合接地网，分别是强电接地端口、弱电接地端口、车站金属管线接地端口。供电房、照明配电间、通风空调电控室、污水泵房、冷冻机房、泵房消防泵房、废水泵房及有洗浴设备的卫生间、淋浴间均设置局部等电位箱，弱电接地箱及弱电接地端子排，应与房间内预留接地预埋件联结，形成一个环形接地网。

6.1.2 城市轨道交通工程配电与照明系统施工流程、工艺及方法

1. 配电与照明系统施工流程

配电与照明系统施工流程如图6-1所示。

2. 低压配电柜、箱安装

（1）配电柜安装

1）工艺流程

配电柜安装流程如图6-2所示。

2）施工工艺及方法要点

①落地柜在基础型钢上安装，基础型钢在安装找平过程中，需用垫片的地方，最多不能超过三片。

②基础型钢应按配电柜实际尺寸下料制作，长及宽度应与柜体底部框架相适配，型钢应先调直，不得扭曲变形。

③配电柜的金属框架必须接地可靠，活动门和框架的接地端子应用镀锡编织铜线相连，且应有标识。

④配电柜安装在整体槽钢基础上，安装前要进行整体槽钢焊接制作、防腐及安装调整。配电柜安装所用连接螺栓均为镀锌螺栓，配电柜固定，如图6-3、图6-4所示。

⑤注意事项：

a. 开关柜搬运注意柜内元器件保护，防止碰撞及

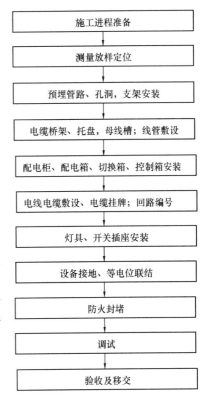

图6-1 配电与照明系统施工流程

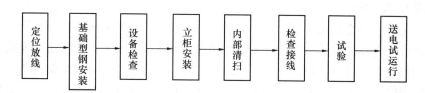

图 6-2　配电柜安装流程

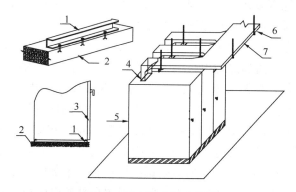

图 6-3　配电柜安装大样图

1—槽钢基础；2—混凝土楼面；3—配电柜；4—配电柜开孔；
5—成排配电柜；6—支吊架；7—电缆桥架

图 6-4　配电柜安装 3D 效果图

1—电柜采用 10 号槽钢基础；2—采用上进上出线；3—配电柜排列整齐

损伤其表面器件、油漆等。

b. 安装基础槽钢须检查调整平整度。

c. 安装在基础槽钢上，不能用电焊焊死。

d. 基础槽钢接地可靠，柜体用螺栓固定在槽钢上须加接地跨接线。

e. 柜内元器件因调试需要择取连线时，调试后切记复位，不能接错。

f. 送电前必须进行认真检查，紧固螺栓，清理杂物。

3）质量检查

质量检查项目见表 6-1。

质量检查项目　　　　　　　　　　　　　　　　　表 6-1

		序号	项　　目
允许偏差或允许值	保证项目	1	柜（盘）的试验调整结果必须符合施工规范规定
		2	柜（盘）内设备的导电接触面与外部母线连接处必须按触紧密
	基本项目	1	柜（盘）与基础型钢间连接紧密，固定牢靠，接地可靠，柜（盘）间接缝平整
		2	盘面标志牌、标志框齐全，正确并清晰
		3	小车、抽屉式柜推拉灵活，无卡阻碰撞现象；接地触尖接触紧密调整正确，投稿时接地触头比主触头先接触，退出时接地触头比主触头后脱开
		4	小车、抽屉式柜动、静触头中心线调整一致，接触紧密；二次回路的切换接头或机械、电气联锁装置的动作正确、可靠
		5	油漆完整均匀，盘面清洁，小车或抽屉互换性好
		6	完整齐全，固定牢靠；操动部分动作灵活准确
		7	有两个电源的柜（盘）母线的相序排列一致，相对排列的柜（盘）母线的相序排列对称，母线色标正确
		8	二次小线接线正确，固定牢靠，导线与电器或端子排的连接紧密，标志清晰、齐全
		9	盘内母线色标均匀完整；二次结线排列整齐，回路编号清晰、齐全，采用标准端子头编号，每个端子螺丝上接线不超过两根。柜（盘）的引入、引出线路整齐
		10	柜（盘）及其支架接地（零）支线敷设，连接紧密、牢固，接地（零）线截面选用正确，需防腐的部分涂漆均匀无遗漏。线路走向合理，色标准确，涂刷后不污染设备和建筑物

（2）配电箱安装

1）工艺流程

配电箱安装流程如图 6-5 所示。

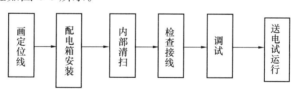

图 6-5　配电箱安装流程

2）施工工艺及方法要点

① 设备安装方式，见表 6-2。

设备安装方式　　　　　　　　　　　　　　　　　表 6-2

序号	项　目	安装场所	安装方式	安装高度
1	照明、动力配电箱	公共区、设备区和管理用房、照明配电室	挂墙明装	距地 1.3m，大箱体可适当降低，同一配电室统一底标高≥0.9m
2	电源切换箱	公共区、有装修要求的房屋	挂墙明装	距地 1.3m，大箱体可适当降低，同一配电室统一底标高≥0.9m
3	照明配电箱	照明配电室	挂墙明装	距地 1.3m，大箱体可适当降低，同一配电室统一底标高≥0.9m

续表

序号	项 目	安装场所	安装方式	安装高度
4	维修箱电源箱	车站、区间	挂墙明装	区间维修箱安装高度底边距区间轨面0.75m
5	落地式安装的配电箱	设备区	落地式	做10号槽钢底座

② 配电箱进场验收：

a. 配电箱进场后，由建设单位或监理单位组织施工单位、生产厂家进行验收，按设计参数、设备清单、本体附件、合格证等进行核对，设备箱体外观检查应无损伤及变形，油漆完整，色泽一致。

b. 电柜或电箱金属框架和可开启门的接地端子用黄绿线连接且有标识，如图6-6所示。

c. 做好开箱检查记录，及时进行设备进场报验等手续。

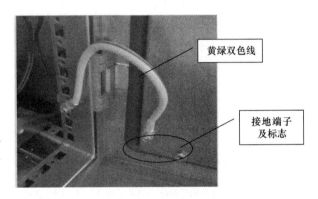

图6-6 黄绿双色线连接

③ 配电箱安装：

a. 进行图纸会审，复核设计安装方式是否符合现行国家规范的要求。

b. 复核预埋件及预留孔，位置是否正确，标高尺寸是否符合要求。

c. 根据进出电缆电线的方向及桥架的规格，在配电箱的顶部或底部开孔。配电箱的所有开孔处须用橡胶板保护孔的边缘，以防止损坏电线电缆。

d. 挂墙明装配电箱采用膨胀螺栓在墙上固定，如图6-7所示。

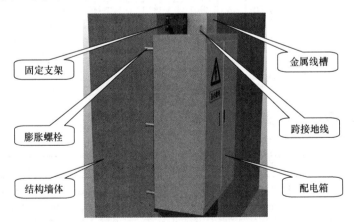

图6-7 配电箱挂墙安装示意

e. 根据低压专业设计要求，部分尺寸较大的配电箱采用落地式安装方式，安装在基础槽钢上，具体做法如图6-8所示。

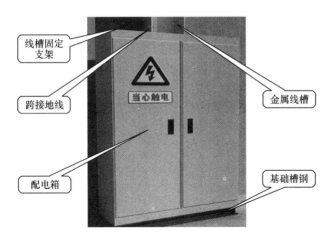

图 6-8 配电箱落地安装示意

④ 区间插座箱安装，具体做法如图 6-9 所示。

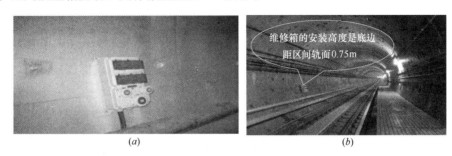

图 6-9 区间插座箱安装
(a) 离墙安装，采用下进下出的布线方式；(b) 区间每隔 100m 左右设一维修插座箱

3) 质量检查

质量要求符合《建筑电气工程施工质量验收规范》GB 50303—2015 的规定，见表 6-3。

质量检查　　表 6-3

	序号	项　目
允许偏差或允许值　主控项目	1	配电箱的金属框架及基础型钢必须接地（PE）或接零（PEN）可靠；装有电器的可开门，门和框架的接地端子间应用黄绿双色线连接，且有标识
	2	配电箱应有可靠的电击保护。箱内保护导体应有裸露的连接外部保护导体的端子
	3	箱间线路的线间和线对地间绝缘电阻值，馈电线路必须大于 0.5MΩ；二次回路必须大于 1MΩ
	4	箱内配线整齐，无铰接现象。导线连接紧密，不伤芯线，不断股。垫圈下螺丝两侧压的导线截面积相同，同一端子上导线连接不多于 2 根，防松垫圈等零件齐全
	5	箱内开关动作灵活可靠，带有漏电保护的回路，漏电保护装置动作电流不大于 30mA，动作时间不大于 0.1s
	6	照明箱内，分别设置零线（N）和保护地线（PE 线）汇流排，零线和保护地线经汇流排配出

3. 电气槽架安装

（1）工艺流程

槽架安装流程如图 6-10 所示。

（2）电气槽架施工工艺及要点

1）定位放线

根据图纸确定始端到终端，找好水平或垂直线，用墨线袋沿墙壁弹线，用红外线放线仪在顶板上放线。

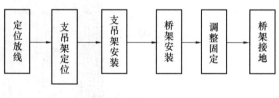

图 6-10 槽架安装流程

2）支吊架定位及安装

依据 BIM 模型标高及桥架规格，进行定位，然后依照测量尺寸制作支架。桥架材质、型号、厚度以及附件必须满足设计及施工规范。

① 水平桥架采用角钢支架和通丝吊杆支架悬挂于结构板、梁上，支架膨胀螺栓生根固定在结构板上。

② 垂直桥架每段中间采固定支撑，以防摇晃、下垂、震动和共震。

③ 支架与吊架必须安装牢固，保证横平竖直，桥架水平支撑的跨距一般为 1.5～3m，但应按桥架厂提供的荷载曲线校验，保证桥架稳定运行。垂直敷设的固定点一般不大于 2m，如图 6-11 所示。

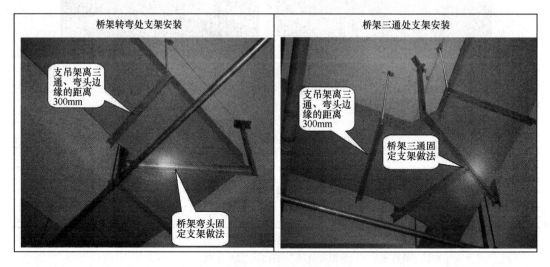

图 6-11 支架安装

3）桥架安装

① 桥架在每个支吊架上固定应牢固，固定螺栓应朝外。

② 铝合金桥架在钢制支吊上固定时，应采取防电化腐蚀措施，在支吊架与桥架之间加垫隔离绝缘胶板。

③ 桥架穿过防火分区、楼板处，应采用防火填料封堵。

④ 桥架安装应平直整齐，水平或垂直安装允许偏差为其长度的 2‰，全长允许偏差为 20mm；桥架连接处牢固可靠，接口应平直、严密，桥架应齐全、平整、无翘角、外层无

损伤。根据深化设计图,对各楼层的桥架的弯头、三通等配件进行编号,并将弱电与低压桥架进行标识。

⑤ 桥架敷设直线段长度超过30m时,以及跨越建筑结构缝时采用伸缩节,保证伸缩灵活。桥架之间的连接采用半圆头镀锌螺栓,且半圆头应在桥架内侧,接口应平整、无扭曲、凸起和凹陷。

⑥ 桥架转弯及分支处均选用成品配件,且弯头的弯曲半径根据桥架内敷设的最大电缆转弯半径来制定。

⑦ 桥架水平安装:为确保电缆的顺利敷设,水平安装桥架的顶部距顶板最小距离为200mm,采用共用支架的桥架各层之间的最小间距为150mm。

⑧ 由金属桥架引出的金属管线,接头处应用锁母固定。在电线或电缆引出的管口部位应安装塑料护口,避免出线口的电线或电缆遭受损伤。

槽架悬吊式安装工艺大样如图6-12所示。

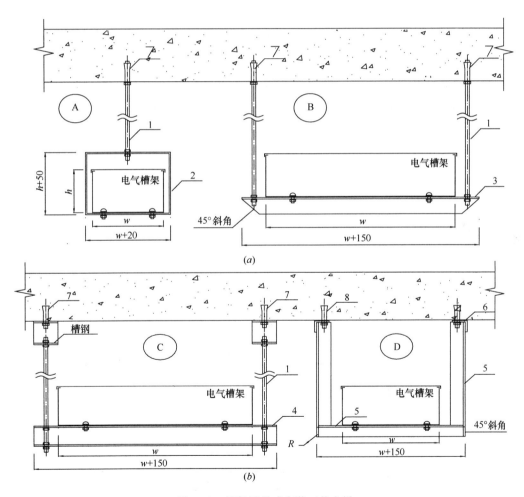

图6-12 槽架悬吊式安装工艺大样

图6-12中标注名称明细表,见表6-4。

标注名称明细　　　　　　　　　　　　　表 6-4

编号	名称	规格	编号	名称	规格
1	镀锌丝杆吊具	见尺寸标准表	5	型钢支架	见尺寸标准表
2	吊框	—25×3 镀锌扁钢	6	支架脚掌	见说明
3	角钢托架	见尺寸标准表	7	顶爆螺栓	或拉爆螺栓＋长螺母
4	槽钢托架	见尺寸标准表	8	拉爆螺栓	≥M8×65

说明：A、B、C：不同宽度的槽架选用不同的支吊架形式。D：刚性支架形式。

根据现场混凝土实际质量情况选择使用顶爆螺栓或是拉爆螺栓＋长螺母固定，钻孔安装螺栓时应注意批荡层厚度对固紧力的影响。

尺寸标准：支吊架间距为 1500mm。

刚性支架的设置位置：槽架的首/末端、转角/三通分支处、直线段每 30m 处。

支架脚掌（6）的长度为型钢宽度的 3 倍。

支吊架材料选用标准，见表 6-5。

支吊架材料选用标准　　　　　　　　　　　表 6-5

槽架宽度 w（mm）	形式	型钢吊具 (1)	型钢托架 (2、3、4)	备注
≤150	A 形式	ϕ10 全牙丝杆	L25×3 框架	
150＜w≤400	B 形式		L30×3 横担	
400＜w≤600	B 形式	ϕ12 全牙丝杆	L40×4 横担	吊架底漆红丹，面漆银漆
600＜w≤800	B 形式		L50×5 横担	
800＜w≤1100	C 形式	ϕ14 全牙丝杆，吊具可≥2 条	[5 号横担	
1100＜w	C 形式		[6 号横担	

注：1. 当 2 条或 2 条以上槽架共用一吊架时，槽架的宽度为：$w_总 = w_1 + w_2 + \cdots + w_n + n \times 50$mm；

2. A 形式的防晃动支架选用 L30×3 角铁来制作，其余情况选用表 6-5 "型钢托架（2、3、4）"一列中的型钢规格来制作。

槽架沿墙安装工艺大样如图 6-13 所示。

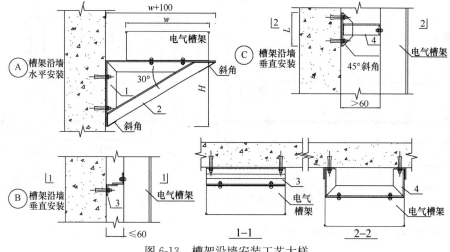

图 6-13　槽架沿墙安装工艺大样

图 6-13 中标注名称明细,见表 6-6。

标注名称明细 表 6-6

编号	名称	规格	编号	名称	规格
1	角钢支架	L 字形或 △ 形	3	角钢支架	Z 字形
2	支架斜撑	$w>300$mm 时使用	4	角钢支架	Ⅱ 字形

说明: 当槽架离上方固定物距离≥2m,有沿墙水平安装时,可采用 A 类安装形式。

当槽架距墙身水平距离≤60mm 时,采用 B 类安装形式;当槽架距墙身水平距离>60mm 时采用 C 类安装形式。同一垂直通道内槽架安装形式应一致。

尺寸标准:$H=(w+100)\times 60\%$。

支架材料选用标准,见表 6-7。

支架材料选用标准 表 6-7

槽架宽度(w)(mm)	A 类形式	B 类或 C 类形式	备注
≤300	L30×3、L 字形	L40×4	底漆红丹,面漆银漆
300<w≤600	L40×4、△ 形		

注:当 2 条及以上数量的槽架共用一吊架时,槽架的宽度为 $w_总=w_1+w_2+\cdots+w_n+n\times 50$mm。

槽架穿墙(楼板)工艺如图 6-14 所示。图 6-14 中标注名称明细,见表 6-8。

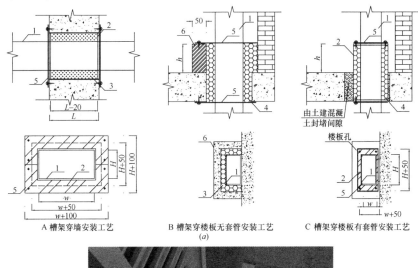

(a)

(b)

图 6-14 槽架穿墙(楼板)工艺
(a)槽架穿墙(槽板)工艺大样;(b)梯架在竖井内安装图(3D 效果图)

标注名称明细 表 6-8

编号	名称	规格	编号	名称	规格
1	电气槽架	见工程设计	4	防火堵料	矿棉或防火泥或速固堵料
2	套管	镀锌板（两端反边加固）或钢板	5	防火板	$\delta \geqslant 2mm$ 绝缘板或钢板
3	堵料	隔声或防火堵料	6	挡水圈	如图

说明：电气竖井内的电气线路（电气槽架、母线槽等）穿越楼板的工艺按本工艺标准。

如预留楼板孔尺寸合适时，建议采用 B 形式。如预留楼板孔尺寸偏大时，建议采用 C 形式。但在同一工程中，应使用同一种形式。

A 形式中：如穿越的墙体为普通隔墙，则堵料（3）使用隔声堵料；如墙体为防火墙，则堵料（3）使用防火堵料。非可视区域中不需安装防火板（5）。套管材料选择镀锌板，套管长度与墙身厚度一致。

B 形式：在楼板孔边缘设置混凝土（或砖）结构的挡水圈。

C 形式：防火板尺寸与套管口径尺寸一致；套管材料选择钢板（$\delta \geqslant 2mm$），套管两端应设置镀锌螺母或其他可固定物，以方便安装防火板。

尺寸标准：$h \geqslant 50mm$。

⑨ 桥架的接地

电缆桥架系统应具有可靠的电气连接并接地，在伸缩缝或软连接处需采用编织铜带连接，桥架安装完毕后要对整个系统每段桥架之间跨接连接进行检查，确保相互电气连接良好，对其电气连接不好的地方应加装跨接铜板片，或采取全长和另敷设接地干线，每段桥架与干线连接。槽架支架接地示意如图 6-15 所示。

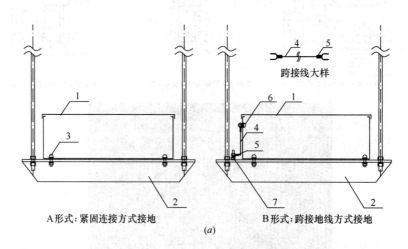

图 6-15 槽架支架接地示意（一）
(a) 槽架支架接地工艺大样

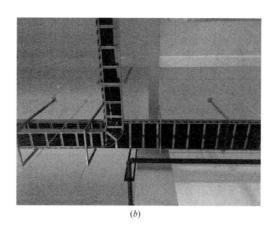

图 6-15 槽架支架接地示意（二）
(b) 槽架接地实例

图 6-15 中标注名称明细，见表 6-9。

标注名称明细　　　　　　　　　　　　　　　表 6-9

编号	名称	规格	编号	名称	规格
1	电气槽架	见工程设计	5	包塑开口线耳	黄色塑套
2	型钢托架	见相关工艺标准	6	槽架接地螺栓	镀锌螺栓，配防松动垫圈
3	镀锌圆头螺栓	配防松动垫圈	7	支架接地螺栓	
4	多股铜芯软线	4mm²，黄绿双色			

说明：当槽架与支架都是镀锌件时，采用 A 形式；当支架或槽架不是镀锌件时，采用 B 形式。A 形式：每个托架与槽架使用不少于 2 套配防松动垫圈的镀锌螺栓连接。B 形式：当支架为非镀锌件时，支架接地螺栓在支架上焊接固定；当支架为镀锌件时，支架接地螺栓在支架上钻孔安装。

当槽架为镀锌件时，槽架接地螺栓在槽架上钻孔安装；当槽架为非镀锌件时，选用槽架本身自带或与槽架有可靠连接的螺栓作为接地螺栓。

支架接地螺栓与槽架接地螺栓使用软线跨接。

⑩ 槽架过变形缝处安装工艺大样如图 6-16 所示。

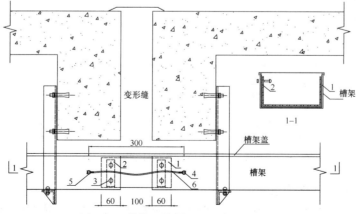

图 6-16 槽架过变形缝处安装工艺大样

图 6-16 中标注名称明细，见表 6-10。

标注名称明细　　　　　　　　　表 6-10

编号	名称	规格	编号	名称	规格
1	防火帆布	U形，安装在槽内	4	开口压接线耳	带塑套，黄色
2	U形压条	-25×3 镀锌扁钢	5	镀锌螺栓	M4×5，配防松动垫圈
3	圆头螺栓	M8×10 镀锌	6	多股铜芯软线	4mm² 黄绿双色

说明： 槽架在变形缝处断开。

槽架盖在变形缝处独立安装（长 300mm）。

该方案适用于直线段槽架的伸缩补偿。

(3) 质量检查

质量要求符合《建筑电气工程施工质量验收规范》GB 50303—2015 的规定，见表 6-11。

质量检查　　　　　　　　　表 6-11

	序号	项　目
主控项目	1	金属电缆桥架及其支架全长应不少于 2 处与接地（PE）或接零（PEN）干线相连接
	2	非镀锌电缆桥架间连接板的两端跨接铜芯地线，接地线最小允许截面积不小于 4mm²
	3	镀锌电缆桥架间连接板的两端不跨接接地线，但连接板两端不少于 2 个有防松螺帽或防松垫圈的连接固定螺栓
允许偏差或允许值	1	铝合金电缆桥架长度超过 15mm 设有伸缩节；电缆桥架跨越建筑物变形缝处设置补偿装置
	2	电缆桥架转弯处的弯曲半径，不小于桥架内电缆最小允许弯曲半径
一般项目	3	当设计无要求时，电缆桥架水平安装的支架间距为 1.5～3m；垂直安装的支架间距不大于 2m
	4	桥架与支架间螺栓、桥架连接板螺栓固定紧固无遗漏，螺母位于桥架外侧；当铝合金桥架与钢支架固定时，有相互间绝缘的防电化腐蚀措施
	5	支架与预埋件焊接固定时，焊缝饱满；膨胀螺栓固定时，选用螺栓适配，连接紧固，防松零件齐全

4. 母线槽安装

(1) 工艺流程

母线槽安装工艺流程如图 6-17 所示。

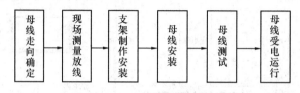

图 6-17 母线槽安装工艺流程

(2) 母线槽施工工艺及要点

1) 封闭母线安装之前，仔细研究封闭母线的安装图，按照安装图中封闭母线各部件的编号按回路将现场封闭母线分开摆放，以防止封闭母线各部件错位敷设。封闭、插接式母线每段母线组对接续前，绝缘电阻测试合格，绝缘电阻值大于 20MΩ，才能安装组对。

2）封闭母线连接采用高强度螺栓连接，力矩扳手拧紧，连接处牢固无缝隙。当母线段与段连接时，两相邻段母线及外壳对准，连接后不使母线及外壳受额外应力、外螺母拧紧为止。

3）除固定点外，当母线平置时，母线支持夹板的上部压板与母线间有 1～1.5mm 的间隙；当母线立置时，上部压板与母线间有 1.5～2mm 的间隙。

4）母线宜在每节设一处吊架，母线的固定点，每段设置 1 个，设置于全长或两母线伸缩节的中点。

5）封闭、插座式母线组装和固定位置应正确，外壳与底座间、外壳各连接部位和母线的连接螺栓应按产品技术文件要求选择正确，连接紧固。

6）母线槽水平吊装工艺，如图 6-18 所示。

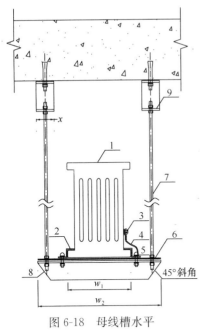

图 6-18 母线槽水平吊装安装大样图

图 6-18 中标注名称明细，见表 6-12。

标注名称明细　　　　　　　　表 6-12

编号	名称	规格	编号	名称	规格
1	母线槽	见工程设计	6	绝缘板	$\delta=2$mm，见说明
2	水平固定压具	产品配套	7	镀锌全牙丝杆	见尺寸标准
3	外壳接地螺栓	母线槽自带	8	型钢托架	见尺寸标准
4	多股铜芯软线	$\geqslant 4$mm²，黄绿双色	9	槽钢码	见尺寸标准
5	开口线耳	带塑套，塑套黄色			

说明：当母线槽外壳与托架材质不同时，应增加绝缘板（6）隔离。
母线槽垂直安装工艺参照产品说明书。
尺寸标准：$w_2=w_1+200$；吊架间距 $=1200$mm。
吊架材料标准，见表 6-13。

吊架材料标准　　　　　　　　表 6-13

w_2（mm）	L（丝杆）	T（托架）	X	拉爆螺栓	备注
$\leqslant 400$	$\phi 12$	L40×4	50mm	2	
$400<w_2\leqslant 600$	$\phi 12$	[5#	50mm	2	
$600<w_2$	$\phi 12$	[6#	100mm	4	

7）母线槽穿墙安装工艺，如图 6-19 所示。

图 6-19 中标注名称明细，见表 6-14。

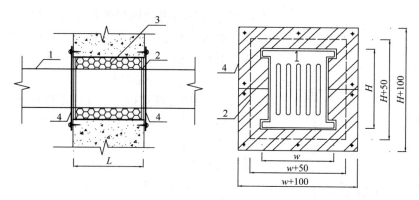

图 6-19 母线槽穿墙安装工艺大样

标注名称明细 表 6-14

编号	名称	规格	编号	名称	规格
1	母线槽	见工程设计	3	防火堵料	矿棉、防火泥、速固堵料
2	过墙套管	镀锌，两端反边加固	4	防火板	$\delta=2mm$ 绝缘板

说明： 母线槽在穿越非防火分区的墙体处不需安装防火堵料（3），母线槽穿越楼板的工艺请参考槽架穿越楼板的工艺。

尺寸标准套管长度 $L=$ 墙身厚度，其余尺寸如图 6-19 所示。

8) 封闭式母线敷设长度超过 40m 时，设置伸缩节；跨越建筑物的伸缩缝或沉降处，宜采取适当的措施，如图 6-20 所示。

在封闭母线的端头装封闭罩，各段母线选用可拆卸的外壳，外壳间用 $25mm^2$ 软铜编织带做跨接地线，封闭母线两端可靠接地。母线与设备连接均采用铜排。母线搭接长度、钻孔直径、螺栓规格应符合规范要求。

封闭插接母线之间的接头对接要整齐严密，最大误差不得超过 5mm；力矩扳手的力矩值按厂家的技术要求执行。封闭插接式母线在安装过程中，随时做好防潮措施，终端头采用胶带封闭。

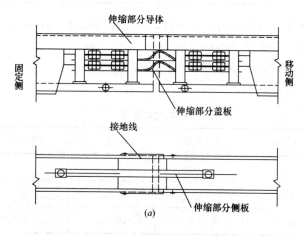

图 6-20 封闭母线跨建筑物伸缩缝安装示意（一）
(a) 封闭母线跨建筑物伸缩缝安装大样

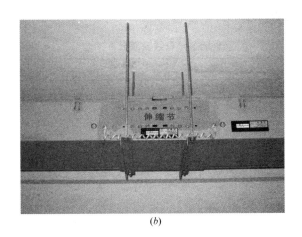

(b)

图 6-20 封闭母线跨建筑物伸缩缝安装示意

(b) 封闭母线跨建筑物伸缩缝安装实例图

注：过建筑物伸缩缝、沉降处封闭母线加装伸缩部分侧板，一侧固定，一侧可移动。

在本实例中，伸缩缝、沉降处加伸缩节。

9）封闭插接母线外壳连接、接地跨接板连接，应牢固可靠，防止松动，且严禁焊接。插接母线外壳两端应保证保护地线可靠连接、母线与设备连接采用软连接。

10）封闭式母线插接箱应可靠固定，垂直安装时，安装高度应符合设计要求，插接箱底边距地应为 1.5m。封闭式母线垂直安装距地 1.8m 以下应采取保护措施（电气专用竖井、配电室、发电机室等除外）。

11）母线绝缘摇测及交流工频耐压试验：

母线支架和封闭、插接式母线的外壳接地（PE）或零（PEN）连接完成，母线绝缘电阻测试和交流工频耐压试验合格，才能通电。

母线安装完之后，需对母线进行绝缘摇测及交流工频耐压试验。母线的交流耐压试验符合规范要求，低压母线的交流耐压试验电压为 1kV，当绝缘电阻值大于 10MΩ 时，可采用 2500V 兆欧表摇测代替，试验持续时间 1min，无击穿现象。

(3) 母线通电试验

母线支架和母线外壳接地完成，母线绝缘电阻测试和工频交流耐压试验合格，进行通电试运行。

(4) 质量检查

质量检查项目见表 6-15。

质量检查项目　　　　　　表 6-15

		序号	项　　目
允许偏差或允许值	保证项目	1	封闭插接母线外壳地线连接紧密、无遗漏、母线绝缘电阻值符合设计要求
		2	封闭插接母线的连接必须符合规范要求和产品技术文件规定
	基本项目	1	支架安装应位置正确，横平竖直，固定牢固，成排安装，应排列整齐，间距均匀，刷油漆均匀，无漏刷
		2	封闭插接母线组装和卡固位置正确，固定牢固，横平竖直，成排安装应排列整齐，间距均匀，便于检修
		3	允许偏差项目见表 6-16

封闭插接母线安装允许偏差，见表6-16。

封闭插接母线安装允许偏差 表6-16

项次	项目	允许偏差（mm）	检验方法
1	两米段垂直	4	实测，查看记录
2	全长垂直（按楼层）	5	
3	成排间距（每段内）	5	

5. 电动机检查接线

（1）工艺流程

电动机检查接线流程如图6-21所示。

图6-21 电动机检查接线流程

（2）电动机检查接线工艺及要点

1）安装前检查：安装前，检查电动机、电加热器、电动执行机构本体、控制和启动设备应完好，盘动转子轻快应无卡阻及异常声响，电动机的引出线在端子上压接良好且编号齐全，附件备件齐全，润滑脂情况正常。

2）电缆与电机接线示意如图6-22所示。

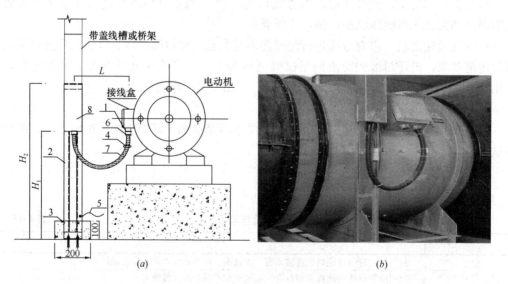

图6-22 电缆与电机接线示意
(a) 电缆与电机接线安装；(b) 电缆与电机接线实例

图6-22中标注名称明细，见表6-17。

标注名称明细　　　　　　　　　　表 6-17

编号	名称	规格	编号	名称	规格
1	成套电缆固定头	与电缆配套	5	多股铜芯软线	$4mm^2$，黄绿双色
2	角钢支架	$L30\times3$，银漆	6	软管接头	
3	水泥墩	$L200\times W100\times H100$	7	包塑金属软管	实际尺寸
4	电缆标识牌		8	槽内电缆头安装位置	

说明： 在图 6-22 中：为了方便金属软管的安装。电缆头宜安装在引下桥架末端内（如图中"8"的位置），并应固定，电缆芯线穿过金属软管接至电机。

支架（3）应通过接地跨接线（5）与设备房内接地干（支）线连接。

尺寸标准：$L=30D$，D 为电缆外径。H_2（支架高度）$=H_1+300mm$。

$H_1=$电机接线盒离地面高度。

3）电机线圈绝缘性测试及要求：

① 测量高压电动机选用 1000～2500V 摇表，测量低压电动机选用 500～1000V 摇表（也可使用数字摇表）。

② 确认被测电机确已停电，并将被测电机线圈对地放电。

③ 摇表接线要正确，L 为线路端，E 为接地端，接线端钮要拧紧，L 线与 E 线应绝缘良好，不应绞在一起。

④ 检查电动机对地绝缘首先检查接线 E 接地良好，以 120r/min 转速将表摇起，分别测三相导体，观察摇表的显示。

⑤ 将表棒移开被测导体后，摇表才能停止。

⑥ 测绝缘后应将被测线圈对地放电并记录测量值，测取吸收比，应分别记录 1.5s 和 60s 的绝缘值并计算。

⑦ 一般要求 6kV 以上电机和母线阻值不低于 6Ω；400V 以下电机相间绝缘电阻值不低于 1Ω，400V 母线阻值不低于 1Ω，封闭式母线不低于 100Ω。

4）电机接地系统要求：

电动机必须安全可靠接地，在三相四线制供电系统中，零线（N）必须在接入点重复接地，接地电阻要小于 1Ω。同时要求电机外壳与基础接地连接，接地电阻同相小于 1Ω，在使用变频器的调速系统中，电机必须接地，以便能使感应电压有释放回路，同时保护由电机的绝缘故障引起的漏电事故，还能减少变频器对其他电气设备的干扰，使电气设备都能安全可靠地运行。

电动机接线及调试运行：引至电动机接线盒的导线应加强绝缘，易受机械损伤的地方套保护管，电动机及其控制设备引出线压接应牢固，且编号齐全，接线前应对电机绕组进行绝缘测试。电动机三相定子绕组按电源电压的不同和电动机铭牌的要求，可接成星形（Y）或三角形（△）两种形式，当电机采用星形-三角形接线方式时（Y-△），接线盒进线孔为两个。电机接线方法安装示意图，如图 6-23 所示。

6. 电力电缆及控制电缆敷设

(1) 电缆安装施工工艺流程

电缆安装流程如图 6-24 所示。

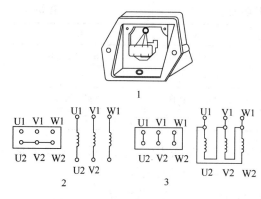

图 6-23 电机接线方法安装示意

(2) 电力电缆及控制电缆敷设工艺及要点

1) 电力电缆在运输装卸时, 不应使电缆及电缆盘受到损伤, 严禁将电缆盘直接由车上推下, 运输或滚动电缆盘时, 必须保证电缆盘牢固, 滚动时必须顺着电缆盘电缆缠紧方向或盘面的箭头指示方向进行。道路应平整, 清除杂物, 如土松软, 应垫以木板或钢板, 以防陷入。

2) 电缆放线架必须放置稳当, 钢轴的强度和长度应与电缆盘重量和宽度相配合, 防止引起电缆盘翻倒事故。电缆敷设时, 电缆应从盘的上端引出, 不应使电缆在支架上及地面摩擦拖拉, 电缆外皮不得有铠装压扁、电缆绞拧、护层折裂等未消除的机械损伤。

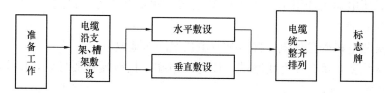

图 6-24 电缆安装流程图

3) 电缆穿墙或穿楼板时均应穿管保护, 电缆保护管管口制成喇叭口, 要光滑无毛刺, 固定牢靠。

4) 控制电缆与电力电缆应分开排列, 当它们敷设在同一支架上时, 控制电缆应放在电力电缆的下面, 1kV 及以下的电力电缆应放在 1kV 以上电力电缆的下面。交流单芯电力电缆, 应布置在同一侧支架上, 当按紧贴的正三角形排列时, 应每隔 1m, 用绑带扎牢。

5) 电缆敷设应避免交叉重叠, 达到整齐美观, 引出方向弯度、角度、相互间距都应一致, 并应在电缆首端、尾端、转弯及每隔 50m 处设有编号、型号及起止点等标志, 标志清晰齐全, 挂装整齐, 无遗漏 (要求挂电脑板、硬塑料标牌)。

6) 各处电缆放完后, 要统一整理, 排列整齐, 并在水平敷设电缆的首末端、转弯处、电缆接头两端、垂直敷设或超过 45°倾斜敷设电缆的每一支架上, 用电缆扎带或卡子加以固定。已锯断暂未制作终端头的塑料护套电缆, 断口处应用自粘带封口, 以防受潮。

7) 并联使用的电力电缆其长度、型号、规格宜相同, 终端头与接头附近宜留有备用长度。电缆终端上应有明显的相色标志, 且与系统的相位一致。

8) 电力电缆与控制电缆分开排列很重要, 因为敷设在一起会产生对控制电缆的干扰, 造成设备的误动作, 电力电缆发生火灾后, 会波及控制电缆, 使控制设备不能及时作出反应, 而且修复困难, 如图 6-25 所示。

7. 电缆头制作安装

(1) 电缆头制作安装流程

电缆头制作安装流程如图 6-26 所示。

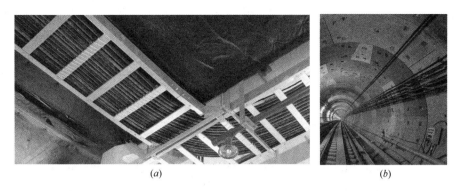

图 6-25 电缆敷设效果
(a) 电缆敷设效果；(b) 区间电缆敷设效果

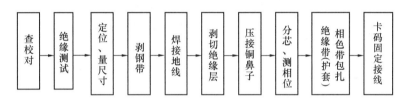

图 6-26 电缆头制作安装流程图

(1) 电缆头制作安装操作要点

1) 低压塑料电缆头 50mm 以下采用普通干包封加塑料护套，50mm 以上采用热缩型电缆头制作。制作时要掌握好温度，加温要均匀。控制电缆终端可采用一般干封包扎接头，应有防潮措施。

2) 电缆线芯连接时，铜线耳的规格应与线芯相符，采用机械压接（模具压接工艺）。压模的尺寸应与导线的规格相符。确保铜线耳压接牢固。为保证导线与设备器具连接可靠，不致通电运行后发生过热效应，并诱发燃烧事故。电缆的芯线连接金属（连接管和端子）规格应与芯线的规格适配，且不得采用开口端子，因为可靠性无法保证。

3) 电缆终端头的制作，应由经过培训的熟练工艺人员进行，应严格遵守制作工艺规程。室外制作电缆头宜在气候良好的条件下进行，并应有防止尘土和外来污染的措施，制作电缆头前应作好检查工作，并符合下列要求：电缆线芯绝缘良好，所用绝缘包扎应符合质量要求，制作电缆头的配件齐全并符合设计要求。

4) 制作电缆终端头时，切割电缆要小心，不能损坏绝缘，保证三岔口绝缘包扎良好；包缠绝缘时，绝缘带的搭盖应均匀，层间应无空隙及折皱，注意清洁，防止污秽与潮气侵入绝缘层。

5) 根据地下铁道施工规范要求：为防止电缆金属外皮带电时对人产生危害，故要求电缆金属外皮一端需接地，另一端浮空时断开直流牵引系统的杂散电流沿电缆金属外皮的通路，防止电腐蚀。

6) 电缆金属护套及铠装层均应接地，接地线应采用铜绞线或镀锡铜编织线，接地线的截面应按电缆线路的接地电流大小而定。$120mm^2$ 及以下接地线截面不少于 $16mm^2$，$150mm^2$ 及以上电缆接地线截面积不小于 $25mm^2$，电缆芯线截面积在 $16mm^2$ 及以下接地线截面积与电缆芯线截面相等。焊接时要掌握好温度,时间不宜过长,防止损坏绝缘层。

7)电缆终端头固定、牢固。与电气装置连接时,不应受到额外应力;必须相位正确,电缆的引出线应用塑料相色带表明相色,相位标志清晰,并按图编号(要求挂电脑打印硬塑料标牌)。电力电缆施工完毕,必须再做一次绝缘检查,并做好记录,如图6-27所示。

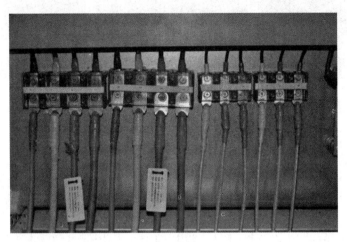

图 6-27 电缆头制作安装效果

8. 电气线管敷设施工工艺

(1)线管敷设的安装工艺流程

1)暗配管敷设流程如图6-28所示。

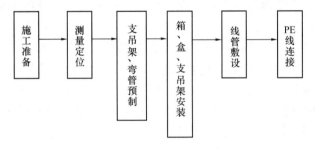

图 6-28 暗配管敷设流程

2)明配管敷设流程如图6-29所示。

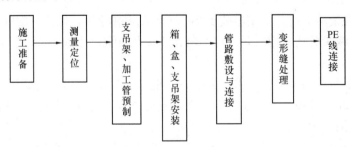

图 6-29 明配管敷设流程

(2)操作要点

金属的导管和线槽必须接地（PE）可靠镀锌的钢导管、可挠性导管和金属线槽，不得熔焊跨接地线，以专用接地卡跨接的两卡间连接线的铜芯软线截面积不少于 $4mm^2$。

当镀锌钢导管采用螺纹连接时，连接处的两端，用专用接地卡固定跨越地线。

金属导管严禁对口熔焊连接，镀锌和壁厚小于等于 2mm 的钢导管，不得套管熔焊连接。

1) 暗配管

① 电气管线预埋施工：导线穿管暗敷时，应尽量减少转弯，不宜穿过设备基础。穿过建筑物基础时，应加保护。预埋电线管要留出丝扣，并套上管接头保护，埋在混凝土楼板内管线，接口可采用套管，严禁采用对口焊接。穿过建筑物伸缩缝时，应按规范要求加补偿装置。

② 电线管预埋，直线长度超过 40m 时，30m 以上有 1 个弯，20m 以上有 2 个弯，12m 以上有 3 个弯的必须加拉线盒。

③ 室内进入落地式柜、台、箱内的导管管口应高出柜、台、箱盘的基础面 50~80mm。

④ 暗配的导管埋设深度与建筑物、构筑物表面距离不应小于 15mm。

⑤ 所有预埋管线必须位置正确：经核对，与其他管线不应有碰头现象，特别要复核土建结构，了解砖墙厚度，以免露出墙外。管线预埋在墙、混凝土内的钢管需离表面净距不少于 15mm，混凝土内平行电线管间距要大于 25mm。已预埋电线管的设备、基础、柱、模板上应设标志，并有基准线，方便拆模后清理检查，对所有灯具、开关箱、插座预埋高度必须符合设计图纸的统一规定。

⑥ 预埋电线管应连接紧密，无渗水现象。所有管口、线盒应采取妥当的密封措施，防止水泥浆渗入造成堵塞。

⑦ 所有金属管线揿弯，采用手动弯管机，弯曲半径不少于管外径 6~7 倍，电缆管为 10 倍。沉降缝补偿装置能活动自如。金属线管切割后管口必须打磨，并涂防腐油。

2) 明配管

① 明敷管线安装排列要整齐，金属管壁光滑、完整、清洁、线管必须用丝扣连接，在管接头两端应焊接跨接地线，吊架及沿墙敷设的电线管码固定牢固，间距均匀。电气管路与水管或交叉敷设时，应在水管上面相互净距不小于 0.2m，管路通过伸缩缝或沉降缝时，应加补偿装置。

② 顶棚内布线必须采用金属管敷设，引至灯具部分需用金属软管，接头与线盒固定，软管长度垂直不超过 0.8m，水平敷设不超过 1m，装在顶棚内的筒灯，引出线接头不得外露，必须在筒灯上部线盒内密封，不得在顶棚内装设开关镇流器。

③ 金属配线工程管子接入线盒必须采用锁紧螺母，管线直线长度 30m 或 20m 一个 90°弯，15m 有两个弯位出折，8m 有三个曲折，中间应设分线盒或拉线盒。电气管线弯曲半径不应小于管外径的 6 倍，电缆管不小于 10 倍，管口要打成喇叭型，管口边缘锉光滑；电缆穿管完毕，管口采用防火填料密封处理。

④ 管内敷设的导线一般不超过 8 根，不大于管内孔面积 40%。同一路径无防干扰要求的线路，可敷设于同一线槽内，电线或电缆在线槽内不宜有接头，强电、弱电线路不应敷于同一线槽内。

⑤ 金属导管接地跨接安装工艺大样如图 6-30 所示。

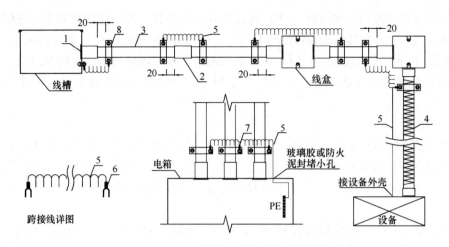

图 6-30 金属导管接地跨接安装工艺大样

图 6-30 中标注名称明细,见表 6-18。

标注名称明细　　　　　表 6-18

编号	名称	规格	编号	名称	规格
1	金属导管接头	见工程设计	5	多股铜芯导线	$4mm^2$,黄绿双色
2	导管螺纹直通	见工程设计	6	压接开口线耳	带黄色护套
3	电气金属导管	见工程设计	7	压接开口线耳	详见说明
4	金属软管	见工程设计	8	双半圆接地卡码	镀锌,防松动镀锌螺栓

说明: 使用套接紧定式钢导管快速接头装配的金属导管不需要另外增加接地跨接线。两路跨接线使用一只线耳压接,保证地线永久连接,而不是串接,见"7"处。

当使用金属软管时,始端用接地码固定与接地线连接;包塑金属软管不需用接地码固定与接地线连接。

软管两端的金属导管与设备外壳应跨接地线,地线应使用扎带固定在软管上。

尺寸说明:

地线码边缘离导管接头或直通边缘为 20mm。

如导管的接头配件为迫母,地线码边缘离迫母边缘为 20mm。

⑥ 电气导管固定码布置工艺大样如图 6-31 所示。

图 6-31 中标注名称明细,见表 6-19。

标注名称明细　　　　　表 6-19

编号	名称	规格	编号	名称	规格
1	电气槽架	见工程设计	4	固定码	与导管配套的离墙码、U 形码、抱式管卡等固定码
2	电气导管	见工程设计			
3	过线盒	配导管	5	末端设备	见工程设计

说明: 明配导管在终端、弯头中点、或柜、台、箱、盘等边缘的 150～500mm 范围内设置固定码。现场条件允许的情况下,按本工艺标准所设定的距离设置固定码。

中间直线段固定码的距离按规范、设计要求。

并列明配的导管固定码按"左右左"或"下上下"的品字方式布置。

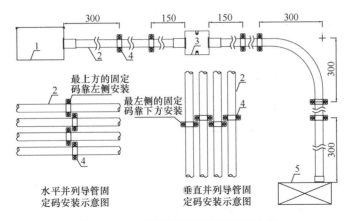

图 6-31 电气导管固定码布置工艺大样

尺寸标准：为固定码中线至线槽、线盒、弯头、箱柜等边缘的距离，如图 6-32 所示。

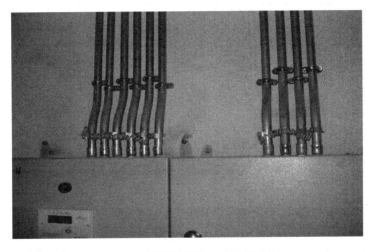

图 6-32 明装线管接入配电箱安装

⑦ 电气导管沿梁安装工艺大样如图 6-33 所示。

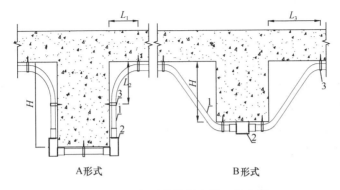

图 6-33 电气导管沿梁安装工艺大样

图 6-33 中标注名称明细，见表 6-20。

标注名称明细 表6-20

编号	名称	规格
1	电气导管	镀锌线管、镀锌钢管、PVC管，详见工程设计
2	过线盒	可视区域应采用明装线盒； 不可视区域可采用带敲落孔的镀锌线盒
3	离墙码	与电气导管一致

说明：当梁高 $H>400$mm 时，采用 A 形式安装方式。

当梁高 $H\leqslant 400$mm 时，采用 B 形式安装方式。

当梁高 $H>500$mm 时，基于成本的考虑，建议采用吊架安装方式。

同一区域，应根据梁的平均高度，选择同一种安装方式。

尺寸标准：$L_1=L_2$，$L_3=2H$。

⑧ 电气导管过变形缝安装工艺大样如图 6-34 所示。

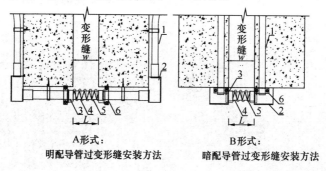

A形式：
明配导管过变形缝安装方法

B形式：
暗配导管过变形缝安装方法

图 6-34　电气导管过变形缝安装工艺大样

图 6-34 中标注名称明细，见表 6-21。

标注名称明细 表6-21

编号	名称	规格	编号	名称	规格
1	电气导管	见工程设计	4	多股铜芯导线	$4mm^2$，黄绿双色
2	过线盒	见说明	5	金属软管	配导管
3	软管接头	配导管	6	双半圆地线码	镀锌，防松动镀锌螺栓

说明：明配导管过变形缝采用 A 形式安装方式；暗配导管采用 B 形式安装方式；过线盒（2）的选择：可视区域应采用明装线盒；不可视区域可采用带敲落孔的镀锌线盒。

接地跨接软线（4）的两端应压接带护套开口线耳，护套为黄色。

尺寸标准：金属软管长度 $L=w$（变形缝宽度）$+50$mm。

9. 管内穿线施工工艺

（1）管内穿线安装工艺流程

管内穿线安装工艺流程如图 6-35 所示。

（2）操作要点

1）穿引线

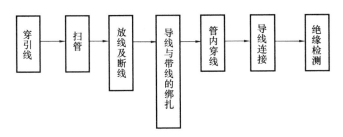

图 6-35　管内穿线安装工艺流程

引线一般采用 φ1.2～2.0mm 的铁线，在管路的两端应留有 100～150mm 的余量。放线时，接线盒、开关盒、灯头盒内导线的预留长度应为 15cm 以上，配电箱内导线的预留长度为配电箱箱体周长的 1/2。

2）扫管

电线、电缆穿管前，应清除管内杂物和积水。管口应有保护措施，不进入接线盒（箱）的垂直管口穿入电线、电缆后，管口应密封。

3）管内穿线

① 三相或单相的交流单芯电缆不得单独穿于钢管内。

② 不同回路、不同电压等级和交流与直流的电线，不应穿于同一导管内，同一交流回路的电线应穿于同一金属导管内，且管内电线不得有接头。

③ 当采用多相供电时，同一建筑物、构筑物的电线绝缘层，颜色选择应一致，即保护地线（PE线）应是一黄绿相间色，零线用淡蓝色，相线用：A 相——黄色；B 相——绿色；C 相——红色。

④ 导线在变形缝处，补偿装置应活动自如，导线应留有一定的裕度。

4）导线连接

导线的连接应使导线接头不增加电阻值，受力导线不能降低原来机械强度，及绝缘强度。照明分支线接口，工艺采用铰接后加焊锡，绝缘包扎采用黄蜡绸包扎再加塑料护套。电线接头均在接线盒内密封处理。

5）绝缘检测

在线路接、焊、包全部完成后，应进行自检和互检。检查无误后再进行绝缘摇测。

10. 灯具、开关插座安装

（1）灯具安装施工工艺

1）灯具安装流程如图 6-36 所示。

2）灯具安装施工工艺：

① 吸顶式日光灯、筒灯安装

a. 打开灯具底座盖板，根据图纸确定安装位置，将灯具底座贴紧建筑物表面，灯具底座应完全遮盖接线盒，对着接线盒的位置开好进线孔。

b. 按照灯具底座安装孔大小用铅笔画好安装孔的位置，用冲击钻打孔，装入膨胀胶塞（如为吊顶可在吊顶板上背木龙骨或轻钢龙骨采用自攻螺丝固定）。

c. 将电源线穿出后用螺钉将灯具固定并调整位置直至满足要求。

d. 用安全型压接帽将电源线与灯内电线可靠连接，装上启辉器等附件。

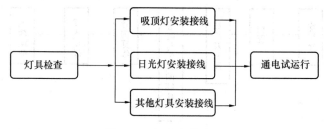

图 6-36 灯具安装流程

e. 盖上底座盖板，装上日光灯管。

f. 吊顶内安装的筒灯应根据装修吊顶平面图中灯具分布的位置，以及不同的吊顶形式来确定灯具外形与吊顶板的接口样式。在装修安装吊顶龙骨的同时安装灯具的支吊架；在吊顶顶棚安装的同时安装灯具。须单独在吊顶板几何中心开孔安装的灯具，将提前向装修单位提供不同区域灯具的开孔尺寸，并安排专人配合。待吊顶顶棚及其他器具初步安装完毕后，配合装修施工人员调整灯具，达到整体美观的效果。

② 吊链式日光灯、防爆灯安装

a. 根据图纸确定安装位置，确定吊链吊点。

b. 钻好尼龙栓塞孔，装入栓塞，用螺钉将吊链挂钩固定牢靠。

c. 根据灯具的安装高度确定吊链及电线的长度，吊链应稍长于电线，不使电线受力。

d. 打开灯具底座盖板，用安全型压接帽将电源线与灯内电线可靠连接，装上启辉器等附件。

e. 盖上底座，装上日光灯管，将日光灯挂好。

f. 将电线与接线盒内电源连接，盖上接线盒盖板并理顺垂下的电线，采用扎带将电线固定在吊链上。

g. 防爆灯安装：灯具的配件齐全，不得采用非防爆零件代替灯具的配件，防爆灯应安装牢固，吊管、开关与接线盒螺纹齿口扣数不少于 5 扣，螺纹加工光滑、完整、无锈蚀。

③ 其他灯具安装

a. 有部分灯具功率较大，灯与灯的功率相差也很大，故应特别注意灯具电线的规格应严格按设计要求，不能接错。

b. 建筑物顶棚内灯具安装要配合装修按照装修图安装，成排或对称及组成几何图形灯具安装时，精确测量放线定位，保证灯具安装整齐、美观。

c. 无建筑物顶棚安装灯具及钢结构下的灯具安装，因其大面积照明特点，要特别注意定位正确、安装牢靠、灯具排列整齐和线性（直线或曲线）达到设计要求、确保其整体图形和视觉美观，做到一次施工完成。

d. 一些特殊大功率的灯具如金卤灯，应按产品的技术要求，应特别注意，吊杆或吊链的承重和耐震强度，确保安装牢靠。

e. 安装时应保持灯具表面干净明亮，并应保持周边饰面洁净。

f. 嵌入式灯盘安装工艺大样如图 6-37 所示。

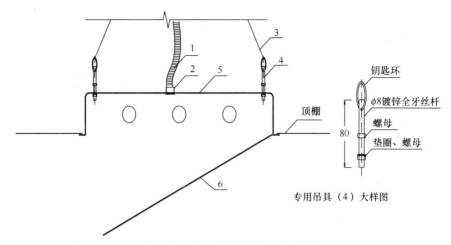

图 6-37 嵌入式灯盘安装工艺大样

图 6-37 中标注名称明细，见表 6-22。

标注名称明细　　　　表 6-22

编号	名称	规格	编号	名称	规格
1	金属软管	见工程设计	4	专用吊具	如图
2	金属软管接头	产品配套	5	灯盘	见工程设计
3	麻花吊链	镀锌	6	灯盘透光罩	见产品说明

说明：采用此方案不需拆卸顶棚就可对灯具进行安装和调平，特别适用于易损坏的铝扣板顶棚或固定顶棚。

尺寸标准：金属软管长度不大于 1200mm。

专用吊具丝杆长度为 80mm。

(2) 开关、插座安装流程

1) 开关、插座安装流程如图 6-38 所示。

图 6-38 开关、插座安装

2) 线盒预埋：

① 开关、插座的安装高度：面板开关底边距离地面 1.3m，距门框 0.2m；烘手器电源插座底边距地 1.2m；一般插座底边距离地面 0.3m，特殊用途插座安装高度按设计图纸要求。

② 预埋开关、插座盒高度应为开关、插座的安装高度加上地面装饰面层的厚度。

③ 相同型号并列安装及同一室内开关安装高度一致，且控制有序不错位。

④ 将预埋的底盒内残存的灰块剔掉，同时将其他杂物清出盒外。

3) 开关、插座接线：

① 按照开关、插座的接线示意图进行接线。

② 盒内电线应留有维修长度，剥线不要损伤线芯，线芯固定后不得外露。

③ 单相两孔插座，面对插座的右孔或上孔与相线连接，左孔或下孔与零线连接；单相三孔插座，面对插座的右孔与相线连接，左孔与零线连接。

④ 单相三孔、三相四孔及三相五孔插座的接地（PE）或接零（PEN）线接在上孔。插座的接地端子不与零线端子连接。同一场所的三相插座，接线的相序一致。

接地（PE）或接零（PEN）线在插座间不串联连接，必须使用压线帽并联连接。

插座地线接线安装工艺大样如图 6-39 所示。

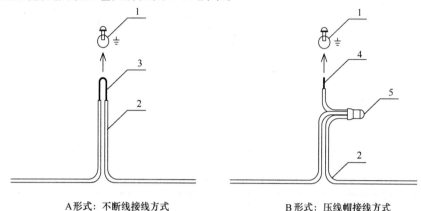

A形式：不断线接线方式　　　　B形式：压线帽接线方式

图 6-39　插座地线接线安装工艺大样

图 6-39 中标注名称明细，见表 6-23。

标注名称明细　　　　表 6-23

编号	名称	规格	编号	名称	规格
1	插座地线端子	见产品说明	4	线芯	线路末端
2	导线（地线）	见工程设计	5	安全型压线帽	配 3 条导线
3	线芯	连续不断			

说明：

此方案适用于"手拖手"接线方式的中间插座地线接线安装。

根据现场情况选用 A 形式或 B 形式接线方式，推荐 A 形式接线方式。

A 形式：地线导线不剪断，仅剥去需要与端子连接部分长度导线的护套，再将芯线捻紧，插入端子接线。

B 形式：用安全型压线帽将断开的地线导线（≥2 条）与一小段导线可靠压接，一小段导线的另一端插入端子接线。

4) 特殊情况下插座安装应符合下列规定：

① 当接插有触电危险电器的电源时，选用能断开电源的带开关插座，开关断开相线。

② 潮湿场所采用密封并带保护地线触头的保护型插座，安装高度不低于 1.5m。

5) 开关、插座安装：

① 开关、插座的规格型号及安装必须符合设计要求。

② 暗装的开关、插座面板紧贴墙面，四周无缝隙，安装牢固，表面光滑整洁，无碎裂、划伤，装饰帽齐全。

③ 暗装开关的面板应端正严密并与墙面平，同一室内安装插座高低差不应大于

5mm，成排插座高低差不应大于2mm。

④ 当交流、直流或不同电压等级的插座安装在同一场所时，应有明显的区别，且必须选择不同结构、不同规格和不能互换的插座；配套的插头应按交流、直流或不同电压等级区别使用。

⑤ 安装时应保持开关、插座表面干净明亮，并应保持周边饰面洁净。

11. 电气设备接地系统安装

地铁站内接地装置施工，已在车站土建结构时施工完毕。因此在与土建移交时，必须结合接地极施工平面图，对各接地极引出线检查位置是否与施工图相符，有无遗漏，并对接地电阻值复测，必须符合有关设计规范要求，作接地极测试点交接验收，必须做好原始记录，作为日后交工资料依据。

（1）车站接地干线与接地母排连接

1）接地线的连接应采用焊接，焊接必须牢固无虚焊，接至电气设备上的接地线应采用镀锌螺栓连接。接地线敷设沿墙壁水平敷设时离地面应保持250～300mm的距离，离墙面应有10～15mm的间隙，接地线的支持间的距离，水平直线部分不应大于1.5m，垂直部分不应大于2m，转弯部分不大于0.5m，穿墙壁时应有钢管或其他管保护。

2）变压器室，高低压开关室内的接地干线应有不少于2处与接地装置引出干线连接，干线上应设置不少于2个供临时接地用的接地线柱或接地螺栓。

3）明敷在变电所内接地线，表面沿长度方向每段为15～100mm分别涂以黄色和绿色相间的条纹。

4）车站电气设备保护方式采用接零保护，零线与接地线分开设置，从变电所接地排引出接地线（PE线）进行保护接地。

5）电缆桥架在每层端部用16mm² 多股导线并联起来与PE线可靠连接，长距离的桥架，每隔30～40m作重复接地一次。

6）低压柜、电源柜的基础型钢施工时，应注意与结构钢筋进行电气隔离。所有控制柜、屏、电箱、金属管线、灯具外壳必须与PE线可靠连接。可开启的柜门，电箱门用多股软导线与PE线连接。电线管接头及线盒连接处，必须加焊垮接地线，当接地线跨越伸缩缝时，可用接地线本身弯成弧状代替补偿装置。

7）各段插接母线槽的外壳、法兰盘及过渡箱必须保证外壳与PE干线可靠连接，成为完整的电气通路。

（2）等电位联结

1）等电位联结措施可以减少设备外壳可能出现的危险电位。

2）当利用金属构件，金属管道做接地线时，应在构件或管道与接地干线间焊接金属跨接线。

3）给水排水的进出水总管、空调机房的冷冻水管、变配电房的金属门窗、沟盖板、金属构件采用接地电缆与供配电系统最近处的保护干线（PE）连通。

4）防静电接地：车控室等设备房内防静电地板必须按有关规范采取防静电接地措施。

6.1.3 城市轨道交通工程配电与照明单系统调试

1. 低压配电动力及照明系统调试内容（表6-24）

低压配电动力及照明系统调试内容   表 6-24

序号	系统调试内容		
	通风空调系统	给水排水与消防系统	低压配电与照明系统
1	电动阀门调试	潜污泵调试	低压柜及环控柜调试
2	隧道风机及风机调试	电动阀门调试	事故照明电源调试
3	空调水泵调试	消防泵调试	动力照明配电箱调试
4	空调机组调试	污水密闭提升装置调试	灯具、开关插座调试
5	冷水机组调试		
6	风量平行校对		
7	制冷效果测量校对		

2. 低压配电与照明系统调试方法（表 6-25）

低压配电与照明系统调试方法   表 6-25

序号	系统调试方法			
	单体实验	模拟实验	空载试验	负荷运行试验
1	绝缘实验：测量绝缘电阻	目的：是检查控制装置能否实现其设计功能	目的：是检查电机的旋转方向、起动电流、温升、电流表电压表的指示情况	运行时主要检测运行电流、温升。电机负荷电流不超过额定电流的80%，温升不超过60℃。同时检查电气联锁、互锁等控制情况
2	特性实验：对电气仪表、元件进行测量校对	通电后仔细检查起动、停止、切换、正反转等操作的相关接触器、继电器、指示灯的动作或指示是否正确可靠，出现问题要查明原因，及时解决	送电前先盘动电动机，应转动灵活，无卡碰跳动现象	
3	回路检查			

(1) 调试过程需提供的配合及注意事项

设备在首次送电前，必须注意下列事项：

1) 应对开关设备的内外进行清理/清洁工作。

2) 应对指示仪表进行校零。

3) 应对所有保护装置（出厂时均调最小值）的参数按总体设计提供的保护值进行校调 [如：开关的过载脱扣、短路脱扣、接地保护；软启动器及电动机保护模块参数值等。开关校调方法见"元器件使用说明书"（随发货资料）]。

4) 应对所有的各开关/控制设备进行必要的绝缘、安全距离、连接扭矩的检查。

5) 应切断所有进/出线开关。

6) 将开关设备的门、侧板、盖板及底板等依次就位。

7) 用测量仪检测电路的偶合相位。

8) 应吩咐所有与设备无关的人员离开现场。

(2) 调试步骤：

确认变压器低压侧送电后：

1) 由许可人员接通设备的进线开关。

2) 逐个接通待运行设备的馈电开关（接通前须对馈电接线状况进行检查）。

3) 检查相序的正确性。

4) 检验紧急停止装置和安全（保险）转换电路。

3. 低压配电与照明系统调试流程及要求

(1) 单系统调试项目包括：

1) 插接母线槽的调试。

2) 电缆的测试及回路受电。

3) 照明配电箱的调试。

4) 普通照明灯具、开关、插座的检查及回路受电。

5) 电动机及设备控制箱的调试。

(2) 具体调试流程及要求：

1) 插接母线槽的调试

① 准备好记录表格。

② 调试步骤：

a. 外观检查，检查母线的接地是否良好，清除母线上所有的杂质。

b. 尽管在安装过程中，已测量了铜母排相间绝缘电阻，但在母线送电前，应再次检查母线的相间绝缘电阻和各母排对地绝缘电阻。

c. 使用临时电源（临时电源配上较小的保险丝，并有多级保护），试送电。

d. 通电后，用相序表检查母线的相序；挂上警示牌，并做好保护工作。

③ 测试项目：

a. 相位的核对：相位的测试使用相序表。先测试始端箱上装进线的相位是否符合系统使用要求；然后在不带负荷的条件下打上主开关，抽检开关下装出线的相位是否与进线一致。如相反，立即检查改正。

b. 封闭式母线槽接头螺栓压力测试：

铜母排接口：压力的测试使用力矩扳手，根据厂家规定之数值，检查铜母线的螺丝连接，母排接口压力应等于厂家规定之数值为合适，将力矩扳手的挠力设置好，固定母线连接螺丝。

2) 电缆的测试及回路受电

① 准备好记录表格。

② 电缆到货时的检测：测量绝缘电阻合格后方可使用。

③ 电缆线路送电前的测试：

a. 绝缘电阻的测试：

解开电缆首端和终端的电缆头线耳的螺栓，单独测量电缆的绝缘电阻。

测试绝缘电阻使用 1000V 摇表，确保电缆绝缘电阻不小于 $2M\Omega$。

b. 其他测试：

(a) 断开配电箱/柜之二次回路的保险，单独检查配电箱/柜的一次回路的绝缘阻值。

(b) 重新接回电缆头，使用力矩扳手测试螺栓扭矩。

(c) 再次测试回路的绝缘电阻（保持二次回路保险丝断开状态）。

(d) 绝缘电阻测试合格后，经首尾监护人经对讲机联系同意送电后，方可送电，严禁约时送电。

(e) 盘柜作冲击合闸试验。注意观察各部位不应有冒烟、火花和非正常性声响。

(f) 送电时应经过连续合断 3 次测试后正常，方可正式送电。

④ 电缆回路送电后的测试

a. 相位核对：

相位的核对分两次进行：接线时，按照统一原则，所有电缆按照颜色一致连接；送电后，再用相位表进行测试，若发现不正确，立即调整。

b. 运行测试：

合闸送电后，空载观察24h，检查运行情况。

有条件时应安排负载运行24h，全面检查电缆/配电箱的运行情况是否正常。

使用红外线测温仪检查配电箱总开关接头和电缆温升。

3）照明配电箱的调试

① 准备好记录表格。

② 调试内容：

a. 线路绝缘电阻的测量。

b. 试动作。

③ 配电箱绝缘电阻的测试：

a. 配电箱的绝缘电阻测试仅对进、出线的测试。

b. 测试电箱的进线绝缘电阻；测试前要断开上级配电箱的出线开关或断开线路，使用500V摇表，确保进线电缆绝缘电阻不小于2MΩ。

c. 测试电箱的出线绝缘电阻；测试前要断开下级开关或断开线路，使用500V摇表，确保出线电缆绝缘电阻不小于2MΩ。

④ 相位的核对：相位的测试使用相序表。先检查电缆接线是否颜色统一；送电后，再用相序表测试进线端的相位，若发现不正确，立即调整；出线端的相位亦按照以上方法进行并做相应调整。

⑤ 漏电断路器的测试：漏电保护的测试采用单相对地短路进行测试，线路前安装10A保险丝。测试次数不小于2次，并且动作要全部正确。

⑥ 常见问题：

a. 空气开关跳闸

（a）原因分析：

该输出线路出现对地故障。

该输出线路出现短路故障。

线路的输出电流长时间超过额定电流。

（b）排除方法：

把后一级的主开关断开用万用表量度断路器的下桩和后一级开关上桩的电压是否为零。

检查该线路两端的接触是否良好，断开线路两端的端子，用摇表对线路进行测试。

如线路出现断路或短路的现象，则应更换线路或对该线路进行维修，线路正常后，再进行送电。

用电流钳表量度输出电流的情况，如输出电流大于断路器的额定电流，则应检查再后一级的线路，检查断路器的型号是否符合要求或者更换断路器。

b. 继电器易脱扣

（a）原因分析：

接触器本身线圈中的磁铁的磁力不稳定。

接触器整体结构松动。

（b）排除方法：

检查接触器本身的整体构造是否稳固，各部件之间的连接有无松动现象，如上述无问题，则是线圈中的磁铁磁力不稳定，需要更换磁铁或更换整个接触器。

4）普通照明灯具、开关、插座的检查及回路受电

① 使用临时用电，分别检查各灯具回路，确定回路符合设计。

② 测量回路电流，确定回路电流负荷符合设计。

③ 使用临时用电，分别检查各插座回路，确定回路符合设计。

④ 使用测试插座，检查每个插座是否存在断路、缺相、零相错位、对地短路等不正常情况，确保接地良好。

⑤ 灯位及插座的相位检查采用对单相供电的方法，检查每个回路是否正确。

5）电动机及设备控制箱的调试

① 准备好记录表格。

② 调试步骤：

本节适合100kW以下的电机调试

a. 检查电机控制箱内的线路

检查"星—三角"起动线路的正确性。

检查接触器辅助接点的良好性。

检查线路的编号是否与设计图纸一致。

检查二次回路接线是否正确，指示灯是否完好。

b. 电缆的绝缘检查

检查电缆相间和相对地的绝缘电阻，电阻值不能小于2MΩ。

c. 电动机的检查

检查电机内线圈相间绝缘电阻，电阻值大于10MΩ。

检查电机转动部分的平滑性。

d. 接线的检查

接线端的间距不能太小。若由于接线空间的限制，接线端要采用绝缘保护措施。

e. 点动起动

先点动启动电动机，看控制箱和电动机是否能正确动作。

f. 负荷运行

启动电动机，带负荷运行，检查其能否正常运行。

g. 保护系统测试

核对检查保护元件的参数、确认其保护范围。

当电动机运行时按下热继电器按钮，接触器跳闸，电动机停止。

③ 相位测试：

使用相序表，检查控制箱进线端的相位，并按照接线颜色统一原则，检查控制箱出线电缆是否按照颜色一致连接；送电后，检查电机的转向是否正确。

④ 功能的测试：

a. 电机控制箱的功能测试

检查电源指示、电压/电流指示功能。

检查空气开关的功能，对带漏电型开关可按试验按钮进行漏电保护测试。

检查起动/停止/主、副电机转换功能。

b. 电机的起动

检查电机转动方向是否正确。

检查电机转动时是否有噪声。

检查电机运转时的起动时间和起动电流值，以及运行时的电流值。

⑤ 温升的检测对电机的温升测试分为空载时和负载时运行的温升测试，测试步骤：

a. 开机前，记录温度。

b. 开启电机，检查起动时间和起动电流，以及运行时电流是否正常，记录电机在起动阶段的温度变化。

c. 若一切正常，运行风机，并每隔 10min 测试一次电机外壳温度，直至温度变化在 $\pm 2℃$，温差可认为是电机运行后的温升。测定温升应符合产品技术要求。

⑥ 调试过程中可能出现的问题及解决方法：

a. 电动机的转向为反转

（a）原因分析：

电动机的相序与电压输出相序不一致。

（b）排除方法：

在电动机的接线端子上进行调整。

在控制柜上把其中的二相调换。

b. 运转中的电动机突然停止

（a）原因分析：

电动机长时间过负荷运行。

控制柜中二次回路出现故障。

电动机接线端子松动，或线路出现故障，造成三相电流不平衡。

（b）排除方法：

断开电动机主电源，检查电动机接线端子是否有松动现象；用摇表对控制柜至电动机的线路进行测试；用万用表量度电动机中各组线圈电阻值是否基本一致；上述问题无误后，再通电进行调试。如还出现突然停止现象，则继续检查控制柜中的二次回路，对照二次接线图，有无继电器线圈动作不灵敏或整个二次线路电流过大，找出问题后，再进行电动机的调试，再用万用表测试输出的电流值是否超过主开关的额定电流，如果超过，则应更换主开关。

6.2 配电与照明系统典型做法

本小节主要介绍地铁车站照明配电室、环控电控室、车控室的典型做法，为标准车站配电照明施工安装提供了有效的参考。

6.2.1 车站照明配电房综合布置典型做法

地铁车站照明配电房施工如果按照施工图布置，由于配电箱的尺寸大小不清晰，现场到货箱体的厚度、长度、宽度都不一样，线槽敷设布置做不到简洁美观，在配房内空间得不到充分的利用，会产生不良的视觉效果，为工程的观感留下了弊端。

以某地铁站的照明配电室的布置为例，阐述布置的典型做法：

（1）照明配电箱的布置，结合配电室的结构进行布置，首先要罗列配电箱的编号、数量、规格大小。根据配电箱的规格大小进行布置，在符合规范要求的情况下要确保布置的美观性。根据配电箱的布置绘制照明配电室的综合管线布置图或者采用 BIM 对在照明配电房建模，相关尺寸可参考图 6-40 所示。配电箱根据实际情况可以采用上进上出的形式或上进下出的形式安排线槽。如图 6-40 所示为采用上进上出的形式。

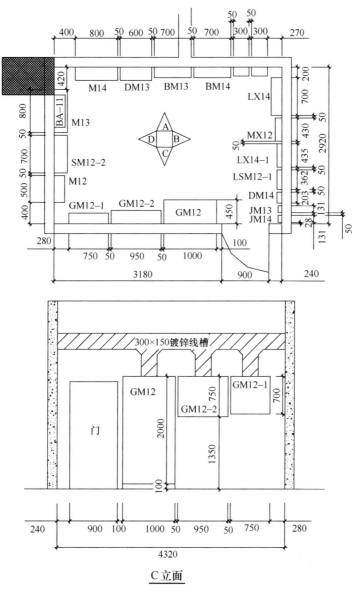

图 6-40 照明配电室电箱布置图（一）

（2）布置要确保工作空间的预留，以备设备的维护和检修。

(3) 在配电室比较狭小的情况，考虑配电箱采用双层布置。

(4) 线槽的走向要综合考虑配电室的管槽进出的位置，弱电与强电线槽要分开敷设或采用线槽内设隔板的形式，如图 6-41 立面所示。

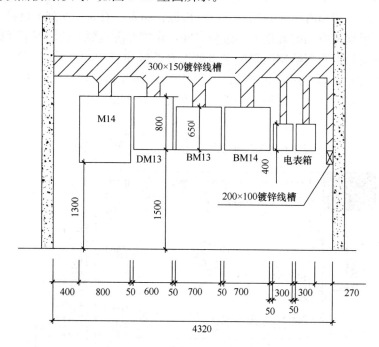

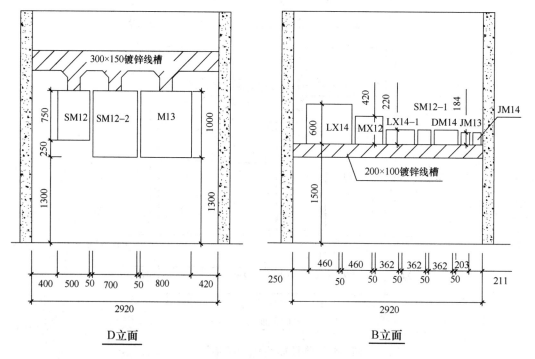

图 6-41 照明配电室电箱布置图（二）

实例效果展示，如图 6-42、图 6-43 所示。

图 6-42　照明配电房实景（一）　　　　图 6-43　照明配电房实景（二）

6.2.2　环控电控室综合布置典型做法

环控电控室是集中了车站环控设备的主要线路，环控电控室的管线综合布置以电气的管线为主，有桥架、母线槽等管线。

以某地铁站的环控电控室的照片作说明，首先按照设计的环控电控柜的安装位置，布置联络柜母线槽的走向和标高，注意母线槽的上方不宜有水管道。再安排主干线桥架的走向和标高，根据空间确定入柜桥架采用以下形式，安装更为美观，并且可以保证电缆敷设的弯曲度，如图 6-44 所示。

对环控电控室有主风管经过的，风管尽量靠顶靠墙安装，尽量为主桥架留出工作空

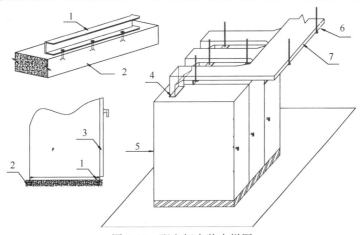

图 6-44　配电柜安装大样图

1—槽钢基础；2—混凝土楼面；3—配电柜；4—配电柜开孔；
5—成排配电柜；6—支吊架；7—电缆桥架

注：1. 电柜采用槽钢基础；
　　2. 采用上进上出线；
　　3. 配电柜排列整齐。

间，因为主桥架有很多电缆的敷设工作。

环控电控室设置气体灭火管道的要根据桥架、风管的走向在规范允许的条件下调整管道的敷设位置和标高。

环控电控室的弱电末端管线的敷设采用贴顶敷设，注意避开其他管线的支架位置。

以上的综合布置要点适合低压开关柜室的综合布置。

实例效果展示如图 6-45、图 6-46 所示。

图 6-45　环控电控室

图 6-46　低压开关柜室

6.2.3 车控室综合布置典型做法

车控室是车站控制中心，主要设备包括监控操作台、火灾报警主机、消防联动控制盘、车控室双电源箱、AFC紧急按钮、扶梯紧急按钮、行车紧急按钮等。因此车控室内的设备布置是否合理，直接影响到车站管理人员的操作和管理。

（1）以图6-47为例，规划车控室应根据设备进行布置，布置时要着重考虑操作人员的操作空间和操作习惯，画出布置图，再根据设备的位置综合布置好管线的走向。

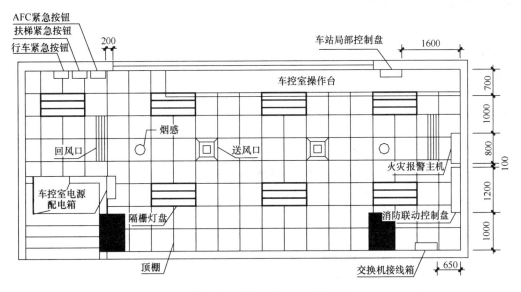

图 6-47 车控室综合布置图

（2）由于车控室的设备末端多，应此顶棚的末端管线多，要合理安排好施工工序和施工方法。注意车控室内插座要充分，位置要合理，通常在车控室的使用中会出现插座不够或位置不合理的情况。实例效果展示，如图6-48所示。

图 6-48 车控室实景

6.3 配电与照明系统常见问题及解决方法

本小节介绍了管槽敷设、狭小空间的电气管线支吊架、电气管槽与配电柜（箱）连接、设备房接地系统施工、区间隧道长距离电缆敷设、防火封堵、设备吊装运输、专业接口协调配合等的相关问题及解决方法。

6.3.1 管槽敷设常见问题及解决方法

1. 设备区走廊墙壁管线及箱盒安装方式

地铁设备区走廊管线密集，走廊空间小，可在设备区走廊区域安装的管线及箱盒采用沿墙敷设的安装方式，能使走廊空间得到最大的利用，便于其他专业管线的布置。走廊墙壁的管线及箱盒安装应在符合设计规范的前提下综合布置，合理转换，确保管线及箱盒敷设间隔尺寸统一、美观，感观良好，如图 6-49 所示。

图 6-49 走廊墙壁管线及箱盒安装样板

2. 设备区走廊管线布置及安全距离控制

由于设备房及走廊区域管线多，空间有限，综合布置难度大，解决方案可采用以下方法：

（1）在安装之前应对走廊处于及机房处的管线进行优化考虑，进行管线综合布置时不可避免地会出现一些管线作微小移位（施工现场需要并在允许范围内的），但必须忠于原设计意图。图纸优化时特别应和空调及给水排水专业的管线核对清理，以保证管线能够敷设。同时需要注意安装后的管线是否能够满足下道工序的作业空间。设备区走廊管线布置效果如图 6-50 所示。

（2）电气照明综合管线的布置应首先要考虑设备区走廊照明管线的敷设，因设备区管线多、空间小所以照明管线的敷设位置首先要有足够的空间，便于日后维修检查，设备房的管线应避开风管、水管过墙的走向，减少返工问题出现。

（3）管线的布置还需要预留一定的安全距离。如电缆桥架与水质的管道之间的距离应符合相互之间的安全距离，以免由于管道漏水而影响电缆的安全运行；强电桥架、线槽应与弱电（带电信号）分别设置，以免相互干扰；电缆与人行通道尽可能隔离并留有检修空间。

（4）管线交叉的布置原则：小管让大管，软管让硬管，有压管让无压管，局部困难部位的线槽交叉，可以断开线槽，采用明线（管）的敷设。

（5）电力电缆及弱电电缆不能同槽敷设，因此在设备区的管线要单独或者隔开敷设，避免弱电系统的线路受干扰。

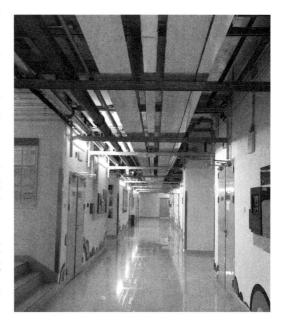

图 6-50　设备区走廊管线布置效果图

（6）地铁的设备区装修及管线安装一般都是在同一时间段进行，因此对墙体附近的管线应考虑成品保护问题，不要出现安装后的管线受装修施工的污染而造成返工。

6.3.2　狭小空间的电气管线支吊架常见问题及解决方法

为保证公共区、设备区走廊上的各种管线布置合理、方便检修，确保站厅站台的净空高度，需要对管线支吊架二次深化设计，对于狭小空间的深化设计，可采用以下的解决方法：

1. 宽度不够

（1）与线槽厂家配合，在管线能通过或不减小截面的情况下，更改线槽断面形状，如图 6-51 所示。

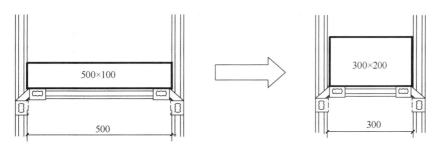

图 6-51　线槽改高断面示意图

（2）部分管线可改线槽形式为穿管形式，如图 6-52 所示。
（3）单层桥架变多层桥架，以减小单层的宽度，如图 6-53 所示。

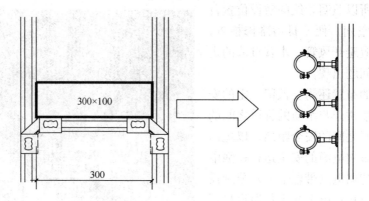

图 6-52 线槽改穿管示意图

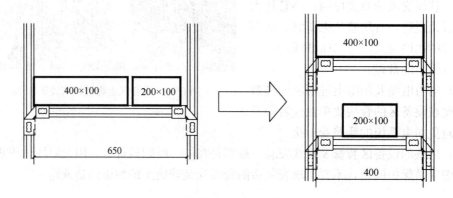

图 6-53 单层变多层桥架示意图

2. 高度不够

(1) 与线槽厂家配合,在管线能通过或不减小截面的情况下,更改线槽断面形状,如图 6-54 所示。

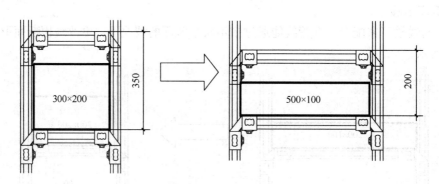

图 6-54 线槽改低断面示意图

(2) 在与设计院沟通的前提下,可减小每层层高,但保证最小层高不小于 200mm,如图 6-55 所示。

(3) 采用加密平面布置的方式,可减小横杆的高度,降低标高,如图 6-56 所示。

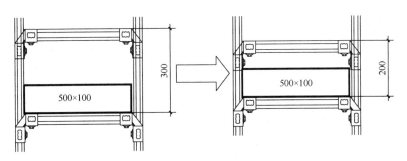

图 6-55 降低层高示意图

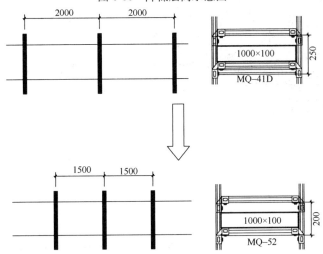

图 6-56 加密平面布置方式

6.3.3 电气管槽与配电柜（箱）连接常见问题及解决方法

地铁电气管槽与配电箱、配电柜连接施工中，由于做法不统一、不规范，导致施工质量参差不齐。通过统一施工工艺解决问题，施工工艺可采用以下的方法：

1. 配电箱配管施工方法

配电箱配管大样如图 6-57 所示。

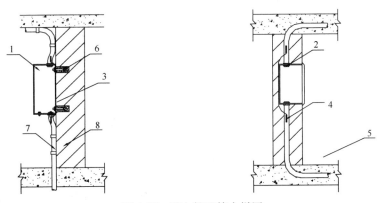

图 6-57 配电箱配管大样图
1—配管明箱做法；2—暗配管暗箱做法；3—根母、锁母；4—接地线；
5—配电箱；6—膨胀螺栓；7—钢管；8—墙体

2. 配电柜配槽架施工方法

配电柜进出电缆开孔使用开孔钻或手持电动切割机，电缆敷设完成后封闭，做好防火封堵，槽架与柜内接地母线排专用接地线可靠接地，如图 6-58、图 6-59 所示。

图 6-58 配电箱暗装实例
注：1. 配电箱面盖突出墙面 0.5mm；
2. 与墙身接缝处连接紧密；
3. 配电箱底边齐平。

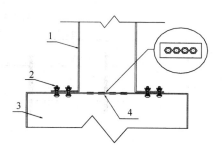

图 6-59 桥架接电箱大样图
1—桥架；2—螺母螺栓弹平垫；
3—配电柜；4—锁母、根母

3. 配电柜配母线槽施工方法

配电柜进出孔使用开孔钻或手持电动切割机，母线槽连接完成后封闭，做好防火封堵，母线金属外壳与柜内接地母线排专用接地线可靠接地。母线与配电柜连接，如图 6-60 所示。

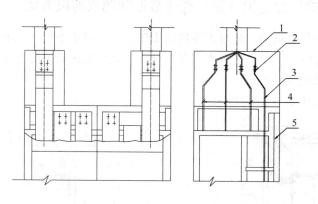

图 6-60 母线接入电箱大样图
1—进线箱；2—六角螺栓；3—PE 母线排；4—相线母线排；5—低压配电柜

6.3.4 设备房接地系统施工常见问题及解决方法

设备房接地系统涉及设备房的接地干线、设备等电位联结等，常见接地干线标识不清，搭接长度或面数不够等施工工艺问题。

针对以上问题，可采用以下的工艺方法。

1. 设备房接地干线施工工艺

接地干线在设备房墙身上敷设一周,并与接地引下线有两处以上的可靠连接。连接方式应采用三边焊接连接,搭接长度为100mm。扁钢平面变向处使用搣弯,弯曲半径为150mm。颜色为地线银漆、色标为黄绿色相间标记,色标尺寸标准总宽度为100mm。接地干线安装高度为250mm,接地支线伸出设备基础100mm。不间断电源输出端的中性线需与接地干线可靠连接,做重复接地,如图6-61所示。

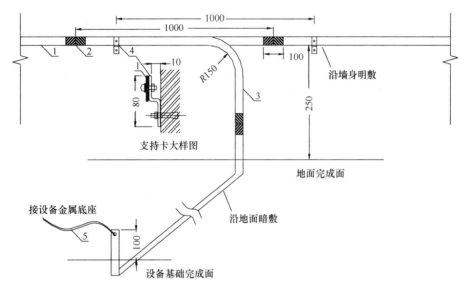

图6-61 设备房接地干线安装工艺大样图

图6-61中接地干线材料表,见表6-26。

接地干线材料表　　　　　表6-26

编号	名称	规格	编号	名称	规格
1	接地干线	—40×4镀锌扁钢	4	支持码	—25×4镀锌扁钢、M6×20螺栓、M6×65拉爆螺栓
2	色标	黄绿双色相间			
3	接地支线	—25×3镀锌扁钢	5	裸编织铜线	25mm²,两端带线耳

2. 设备房管道等电位联结施工工艺

(1) 各系统金属管道由室外进入室内处,应通过与附近的接地引出点或设备房内的接地干线联结实现等电位联结。

(2) 金属管道通过抱箍在管道上的卡码与联结线的焊接实现等电位联结,电气金属槽架和金属风管通过末端支架与联结线的焊接实现等电位联结。

(3) 设备房内的设备金属底座(或金属外壳)应与接地干线联结。与设备连接处的管道应与设备跨接联结。管道与卡码接触的部位不得有油漆。卡码油漆颜色:银漆。如图6-62所示。

图6-62中所示材料,见表6-27。

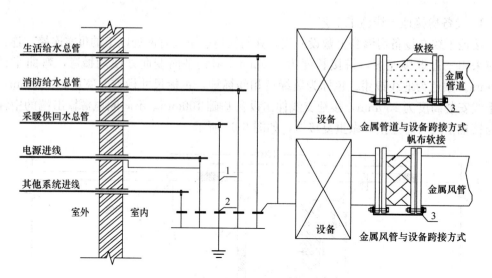

图 6-62 设备房管道等电位跨接大样图

等电位跨接材料表　　　　　　　　　　　　　　　　　表 6-27

编号	名称	规格
1	联结线	$\phi 10$ 镀锌圆钢
2	设备房接地干线	—40×4 镀锌扁钢
3	跨接线	$25mm^2$，两端带线耳

6.3.5 区间电气管线施工常见问题及解决方法

区间隧道狭长，专业空间小，不能搭设固定临时设施，交叉施工多，区间电气管线施工工序及方法应根据区间施工环境及条件，做好施工安排，可采用以下的施工流程及方法解决：

1. 工艺流程

区间电气管线施工流程如图 6-63 所示。

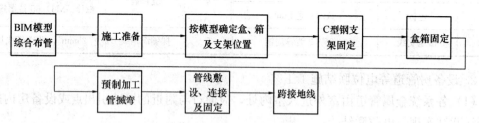

图 6-63 区间电气管线施工流程图

2. 操作要点

施工前，熟悉 BIM 模型，通过 BIM 模型调整综合布线，确定路径，避免管线碰撞，路由满足安装和穿线要求。

（1）区间线管的安装方式为离壁安装，所采用的离壁安装材质统一为热镀锌构件，采用不锈钢膨胀螺栓固定，具体要求如下：

1）热镀锌构件采用成品热镀锌 C 型钢及配套管材紧固件。C 型钢支架安装，如图 6-64 所示。

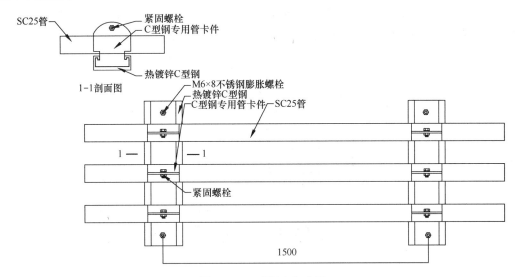

图 6-64　C 型钢支架安装

2）成品 C 型钢一般为 4m 一根，制作支架前可根据现场情况及回路数量确定每个支架的长度，由于隧道断面是弧形而非直线段，故一般长度不超过 40cm。截断后 C 型钢两端的断面必须进行防锈处理，步骤是将截面的毛刺打磨后先刷 2 遍防锈漆，待防锈漆干燥后再刷一遍银粉漆。区间 C 型钢支架间距不得大于 1.5m，采用 M6×8 不锈钢膨胀螺栓如图 6-64 中方式固定。

3）管与灯具连接时，不能直接进入，应在钢管出口处加装防爆三通接线盒（IP66），防爆接线盒接保护软管后引入设备；保护软管长度不宜超过 1.2m；区间内灯具（包括疏散指示灯）均采用下进线方式，禁止上进线接入。

4）钢管在跨越轨行区明配时，为防止风力过大或振动等原因引起脱落，每隔 3～4m 必须采用 U 形抱箍加固，U 形抱箍用 30×3 的镀锌扁钢制作，抱箍用 φ6 膨胀螺栓固定，如图 6-65 所示。

（2）镀锌钢管的连接采用套丝连接。套丝连接施工要点如下：

1）套丝：配管前使用套丝板对线管进行套丝，进入盒、箱的管子其套丝长度不宜小于管外径的 1.5 倍，管路间连接时，套丝长度一般为管箍长度的 1/2 加 2～4 扣，需要退丝连接的丝扣长度为管箍的长度加 2～4 扣。

2）在配管施工中，管与盒、箱的连接一般情况采用螺母连接。

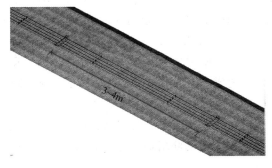

图 6-65　U 形抱箍加固示意

3）管与管的采用丝接方式：丝接的两根管应分别拧进管箍长度的 1/2，并在管箍内吻合好，连接好的管子外露丝扣应为2～3扣，不应过长，需退丝连接的管线，其外露丝扣可相应增多，但也应在5～6扣。丝扣连接的管线应顺直，丝扣连接紧密，不能脱扣。

(3) 区间灯具及疏散指示灯所采用的接线盒的防护等级为 IP66，区间疏散指示灯采用 304 不锈钢支架加固，不锈钢厚度为 1.5mm，如不锈钢支架，如图 6-66 所示。

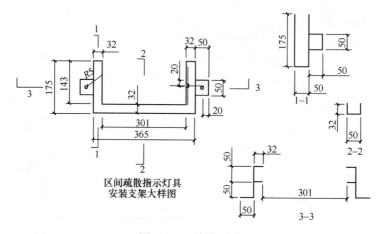

图 6-66　不锈钢支架

注：1. 支架材质为 304 不锈钢；
　　2. 安装螺栓为 M8×80 镀锌膨胀螺栓。

(4) 风室、风道、冷却塔等震动较大区域的照明采用三防灯，安装方式同区间灯具。

(5) 区间线管的安装方式为离壁安装，所采用的离壁安装材质统一为热镀锌构件，采用不锈钢膨胀螺栓固定，具体要求如下：

1) 热镀锌构件采用成品热镀锌 C 型钢及配套管材紧固件。

2) 区间管路敷设：施工准备→预制加工管撇弯→确定盒、箱及固定点位置→C 型钢支架固定→盒箱固定→管线敷设与连接→变形缝处理→跨接地线。

6.3.6　区间隧道长距离电缆敷设常见问题及解决方法

区间隧道电气施工中，电缆敷设是重要的施工内容。由于进入区间施工有严格的安全及时间要求，因此，如何高效地完成区间长距离电缆敷设是区间施工的重点需要解决的问题。采用以下的区间隧道长距离电缆敷设施工方法，可以有效地解决问题。

1. 施工方法

(1) 可使用牵引机车协助的方式，机车应缓慢启动，不能太急，避免由于突然启动对放缆架造成大的冲击。机车启动后车速应控制在 5km 以下。

(2) 电缆首先敷设在道床上，然后再用人工敷设到电缆托架上。

(3) 放缆轨道车上的联络员应随时注意电缆的放缆情况，发现异常及时通过对讲机与牵引机车上的联络员联系，以便于通知机车司机及时调整机车速度或刹车进行故障排除。

(4) 当机车运行至区间拐弯倾斜处时，需停车通过调整电缆盘下的千斤顶的高度，确保电缆盘在拐弯处仍保持水平，避免电缆盘向一侧倾斜。

(5) 当电缆敷设至剩下最后 5 圈时，应及时通知机车司机停车，改用人手放缆，避免电缆端头由于惯性作用甩下放缆车,导致安全事故的发生。

2.施工示意图

施工示意如图 6-67 所示,图 6-67 中标注名称明细见表 6-28。

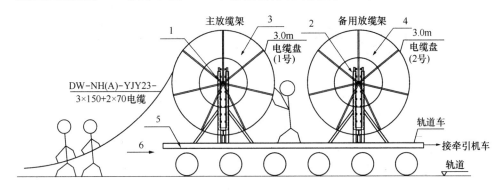

图 6-67 长距离电缆敷设示意图

电缆架示意　　　　　　　　　　　　　表 6-28

编号	名称	规格	编号	名称	规格
1	主放缆架	见大样图	4	2 号电缆盘	直径≤3m
2	备用放缆架	见大样图	5	轨道车	见施工方法
3	1 号电缆盘	直径≤3m	6	内燃牵引机车	见施工方法

6.3.7 管槽防火封堵常见问题及解决方法

为了确保车站施工完成后符合消防验收要求,确保运营安全,车站施工时必须根据消防规范,切实做好防火封堵工作,孔洞封墙是工程验收的重点监测部位。在施工时严格按照设计和规范要求进行,在施工前编制严格的作业指导书,从每一个影响质量的环节对质量进行控制,确保质量要求的实现。

电气管线的封堵主要集中在设备区出公共区、设备区走廊进设备房、管线穿过不同防火分区、电缆竖井等区域。在地铁工程电气管线的封堵材料采用防火泥,对于小的管线一般直接用防火泥封堵,墙体及电缆竖井的封堵应先做好桥架及管线的套管,由建筑装修专业做好灌堵,再在套管区域内采用防火泥封堵,防火泥应捏实按平,做到不脱落不漏孔。箱体的电线电缆引进引出也要封堵,做法可先按箱体孔洞的大小用防火胶板垫平,再在防火胶板与箱体的缝隙处用防火泥密封。箱体内的防火泥应整洁美观,不污染箱体内的元器件。

结合动力照明施工蓝图设计要求,根据施工平面图布置图确认防火封堵位置;线槽穿越墙体时,穿墙洞用防火堵料封堵,线槽穿越防烟分区隔墙时,穿墙洞亦需封堵,防止火灾沿线路延燃。防火隔离段施工中,应配合装修施工预留洞口,在洞口处预埋好护边角钢。施工时根据电缆敷设的根数和层数用 L50×50×5 角钢制作固定框,同时将固定框焊在护边角钢上。然后把表面清理干净,将有机房火堵料密嵌于需封堵的孔隙中(不应小于 50mm);用防火隔板与有机防火堵料配合封堵时有机防火堵料要高于隔板,高出部分宜形状规则且封堵密实,外表平整光洁,如图 6-68、图 6-69 所示。

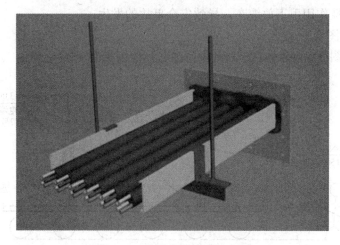

图 6-68 线槽防火封堵示意图

图 6-69 线槽防火封堵安装图

6.3.8 设备吊装与运输常见问题及解决方法

针对轨道交通工程大部分车站建立在地下二层或三层岛式站台车站,而地下车站空间相对狭小,工期相对较紧,作业内容多。对于设备的吊装及与运输造成了很大的影响。

对于动力照明系统主要设备吊装及运输主要是:环控电控柜、冷站电控柜、EPS柜等大型设备材料,要根据现场施工调查情况,利用盾构井(或吊装口)将环控电控柜、冷站电控柜、吊到站厅台层,采用垂直吊装的方法进行吊装。空间相对狭小问题,主要运输设备通道与房建专业协调,预留足够的空调运输设备。然后用手动叉车将设备运到设备基础附近,再人工将设备抬到设备基础就位。

环控电控柜、冷站电控柜、EPS柜的吊装、水平转运任务量很大,在实施前要进行合理的计划。

设备水平运输见表6-29。

设备水平运输　　　　　表6-29

运输过程	示意图
配电柜进场后采用25t吊车（根据公式计算）进行吊装至预留设备孔位置，用手动液压叉车运输到安装位置，部分空间狭窄的区域采用滚干移动	

6.3.9 专业接口及协调配合常见问题及解决方法

由于地铁施工空间有限，参与施工的施工单位多，有限空间、时间上交叉作业比较大，施工空间、时间变动性大，工程协调比较困难。明确专业接口，采取有效的协调配合措施，是解决问题的方法。

与配电照明系统相关的其他专业包括：土建、装修、轨道、供电、BAS、FAS、气体灭火、自动扶梯、垂直电梯、AFC、屏蔽门、通信、信号等专业。

与其他专业的协调与配合：

针对配电与照明系统施工的特点，为确保本专业优质按期完成任务，在总施工方法方面遵循先复杂后简单、先大后小，总平面和竖井平行并进的施工原则；各站坚持每周召开专业碰头会，加强内部沟通协调，确保人、机、料的合理配置，保证按期送电。

针对协调配合专业多与相关承包商接口关系密切，如何搞好协调配合工作方面，首先要了解其他承包商的工期计划，了解各专业施工的接口部位，施工所具备的边界条件，积极地去创造其他承包商施工的条件，需其他承包商配合的问题通过电话、书面联系单、会议等多种方式进行沟通协调。仔细阅读综合管线图，将管线交叉干扰现象减少到最低，通过以上方法来做好协调配合工作。

系统调试工作是低压配电专业的重点工作。从以下几点做好调试工作：制订调试计划和调试组织机构；编制好调试作业指导书；按程序做好各项调试过程，并记录数据；编制调试报告。

6.3.10 同一房间开关、插座常见问题及解决方法

同一房间内高位和低位开关、插座的安装标高不一致，偏差过大；并列安装的开关、插座欠平齐，偏差太大，观感质量差。针对这些问题，采用以下几点方法解决。

（1）及时与装修及土建单位联系，以书面形式确定各场所的装饰标高基准线；根据设计图纸要求采用水平尺及水平连通器找好水平及放线。

（2）预埋开关、插座盒高度应为开关、插座的安装高度加上地面装饰面层的厚度，接线底盒的找平基准应该是接线耳，而不是接线底盒的底边。

（3）安装插座高低差不应大于5mm，成排插座高低差不应大于2mm。

（4）当开关插座不平整，与建筑物表面之间有缝隙时，应调整面板后再拧紧固定螺丝，使其紧贴墙面。

第7章 消 防 系 统

城市轨道交通工程为市民出行提供了方便，但一旦发生火灾将造成难以预计的财产损失，甚至威胁生命，因此城市轨道交通的消防系统将直接关系着是否能有效控制火灾的发生及蔓延。

城市轨道交通工程消防系统包括火灾自动报警系统（FAS）、消火栓系统、自动喷淋灭火系统、气体灭火系统、防烟排烟系统、应急照明和疏散指示系统、防火分隔设施等，本章节主要叙述机电安装标段里的消防系统。

7.1 防烟及排烟系统

公共区一般是乘客集中区域，尤其站台层尤为密集，站台层公共区发生火灾时，防烟及排烟系统启动，通过屏蔽门端头处进行排烟的同时，也通过楼梯间从站厅进行加压送风至站台层，为站台层输送新鲜空气，同时也吹散了烟气，并为人员疏散提供了路径，确保人员的安全。站厅层公共区发生火灾时，直接通过排烟系统经风道直接排除室外。而轨行区发生火灾时，一般相邻两个车站的隧道风机同时开启，一个往轨行区送风，一个进行排风，人员迎风往隧道风机送风车站进行疏散。

7.1.1 系统简介

城市轨道交通防烟及排烟系统包括车站轨行区排热系统，主要利用车站排热风机进行正常运行时的轨行区排热，同时又满足轨行区发生事故时的排烟要求；站厅和站台公共区大系统兼防排烟系统；设备区小系统兼防排烟系统。

7.1.2 典型做法

（1）车站一般防排烟系统风管采用 Z275 热镀锌钢板。风管穿墙需用不燃材料做好防火封堵。风管与风管及风管与配件、部件连接采用热镀锌角钢法兰连接。

（2）风管上的防火阀采用 280℃ 排烟防火阀，且在防火阀两侧 2m 范围内外包耐火极限为 3h 的防火板。

（3）防火阀、排烟防火阀安装时必须单独配置风管吊、支托架。风管阀门要有固定的独立支撑，安装调节阀时，必须注意将手柄配置在便于操作的部位，转动部件要保持转动灵活。

（4）风量调节阀、防火阀、排烟口的执行器手柄位置对应的顶棚处应设检查孔。

（5）所有穿越墙体（楼板）的管道及附件安装后其孔洞周围采用与墙体（楼板）耐火等级相同的不燃材料密封。

（6）穿越变形缝的风管两侧，以及风机通风进、出口连接处，应设 200mm 的软接。

(7) 风管安装时应注意风管和配件的可拆卸接口及法兰不得装在墙和楼板内,风管的纵向闭合缝必须交错布置,且不得在风管底部。

(8) 风管安装的水平度允许偏差每米不应大于 3mm,总偏差不应大于 20mm,风管穿越高噪声的机房时,其通过墙壁或悬吊于楼板下的风管以及风管支架应做隔声处理。

(9) 排烟风机前后应设置耐火软节。

(10) 风管穿越墙体处设置 2mm 厚的钢制套管,套管与风管间用不燃材料封堵。

(11) 防排烟系统具体风管、设备安装如图 7-1~图 7-6 所示。

图 7-1 排热风机

图 7-2 双面彩钢酚醛复合风管

图 7-3 镀锌铁皮排烟风管

图 7-4 防火封堵

图 7-5 排烟风管外包防火板

图 7-6 转角支架设置

7.1.3 常见问题及处理措施

1. 材料问题

目前轨道交通防排烟系统设计除机房内部排烟风管采用镀锌铁皮风管外，其余部位全部采用双面彩钢酚醛复合风管。

(1) 排烟风管镀锌钢板镀锌层厚度不达标

1) 现象

镀锌钢板镀锌层薄，不满足规范要求。

2) 原因分析

① 对轨道交通工程规范及合同文件要求理解不够。

② 进场未进行检验。

3) 预防措施

① 与供应商签订合同明确镀锌层厚度为 Z275g。

② 每一批材料进场时都要做好自检工作，及时报监理验收。

(2) 双面彩钢酚醛复合风管夹芯层材质不满足消防要求

1) 现象

复合风管芯层不符合防火要求。

2) 原因分析

① 对规范及合同文件要求理解不够。

② 进场时未进行检验、核查厂家资料。

3) 预防措施

① 与供应商签订合同明复合风管夹芯材质的要求，并要求厂家提供型式检验报告。

② 按照要求送第三方检测，不合格则进行退场处理。

(3) 风阀调试时动作不灵活，不符合状态要求

1) 现象

风阀调试时动作不灵活、不到位，影响正常的调试工作。

2) 原因分析

① 加工精度差，造成叶片卡阻。

② 阀门用料不满足要求。

③ 运输过程中发生挤压变形。

④ 执行机构与风阀不匹配。

3) 预防措施

① 选择名牌产品。

② 积极与 FAS 和 BAS 单位进行沟通，取得控制原理图。订货时要求厂家根据原理图生产。

③ 进场时做模拟动作抽查。

2. 风管与配件制作及安装

(1) 风管边长或单边面积大于规范要求时，未采取加固措施

1) 现象

未按照规范要求设置风管加固措施。

2) 原因分析

① 施工人员对规范中风管加固的条款理解不够。

② 现场设备配置不到位（如风管起筋设备等）。

3) 预防措施

① 风管预制前，按照规范及图纸要求采取正确的加固措施。

② 在进行施工前对相关施工人员进行技术交底。

③ 按照《通风与空调工程施工质量验收规范》GB 50243—2016 第 4.2.3 条的规定，对风管进行加固，具体要求：矩形风管边长大于 630mm，保温风管边长大于 800mm，且其管段大于 1250mm 或者总面积大于 $4m^2$，应采取加固措施。

（2）风管配件（弯头、三通等）角度不准确且漏风

1) 现象

风管配件制作时尺寸偏差较大，存在漏风超规范要求。

2) 原因分析

① 放样下料时尺寸不准确。

② 咬口宽度不等，造成咬口处受力不均匀。

③ 开角处尺寸偏大。

3) 预防措施

① 在偏差标准允许边缘范围内，用法兰翻边宽度调整角度。

② 风管与配件咬口缝应紧密，宽度一致，折角应垂直，圆弧应均匀，两端面应平行。

③ 将带弧度的两平片料重合，检验其外形重合偏差，并按允许偏差进行调整。

④ 尽量使用计算机等离子切割机下料，若人工下料，则由专人对展开的图形及尺寸复核校对后方可下料。

（3）矩形风管四角咬口处开裂

1) 现象

风管法兰翻边四角咬口处有开裂现象。

2) 原因分析

① 使用的咬口机未调试合格。

② 材料质量问题，镀锌钢板未能满足机械咬口的性能要求。

③ 运输过程中，造成风管各方受力不均匀。

④ 咬口形式选择不当。

3) 预防措施

① 金属风管板材的连接形式及使用范围应满足《通风与空调工程施工质量验收规范》GB 50243—2016 第 4.3.1 条的规定。

② 按照设计及规范要求选择合格的材料。

③ 严格按照《通风管道技术规程》JGJ/T 141—2017 第 3.1.1-2 条的规定，镀锌钢板选用机械要求类，其材料的材质应满足现行国家标准《连续热镀锌和锌合金镀层钢板及钢带》GB/T 2518 的规定。

④ 咬口机械投入使用前，应调试到合格状态，并检查与调试机具设备加工性能。

(4) 设置防火、防爆墙体内的防护套管壁厚不满足要求

1) 现象

穿越防火分区设置的风管防护套管壁厚不满足要求。

2) 原因分析

① 施工人员认为套管厚薄影响不大，不会影响防火功能。

② 为降低成本，采用废料（如风管的余料），往往风管镀锌钢板的厚度为 0.75～1.2mm 不等。

3) 预防措施

① 严格按照《通风与空调工程施工质量验收规范》GB 50243—2016 第 6.2.2 条强制性条文的规定，在风管穿越需要封闭的防火、防爆的墙体或楼板时，必须设置厚度不小于 1.6mm 的钢制防护套管，风管与防护套管之间应采用不燃柔性材料封堵严密。

② 施工前，熟悉图纸，确定哪些墙体和楼板需要设置防护套管，施工前加强人员培训及交底工作，重视和熟悉规范和图纸，明确相关的要求。

(5) 排烟风管法兰垫料选用可燃或阻燃型密封材料

1) 现象

具有排烟功能的风管法兰密封垫不满足消防要求。

2) 原因分析

① 对规范的相关要求不了解，为施工方便，选用可燃或阻燃型材料。

② 施工人员不熟悉图纸，忽视图纸设计说明，不知道工程中有排风管兼排烟的功能。

3) 预防措施

① 施工前熟悉图纸及规范要求，认真学习，对人员进行交底，明确相关的要求，避免返工现象。

② 必须严格执行《通风与空调工程施工质量验收规范》GB 50243—2016 第 4.2.2 条强制性条文的规定，防火风管的本体、框架与固定材料、密封垫料等必须采用不燃材料，防火风管的耐火极限时间应符合系统防火设计的规定。

(6) 防火阀未设置独立吊架，且距墙体距离不符合要求

1) 现象

防火阀未按照设计及规范要求设置独立吊架，防火阀距墙体距离大于 200mm。

2) 原因分析

① 施工人员施工前未进行相关的交底工作。

② 施工人员不理解图纸及规范中的要求。

3) 预防措施

① 施工前，加强人员的交底工作，明确相关的要求，严格按照要求执行。

② 按照设计及规范要求，所有防火阀均设置独立的吊架，且不得影响执行机构动作，防火阀距墙体距离应不大于 200mm。

(7) 防火阀动作不灵活

1) 现象

防火阀动作不灵活、不到位。

2) 原因分析

① 风阀执行机构失灵或者不灵活。

② 防火阀方向安装错误。

③ 运输、搬运及储藏过程中,风阀的易熔件脱离或老化。

④ 风管与风阀强制连接造成风阀变形。

⑤ 风阀本身轴孔不同心。

3) 预防措施

① 严格执行《通风与空调工程施工质量验收规范》GB 50243—2016 第 5.2.4 条的规定,防火阀、排烟阀或排烟口的制作应符合《建筑通风和排烟系统用防火阀门》GB 15930 的规定,并应具有相应的产品合格证明文件。

② 阀门进场时,核对产品的合格证明文件和性能检测报告,安装前需检验其性能及操作灵活性。

③ 阀门的易熔件必须为消防部门认可的标准成品,并取得型式检验报告,其熔点温度需满足设计要求,发现问题及时更换。

④ 阀门安装时不得强制安装,确保防火阀与风管的同心度。

3. 风管安装

(1) 排烟风管系统中的柔性短管用材料不正确

1) 现象

排烟系统中的柔性短管用材料不是耐火材料。

2) 原因分析

① 柔性短管未按风管的性能和作用选用材质符合规范要求的产品,如常见排烟风管或排风兼排烟风管选用阻燃材料(三防布)。有些施工人员对排烟风管系统中柔性短管材质的国家强制性条文的规定不了解,认为柔性短管选择阻燃材料是能达到使用要求的,不能分清阻燃材料和不燃材料的性能。

② 风管安装过程中,对于留安装柔性短管的有效长度控制不严,往往出现不能达到规范要求的间距,以及安装时松紧程度控制不严等问题。

③ 风管与风机出现中心偏移和连接口几何形状不一致,选用柔性短管连接施工方便。

3) 预防措施

① 防排烟系统柔性短管的制作材料必须为不燃材料。

② 柔性短管主要用于风机的吸入口和排出口与风管的连接处,柔性短管的长度不宜过长,一般为 150~300mm。其连接处缝合应严密牢固可靠。柔性短管不宜作为找正、找平的异径连接管。

③ 为保证柔性短管在系统运转中不扭曲,安装时应松紧适度。对于装在风机的输入端的柔性短管,可安装得稍紧些,防止风机运转时被吸而形成短管截面尺寸变小的现象。

④ 设于结构变形缝的柔性短管,其长度应为变形缝的宽度加 100mm 及以上,但不宜大于 300mm,当变形缝两侧有墙体时,柔性短管应适当加长,确保风管法兰接口不在墙体内。

(2) 风管穿越结构缝、沉降缝时的问题

1) 现象

风管穿越结构缝、沉降缝时未设置伸缩装置。
2）原因分析
① 不清楚结构缝、沉降缝变形对风管的影响。
② 设计图纸时，未进行明确设计。
③ 工作人员对规范的理解不准确。
3）预防措施
① 需设计人员明确方案，在施工图交底时重点复查。
② 拆除跨越结构缝、沉降缝的风管，加装伸缩装置。
③ 伸缩装置两侧加装固定支架。
④ 工作人员施工交底时要明确，并做好过程监督。
（3）风管贴顶、贴墙安装侧的问题
1）现象
风管贴顶、贴墙安装侧无法保温、安装防火板，防火封堵。
2）原因分析
① 风管施工没有考虑下道工序的施工。
② 综合管线平衡考虑的不全面。
3）预防措施
① 施工前，管线平衡要考虑保温棉的厚度以及维修空间。
② 拆除风管或者在安装前进行顶面、侧面保温，然后整体吊装。
③ 防火封堵采用新型材料，用硅胶枪注射入空隙处。
④ 优化施工工序，合理安排。
（4）风管穿越消防楼梯间缺少保护措施
1）现象
风管穿越消防楼梯间未采取保护措施。
2）原因分析
操作工人操作不细致，现场监管不严。
3）预防措施
① 加强施工现场监管，给施工班组进行细致交底。
② 严格依照设计要求，对此处的风管采用防火板保护。
（5）轨顶风道接排热风室封堵问题
1）现象
轨顶风道接排热风室处，土建风道与风管连接处漏风。
2）原因分析
① 现场结构尺寸复测不准确。
② 异型风管加工尺寸有误差。
3）预防措施
① 现场结构复测尺寸尽量精准，可重复复测。
② 异型风管加工精度要高，加强现场交底。
③ 异型风管与结构连接处，做好防火封堵。

(6)风管未安装固定防晃支架

1)现象

风管 20m 内未按照要求要求设置固定支吊架。

2)原因分析

① 技术人员审核图纸时,未详细查看设计图纸的说明。

② 设计图纸的说明与规范要求不一致。

3)预防措施

① 工作人员详细审核施工图纸,理解设计要求。

② 按要求对风管设置固定支架,支架间距不大于 20m。

7.2 消火栓系统

消火栓系统是扑救、控制建筑初期火灾的主要设施之一,通常安装在消火栓箱内,与消防水带和水枪等器材配套使用,是以水为介质,用于灭火、控火和冷却防护等功能的消防系统。消火栓系统由消防水箱、消防泵、管网、消火栓箱、报警控制设备及系统附件等组成。消火栓箱内主要有消火栓栓头、水带、水枪、消防自救盘等组成。

城市轨道交通地下车站和区间隧道消火栓系统一般是环状管网设计,与城市自来水管道连接。消火栓合理设置在车站的大厅、人行通道、站台、设备房、管理房和区间隧道处,设计的基本要求是必须保证整个车站任意位置必须有两股以上的可靠水源水柱注入。在消火栓箱内设置报警按钮和自救用的水枪。地下区间隧道内,每隔 50m 设置一个单口消火栓,在车站站台进入隧道处设置消防器材箱,内设水龙带 2 套,多功能水枪 2 个,不再设置其他。而且,每个车站均设有消防水泵接合器。

7.2.1 施工准备

1.材料要求及主要机具

(1)所使用管材、阀门、消防泵、消火栓箱等材料应具有合格的产品合格证明书或质量鉴定文件,并满足招标投标文件中关于乙供材料技术性能的要求。

(2)管道的规格、型号、高度、安装位置应符合设计要求。

(3)管材不得有弯曲、锈蚀、重皮及凹凸不平等现象。

(4)消火栓箱体的规格类型应符合设计要求,箱体表面平整、光洁。金属箱体无锈蚀、划伤,箱门开启灵活。箱体方正,箱内配件齐全。

(5)主要机具:电套丝机、台钻、电焊机、滚槽机、切割机、电锤、管子钳、钢卷尺、活动扳手等小型工具。

2.作业条件

(1)现场加工场地应洁净,地面平整、不潮湿,有充足的照明设施。

(2)作业地点要有相应加工工艺的基本工具,电源和可靠的安全防护装置,并配有消防器材。

(3)消火栓管道施工所涉及的各种外部技术数据收集,施工劳动组织配备、材料准备、设备及工器具的配置完成。

(4) 建筑物围护结构施工完毕,安装部位的障碍物已清理,地面无杂物。

(5) 结构预留孔洞的位置、尺寸正确,无遗漏。

7.2.2 操作工艺

1. 工艺流程

消火栓给水工艺流程如图 7-7 所示。

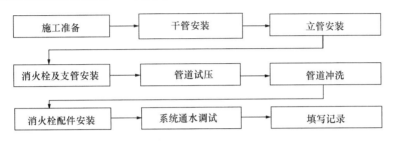

图 7-7 消火栓给水工艺流程

2. 施工工艺及方法

(1) 施工准备

1) 认真熟悉施工图纸,根据施工方案确定的施工方法和技术交底的具体措施做好准备工作。

2) 参考有关专业设备图和装饰施工图,核对各种管道的坐标、标高;管理排列是否考虑后期检修空间。

(2) 水平管道安装

水平管道安装如图 7-8～图 7-10 所示。

1) 水平管是架空式水平管,分布地下站厅层、站台层板下,安装时首先确定水平管的位置、标高、管径等,确定支架的安装位置,然后按:现场放线→支架制作→支架安装→量裁管道→沟槽加工→管道安装→自检、找正的程序进行。

图 7-8 隧道风室消防管安装图

图 7-9 设备房走道消防管安装

图 7-10 区间消防管安装

2）顶棚内敷设管道要满足设计的顶棚高度。首先安装大管大直径管道，其后紧凑布设小管，使管道安装尽量做到合理、美观，符合工艺流程。

3）在安装前必须明确管道上的蝶阀和支管布置位置，保证以后能顺利连接。

4）架空横管安装标高线，用水准仪量出各段管道标高线及支架标高，再用卷尺量出支架安装点，并在墙面或顶部出标高线和支架安装点，然后根据标高线或安装点安装支架和管道。

5）安装完毕后要进行水平度、垂直度的复检，保证水平度和离墙距离使其正直美观，最后上紧管卡。

6）管道穿越伸缩缝、沉降缝、变形缝时，应在穿越两侧采取柔性连接，柔性软接应为金属软接，不应为波纹补偿器。金属软接一端设置活动吊架，另外一端设置防晃吊架，如图7-11所示。

图7-11　消防管过伸缩缝做法

（3）立管安装

立管安装如图7-12所示。

在安装前必须先明确立管上的阀门布置形式，保证以后能顺利连接；另外在安装前应明确知道每层装修完成面的高度，以便准确安装。

根据高度在墙面上画出横线，再用线坠吊在立管的位置上，在墙上弹出或画出垂直线，并根据立管卡的高度在垂直线上确定出立管卡的位置并画好横线，然后再根据所画横线和垂直线的交点安装支架。

上好的立管要进行最后检查，保证垂直度和离墙距离，使其正面和侧面都在同一垂直线上。最后把管卡收紧。

图7-12　消防立管安装

（4）消火栓及支管安装

1）消火栓箱位于公共区和通道内的大部分采用暗装，位于设备区的至少采用半暗装。其要求及做法应按照设计图纸要求。箱体尺寸与箱内配置均有特殊要求。安装时应取下其内的水枪、水带等部件，不允许用钢纤撬、锤子敲的方法将箱体硬塞入预留孔内。消火栓出口应朝外,栓口中心距地面高度应符合设计要求。消火栓箱安装应在系统试压后进行。所有消火栓在安装前按规范要求集中进行试压抽验。安装前应核对位置、标高、产品是否符合设计要求,如图7-13所示。

图7-13　消防箱安装

2）消火栓安装前应作耐压强度试验。试验应以每批（同牌号,同规格、同型号）数量中抽查10%,且不少于一个,如有漏、裂等不合格现象应再抽查20%,仍有不合格的则须逐个试验。强度和严密性试验压力应为消火栓出厂规定的压力。同时应有试验记录备查。

3）消火栓安装,首先要以栓阀位置和标高定出消火栓支管甩口位置,经核定消火栓栓口（注意不是栓阀中心）距地面装修完成高度为1.1m或满足设计要求,然后稳固消火栓箱。箱体找正稳固后再把栓阀安装好,栓口应朝外或朝下。栓阀侧装在箱内时应安装在箱门开启的一侧,箱门开启应灵活。

4）消火栓箱体安装在轻体隔墙上应有加固措施（如在隔墙两面贴钢板并用螺栓固定）。安装后的箱体上下角的水平位移不得超过2mm。

5）箱体在安装过程中应与装修紧密配合,不得损坏装修面,与装修面的接缝应整齐美观。

6）箱体内的配件安装,应在交工前进行。消防水龙带应采用内衬胶麻带或锦纶带,折好放在挂架上,或卷实或盘紧放在箱内;消防水枪要竖放在箱体内侧,自救式水枪和软管应盘卷在卷盘上。消防水龙带与水枪和快速接头的连接,一般用14号钢丝绑扎两道,每道不少于两圈;使用卡箍时,在里侧加一道钢丝。设有电控按钮时,应注意与电气专业配合施工。

7）消火栓安装完毕，应消除箱内的杂物，箱体内外局部刷漆有损坏的要补刷，暗装在墙内的消火栓箱体周围不应出现空鼓现象，管道穿过箱体处的空隙应用水泥砂浆或密封膏封严。箱门上应标出"消火栓"三个红色大字，如图7-13所示。

8）消火栓箱门的开启角度不应小于120°。箱门开启应轻便灵活，无卡阻现象。开启拉力不得大于50N。

9）消火栓系统安装完成后，应做试验消火栓和底层取二处消火栓做试射试验，其水枪充实水柱高度达到设计要求时为合格。

10）箱式消火栓的安装应符合下列规定：

① 栓口应朝外或朝下，并不应安装在门轴侧。

② 栓口中心距地面为1.1m，允许偏差12.0mm。

③ 阀门中心距侧面为140mm，距箱后内表面为100mm，允许偏差5mm。

④ 消火栓箱体安装的垂直度允许偏差为3mm。

（5）管道试压

1）首先检查整个管道中的所有控制阀门是否打开，与其他管网以及不能参与试压的设备是否隔开。

2）将试压泵、阀门、压力表、进水管接在管路上并灌水，待满水后将管道系统内的空气排净（放气阀流水为止），关闭放气阀。待灌满后关进水阀。

3）用手动试压泵或电动试压泵加压，压力应逐渐升高，一般分2~3次升到试验压力。当压力达到试验压力时停止加压。管道在试验压力下保持10min，如管道未发现泄漏现象，压力表指针下降不超过0.05MPa，且目测管道无变形就认为强度试验合格。

4）把压力降至工作压力进行严密性试验。在工作压力下对管道进行全面检查，稳压24h后，如压力表指针无下降，管道的焊缝及法兰连接处未发现渗漏现象，即可认为严密性试验合格。水压严密性试验应在水压强度试验和冲洗合格后进行。

5）试验过程中如发生泄漏，不得带压修理，缺陷消除后，应重新试验。

6）系统试验合格后，试验介质宜在室外合适地点排放，并注意安全。

7）系统试验完毕，应及时核对记录，并填写《管道系统试验记录》。

8）试压合格，将管网中的水排尽，并卸下临时封堵，装上配件。

（6）管道冲洗

1）管道系统强度和严密性试验合格后，应分段进行冲洗。对于管道内杂物较多的管道系统，可在试压前进行。

2）冲洗顺序一般应按主管、支管、疏排管依次进行。冲洗时采取先站内，后轨行区附件，进行分段冲洗。站内冲洗时，先将轨行区附件隔离开，直至站内管道冲洗合格后再将轨行区附件管道连起来冲洗，轨行区附件管道采取两头进水方式进行。

3）冲洗前，应将系统内的仪表予以保护，并将流量孔板、滤网、温度计及止回阀阀芯等部件拆除，妥善保管，待冲洗后再重新装上。

4）不允许冲洗的设备及管道应与冲洗系统隔离。

5）生产、生活给水管道在系统运行前须用水冲洗和消毒。

6）消火栓给水系统在与室外给水管连接前，必须将室外给水管重新干净。

7）对未能冲洗或冲洗后可能留存杂物的管道，应用其他方法补充清理。

8）冲洗时，管道内的脏物不得进入设备，设备吹出的脏物不得进入管道。

9）如管道分支较多，末端截面积较小时，可将干管中的阀门拆掉1~2个，分段进行冲洗。

10）冲洗时，应用锤（适当力度）敲打管子，对焊缝、死角和管底部部位重点敲打，但不得损伤管子。

11）冲洗前，应考虑管道支吊架的牢固程度，必要时应予加固。

12）管道排水管应接至排水井或排水沟，并保证排泄顺畅和安全。冲洗时，以系统内可能达到最大压力和流量进行，冲洗流量不应小于设计流量或不小于1.5m/s流速。冲洗合格后，应填写《管道系统冲洗记录》。

（7）消火栓配件安装

消火栓配件安装应在交工前进行。消防水带应折放在挂架上或卷实、盘紧放在箱内，消防水枪要竖放在箱体内侧，自救式水枪和软管应放在挂卡上或放在箱底部。消防水龙带与水枪快速接头的连接，应使用配套卡箍锁紧。

（8）其他工作

1）管道防腐

管道防腐应符合设计要求进行。若所采用的管材，其产品说明书对管材、管件有防腐要求时，防腐涂料的品种、涂刷遍数等应符合产品说明书的有关规定。

管道刷漆前，应严格按照有关施工规程清除管道外表面的灰尘、污垢、锈斑等杂物。管道涂刷油漆，应附着良好，无脱皮、起泡和漏涂的现象；漆膜厚度均匀，色泽一致，无流淌和污染现象。

管道防腐，严禁在雨天露天作业。

室外埋地钢管、铸铁管需采取防腐措施，铸铁管橡胶圈接口在进行回填土时，采用沥青胶泥、沥青麻丝或沥青锯末等材料封闭橡胶圈接口，以防止土壤或地下对橡胶圈的腐蚀。

2）管道保温

室外消防及生产生活水管不考虑防冻措施，室外、出入口和风道内部分给水排水采用离心玻璃棉（48kg/m³）防冻，厚度为40mm，并外包0.5mm厚铝合金板。所有金属管道镀锌层破坏处采用涂刷环氧富锌漆进行防腐。

保温材料为离心玻璃棉，保温时要粘接牢固，接缝错开，表面光滑。保温管壳与水管管壁之间、保温管壳接缝处，都必须用胶水粘贴密实，保温管壳接缝处还要用铝箔胶带或保温薄板材粘贴，以保证不泄露空气。

接触管道的支、吊、托架必须放在保温层外，并加防火、防腐材料。

管道上的阀门、法兰及其他可拆卸部件保温两侧应留有螺栓长度加25mm的空隙，断面应封闭严密。阀门、法兰部位应单独进行保温。支托架处的保温层不得影响管道活动面的自由伸缩，与垫木支架接触紧密，管道托架内及套管内的保温，应充填饱满。

阀门、过滤器及法兰处保温应能单独拆卸。保温后的阀门启闭标记明确、清晰、美观且操作方便，如图7-14所示。

水管与空调设备的接头处以及产生凝结水的部位必须保温良好，严密无缝隙。

对于金属保护层，一般选用0.6mm厚的铝板作保护层。按保温层周长下出保护层的

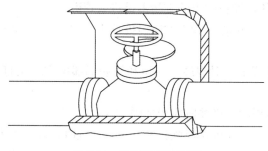

图 7-14 阀门保温示意图

料,用压边机压边,用滚圆机滚圆成圆筒。将圆筒套在保温层上,环向的搭接方向应与管道坡度一致,搭接长度为 30~40mm;纵向搭接缝应朝下,搭接长度不小于 30mm。金属圆筒应与保温层紧靠,不留空隙。用半圆头自攻螺钉 M4×16 固定,螺钉间距为 200~250mm,螺钉孔应用手枪钻钻孔,严禁采用冲孔。弯管处做成虾米腰,顺序搭接。

3) 室外消火栓安装

① 安装前应检查消火栓型号、规格是否符合设计要求,阀门启闭应灵活。

② 安装位置距建筑物不小于 5m,其位置必须符合设计位置。

③ 室外地下消火栓与主管连接的三通或弯头下部,均应稳固地支承于混凝土支墩上。其安装各部尺寸应满足设计或施工质量验收规范的要求。

④ 室外地上式消火栓一般安装于高出地面 640mm。安装时,先将消火栓下部的带底座弯头稳固在混凝土支墩上。然后再连接消火栓本体。

4) 灭火器安装

灭火器采用磷酸铵盐灭火器,车站公共区灭火器与消火栓共箱设置内。灭火器放置时,首先检查灭火器上压力表指数是否正常,瓶内干粉是否泄漏。检查合格后,将灭火器放置到设计指定地点。灭火器放置时,要求现场施工全部完成,以防止和施工临时灭火器混淆。

7.2.3 施工过程质量控制

1. 管道支吊架制作与安装

(1) 支架构件预制加工

1) 下料前,先将型钢调直;下料时尽量采用砂轮切割机切割型钢,现场用气割切断时,应将切口用砂轮将氧化层磨光,切口表面应垂直。

2) 用台钻钻孔,不得使用氧乙炔焰吹割孔;撼制要圆滑均匀,各种支吊架应无毛刺、豁口、漏焊等缺陷,支架制作或安装后要及时刷漆防腐。

3) 支架的形式按设计要求进行加工,其标高须使管道安装后的标高与设计相符。

(2) 现场安装

1) 管道安装时要及时调整支吊架;支吊架位置要准确,安装平整牢固,与管子接触紧密。固定支架必须安装在设计规定的位置上,不得任意移动,在支架上固定管道,采用套 PU 管的 U 形管卡;制作固定管卡时,卡圈必须与管子外径紧密吻合,紧固件大小与管径匹配,拧紧固定螺母后,管子要牢固不动。

2) 管道安装过程中使用临时支吊架时,不得与正式支吊架位置冲突,做好标记,并在管道安装完毕后予以拆除。

3) 管道上的阀门单独设支架支撑。保温管道与支架之间要用经过防腐处理的木衬垫隔开,木垫厚度同保温层厚度,如图 7-15、图 7-16 所示。

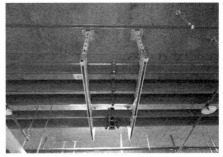

图 7-15　卡箍四周及改变走向时增设支架

图 7-16　阀门两端及改变走向时增设支架

2. 管道安装

消防给水系统干管道采用镀锌钢管，按下列步骤进行：

1）滚槽

① 用切管机将钢管按需要的长度切割，用水平仪检查切口断面，确保切口断面与管中轴线垂直；切口如果有毛刺，用专用工具去掉钢管毛刺。

② 将需要加工沟槽的管材加设在滚槽机和滚槽机尾架上，用水平仪抄平，使钢管处于水平位置。

③ 将钢管加工断面紧贴滚槽机，使钢管中轴线与滚轮面垂直。

④ 缓缓压下千斤顶，使上压轮贴紧钢管，开动滚槽机，使滚轮转动一周，此时注意观察钢管断面是否仍与滚槽机贴紧，如果未贴紧，应调整管子至水平；如果已贴紧，徐徐压下千斤顶，使上压轮均匀滚压钢管至预定沟槽深度为止。

⑤ 停机，用游标卡尺检查沟槽深度和宽度，确认符合标准要求后，将千斤顶卸荷，取出钢管。

2）开孔、安装机械三通、四通

① 在钢管上弹墨线，确定接头支管开孔位置。

② 将链条开孔机固定于钢管预定开孔位置处。

③ 启动电动机，转动手轮，使钻头缓慢靠近钢管，同时在开孔钻头处添加润滑剂，以保护钻头，完成在钢管上开孔。

④ 停机，摇动手轮，打开链条，取下开孔机，清理钻落金属块和开孔部位残渣，并

用砂轮机将孔洞打磨光滑。

⑤ 将卡箍套在钢管上，注意机械三通应与孔洞同心，橡胶密封圈与孔洞间隙均匀，紧固螺栓到位。

⑥ 若为机械四通，开孔时一定要注意保证钢管两侧的孔同心，否则当安装完毕，可能导致橡胶圈破裂，且影响过水面积。

3. 阀门及其他附件安装

（1）安装前按设计要求，检查其种类、规格、型号及质量，阀杆不得弯曲，按规定对阀门进行试压，检验是否泄漏。阀门进场后先随机抽取 10% 作阀门打压试验，阀门的强度试验压力为公称压力的 1.5 倍，严密性试验的压力为公称压力的 1.1 倍，如全部合格则其余免检，否则应扩大试验范围，当不合格率达到 50% 以上时，阀门全部退货。

（2）阀门安装的位置除施工图注明尺寸以外，一般就现场情况，做到不妨碍设备的操作和维修，同时也便于阀门自身的拆装和检修。

4. 管道冲洗、试压

（1）冲洗：生活给水管系统安装完毕后应进行冲洗，用含 80~120mg/L 游离氯的水灌满并滞留 24h 以上进行消毒后，再用洁净水冲洗，并经过有关部门取样检验，合格后方可交付使用，并做好记录。

（2）试压：

1）打开水压试验管路中阀门，开始向系统注水。

2）开启系统上各高处的排气阀，使管道内的空气排尽；待灌满水后，关闭排气阀和进水阀，停止向系统注水。

3）打开连接加压泵的阀门，用电动式或手动试压泵通过管路向系统加压，同时拧开压力表上的旋塞阀，观察压力表升高情况，一般分 2~3 次升至试验压力；在此过程中，每加压至一定数值时，应停下来对管道进行全面检查，无异常现象方可再继续加压。

4）系统试压达到合格验收标准后，放掉管道内的全部存水，填写试验记录。

5. 管道防腐和保温

（1）风道、出入口通道内和室外部位的消防管道及管道上设置的阀门、配件、地上式水泵接合器和室外消火栓应设置防冻保温措施，保温材料的绝热层采用离心玻璃棉，保温厚度按照设计要求进行，保温层外包不燃性玻璃布复合铝箔防潮层，并在防潮层外表面包铝合金薄板，保护层厚度为 0.6mm。

（2）直管段立管应自下而上顺序进行，水平管应从一侧或弯头直管段处顺序进行。

（3）设备管道上的阀门、法兰及其他可拆卸部件安装保温材料时两侧应留出螺栓长度加 25mm 的空隙。阀门、法兰部位则应单独进行保温处理。

（4）遇到三通处应先做主干管，后做分支管。凡穿过建筑物保温管的套管，与管子四周间隙应用保温材料堵塞紧密。

6. 消防水泵安装

（1）水泵就位前，对基础的尺寸位置、标高进行验收，确认是否符合设计要求。

（2）水泵型号要与设计相符，动力机械与水泵功率匹配产品合格证、产品说明及配件齐全，进行一次外观质量检查。

（3）水泵就位前检查基础预埋的地脚螺栓位置是否与到货水泵相符，螺栓大小、材质、垂直度是否满足要求，水泵就位后，拧紧螺栓，使螺母、垫圈及底座间紧密接触；垫铁组要放置平稳，位置正确，接触紧密，每组不超过三块，垫铁之间点焊，防止滑动。

（4）水泵与基础或支架间采用0~20mm厚的橡胶减振垫进行减振处理。水泵安装时确保减振器的受力均匀，水泵进水口处设置橡胶软接头，水泵的轴承温度运转时不得过高。

（5）泵的纵向水平度不超过0.1/1000，横向安装水平偏差不大于0.2/1000。

（6）电动机的电流不得超过额定值，运转中无较大振动，声音正常，各固定连接部位不能有松动现象，管道连接牢固无渗漏，滚动轴承最高温度不得超过70℃，润滑油不得有渗漏和雾状喷油现象，机械密封的泄漏量不能大于5mL/h。

（7）中心线的平面位移允许偏差±10mm；标高允许偏差±10mm，所有设备安装完毕后，进行运行试验，试验压力及泵的启、停压力需符合设计要求。

7. 消火栓系统干、立管安装

（1）消火栓系统干管＞DN50采用沟槽连接。

（2）消火栓系统干管≤DN50采用螺纹连接。

螺纹连接控制点如下：

1）断管：根据现场测绘草图，在选好的管材上画线，按线断管；管材切割完毕后套丝之前，清理好毛刺；管道下料时考虑管道变径的位置，当管道变径时，宜采用异径接头。

2）套丝：将断好的管材，按管径尺寸分次套制丝扣，一般以管径15~32mm者套二次，40~50mm者套三次，70mm以上者套3~4次为宜。

3）配装管件：根据现场测绘草图，将已套好丝扣的管材，配装管件。

4）管段调直：将已装好管件的管段，在安装前进行调直。

5）管道螺纹连接时，在管子的外螺纹与管件或阀件的内螺纹之间加油麻，先将麻丝抖松成薄而均匀的纤维，从螺纹的第二扣开始沿螺纹方向进行缠绕，缠绕好后表面沿螺纹方向涂白厚漆，然后拧上管件，再用管钳收紧：安装完毕的管道丝扣外漏2~3丝；管钳施力位置与管件的距离为150mm；填料缠绕要适当，不得把白厚漆、麻丝从管端下垂挤入管腔，以免堵塞管路。

6）管道施工完毕后，将麻丝清理干净，并使用专业美纹纸进行外露丝扣的防锈漆粉刷；防锈漆粉刷宽度为30mm，DN65的管道防锈漆粉刷宽度为50mm；要求粉刷整齐，整体化一；管钳破坏镀锌层处粉刷防锈漆，粉刷时使用专业美纹纸，宽度统一为50mm，以保证观感质量。

（3）立管安装：

1）立管暗装在竖井内时，在管井内预埋铁件上安装卡件固定，立管底部的支吊架要牢固，防止立管下坠。

2）立管明装时每层楼板要预留孔洞，立管可随结构穿入，以减少立管接口。

8. 消火栓安装

（1）消火栓箱体要符合设计要求，栓阀有单出口和双出口两种，产品均应有消防部门的制造许可证及合格证方可使用。

（2）消火栓支管要以栓阀的坐标、标高定位栓口，核定后再稳固消火栓箱，箱体找正稳固后再把栓阀安装好，栓阀装在箱内时应在箱门开启的一侧，箱门开启应灵活。

（3）消火栓箱体安装在轻质隔墙上时，应有加固措施。

（4）消火栓栓口的安装高度应便于消防水龙带的连接和使用，其距地面高度宜为 1.1m，出水方向宜与设置消火栓的墙面成 90°或向下。

9. 消火栓箱安装

（1）消火栓箱的规格、信号及左、右开门，暗装、明装等应按设计图纸核对无误后，再进行订货、安装。

（2）消火栓支管与立管的接口要以栓阀的坐标、标高定位，箱体找正稳固后再将栓阀与支管连接。

（3）暗装消火栓箱体时，应与电气、装修密切配合，保持整体美观，明装消火栓箱体时，要按标准图集要求固定箱体，如果墙体为轻质隔墙应做固定支架。

（4）消火栓阀门与启泵报警按钮应布置在靠近开门一侧，如果做在另一侧，则需要确保报警按钮固定板离侧板 8cm 以上。

（5）消火栓箱内的水龙带、水枪及快速接头等绑扎好后，应根据箱内构造将水龙带挂好放在箱内的挂钉、托管或支架上。

10. 消火栓系统管道试压

消防管道试压可分层、分段进行，上水时最高点要有排气装置，高低点各装一块压力表，上满水后检查管路有无渗漏，如有法兰、阀门等部位渗漏，应在加压前紧固，升压后再出现渗漏时做好标记，卸压后处理，必要时泄水处理。试压环境温度不得低于 5℃，当低于 5℃时，水压试验应采取防冻措施，当系统设计工作压力等于或小于 1.0MPa 时，水压强度试验压力应为设压计工作压力的 1.5 倍，并不低 1.4MPa；当系统设计工作压力大于 1.0MPa 时，水压强度试验压力应为该工作压力加 0.4MPa，水压强度试验的测试点应设在系统管网最低点对管网注水时，应将管网内的空气排净，并应缓慢升压，达到试验压力后，稳压 30min，目测管网应无泄漏和无变形，且压力降不大于 0.05MPa，水压严密性试验应在水压强度试验和管网冲洗合格后进行。试验压力应为设计工作压力，稳压 24h，应无泄漏。试压合格后及时办理验收手续。

7.2.4 消防水泵

（1）安装前应核对基础定位尺寸及标高，其允许偏差应符合规范要求。

水泵型号应与设计相符，动力机械与水泵功率应匹配；产品合格证、产品说明书及随机配件应齐全。

（2）水泵安装前应对其外表及组装件进行一次外观质量检查；如发现有质量问题，不得安装。

（3）安装后，水泵泵体的底座应水平，底座与基础间垫橡胶垫减振，且与基座接触严密，定位基准线应符合设计要求，设备的平面位置及允许偏差应符合相关规范的规定。

（4）水泵的管口与管道连接应严密，无渗漏水现象。

（5）电机的绝缘电阻应符合相关规范的规定。

（6）所有泵类设备，在泵进出口与管道连接前，泵进出口均应使用盲板封堵。

（7）消防泵及稳压装置安装，如图 7-17 所示。

图 7-17 消防水泵房安装效果图

1) 消防泵及稳压泵的安装应符合现行国家标准《机械设备安装工程施工及验收通用规范》GB 50231 的有关规定。

2) 消防泵及稳压泵的规格、型号应符合设计要求,并应有产品合格证和安装使用说明。

3) 消防泵的出水管上应安装静音止回阀(消声)和压力表,并安装试水用的放水阀门。消防水泵泵组的总出水管上还应安装压力表和泄压阀。安装压力表时,应加缓冲装置。压力表和缓冲装置之间应安装旋塞,压力表量程应为工作压力的 2~2.5 倍。

4) 吸水管及其附件的安装应符合下列要求:吸水管上的阀门应在消防水泵固定于基础之后再进行安装,其直径不小于消防水泵吸水口直径,采用闸阀。

5) 吸水管水平管段上不应有气囊和漏气现象。

6) 消防气压给水设备的气压罐,其容积气压、水位及工作压力应符合设计要求。

7) 消防气压给水设备上的安全阀、压力表、水流指示器等的安装应符合产品使用说明书的要求。

8) 消防气压给水设备的安装位置,进水管及出水管方向应符合设计要求,安装时其四周应有检修通道,其宽度不小于 0.7m,消防气压给水设备顶部至楼板或梁底的距离不宜小于 1.0m。

9) 气压罐的出水管上应安装远传压力表(参考型号:YT2-150),压力表的量程为工作压力的 1.5~2 倍。

10) 消防泵的稳压装置安装完毕后,应进行运行试验,试验压力及泵的启、停压力,应符合设计要求。

7.2.5 区间消防系统

1. 系统简介

从相邻两个车站的环状消防给水管网上分别接出两条 $DN150$ 消防管进入左右区间，沿行车方向右侧布置，在联络通道处消防水管断开过轨分别成环，使车站和区间形成环状消防供水系统。

区间设置消火栓口，不设消火栓箱，为施工方便，消火栓间距按不大于 50m 控制。车站站台进入区间隧道处设置两具消防器材箱供区间消防使用。消防器材箱内设水龙带 2 套、多功能水枪 2 个。

地下区间消防管沿行车方向右侧布置，水管底标高距离轨面 300mm，消火栓口的安装高度为距道床面 1100mm。每不多于 5 个消火栓布置一个检修蝶阀，在左右线区间消防给水干管的最低点设一个 $DN50$ 泄水阀，在管网最高点处设 $DN25$ 截止阀与自动排气阀。

在车站进入区间的消防管道前安装手动蝶阀和电动蝶阀，蝶阀安装在站厅层通站台立管上，在距离站厅层立管处完成面+1.2m处，且为工作人员容易操作的地方。区间发生爆管等事故时，关闭车站进入区间消防管道的电动蝶阀；区间火灾时，通过设于消防水泵超越管上的流量开关自动启泵或车控室远程启泵进行灭火。

2. 施工工艺

施工准备→现场测量放样→后扩底锚栓安装→支架制作及安装→管道运输→管道安装→消火栓安装→阀门及配件安装→试压、冲洗。

3. 施工方法

（1）施工准备

区间管道施工前必须做好人员、材料、技术、安全及质量的准备工作，保证区间施工的连续性；根据区间的施工计划安排好施工工序，做好安全工作的同时确保工期的实现。

（2）现场测量放样

施工前，根据施工图纸并结合其他专业的图纸进行区间管线的优化，确定每一个专业每一个管线的标高。往往区间消防干管管底安装高度为距离轨面 300mm，消火栓口的安装高度为距离道床面 1100mm；而压力废管道的标高往往根据道床的类型不同而不同，对于普通道床管底标高为距离疏散平台 970mm，对于浮置板道床管底标高根据现场实际情况进行相应的调整；确认好管线标高后，通过弹线标示在隧道墙壁上。

做好标高确认工作后，再根据图纸标注出支架、阀门、补偿器及消火栓口的安装位置，同时注意避开隧道墙壁的管片接缝及连接手孔的位置。支架设置排布如图 7-18 所示，区间管道断面如图 7-19 所示。

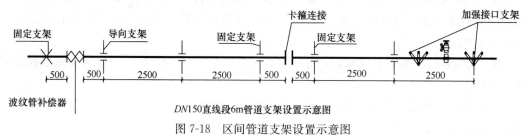

图 7-18 区间管道支架设置示意图

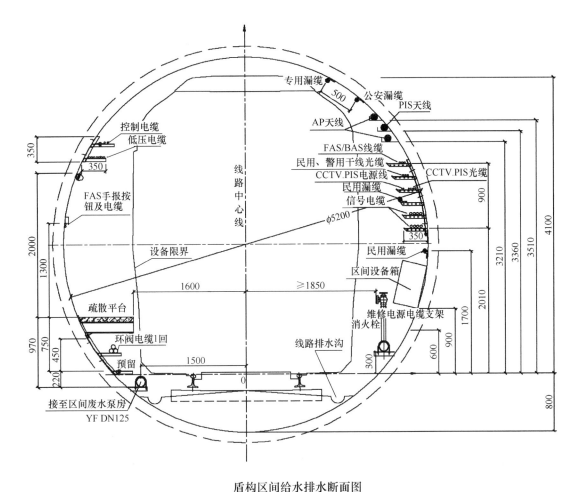

图 7-19 区间管道断面图

(3) 后扩底锚栓安装

支架固定采用后扩底机械锚栓,该锚栓具有性能稳定、施工便捷、强度高及使用寿命长的特点,有良好的抗腐蚀性能,比化学锚栓更耐高温;且后扩底机械锚栓应锚固无膨胀应力,适用于间距小的场所。具体施工时,先根据锚栓规格相对应的钻头进行钻孔,再用专用气筒进行清孔后插入锚栓,最后使用专用套管敲入,通过拧紧螺帽达到紧固的效果。

(4) 支架制作及安装

区间管道支架制作一般选用镀锌钢板和镀锌角钢的组合件,考虑到隧道墙壁中存在较多的钢筋,为避免因碰到钢筋而无法安装支架,对钢板进行了优化,把钢板上的锚栓孔由原设计的圆形改为长孔形;而区间隧道的墙壁为弧形,所以在大批量制作支架前先做好样品,根据墙壁的弧度进行相应的调整,确保支架安装的水平度;支架焊接后,需进行二次镀锌。曲线段单根管道长度按 3m 敷设,管道支架安装根据直线段管道支架设置适当调整,管段内设置两处导向支架,间距为 1750mm,导向支架到法兰的距离为 625mm,现场施工困难时可适当减少单根管道长度、增设垫片以处理曲线段法兰连接,必要时可设置金属软接,如图 7-20~图 7-23 所示。

图 7-20 原设计钢板大样图　　　　图 7-21 优化后的钢板大样图

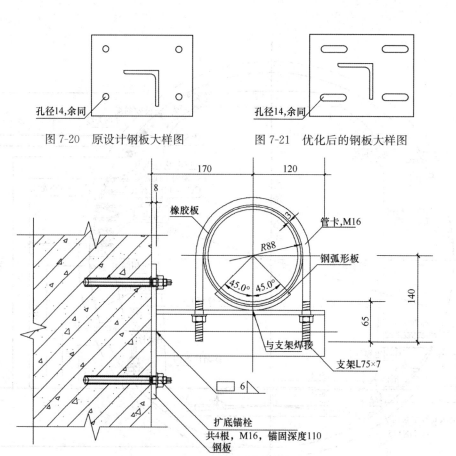

图 7-22 垂直侧壁安装图

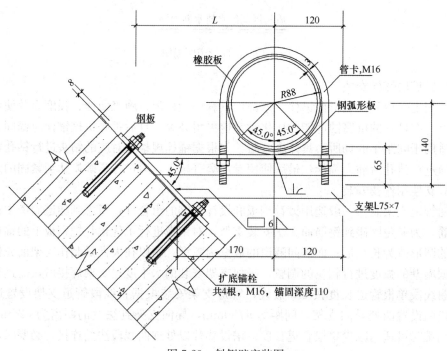

图 7-23 斜侧壁安装图

(5) 管道运输

区间施工一般在铺轨完成后进行，所以运输管道优先选用轨道车。但由于区间施工单位较多，往往造成对轨道运输有很大的依靠性，一旦协调出现问题，造成材料大面积积累，无法及时运输、安装到位，所以要建立完善的调度机制，与轨道车调度建立良好的联络关系，及时排好区间施工计划，从而提供轨道车的利用率，如图 7-24 所示。

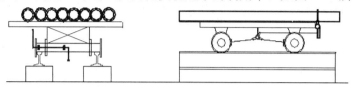

图 7-24 管道材料运输图

(6) 管道安装

区间管道采用内外涂塑钢管沟槽式连接，为防止现场滚槽对涂塑层造成破坏，可要求厂家在厂里完成滚槽后再进行涂塑。钢管一般为 6m，现场尽量不要切断，如果必须要切断或者进行开孔造成涂塑层的破坏，需厂家到现场提供修补方案及修补材料立即修补，以免造成后期涂塑层脱落而堵塞管道。管道每隔 200m 设置一个波纹管补偿器。

(7) 消火栓安装

消火栓接口采用 DN65 三通与主管道连接，消火栓安装时要保证方向的一致性和准确性，消火栓需设置独立支架。

(8) 阀门及配件安装

压力排管道上的阀门采用铜芯暗杆闸阀，公称压力为 1.0MPa；消防给管道道上阀门采用双向密封蝶阀，公称压力为 1.6MPa；所有穿越人防墙的管道在人防结构内侧设置公称压力 1.6MPa 的铜芯闸阀作为防护阀门。管道在穿过工法不同的区间隧道或变形缝（视现场施工而定）时应加设金属软管，并应在软管两端安装固定式支架。

(9) 试压、冲洗

消火栓管道试验压力为 1.6MPa。

(10) 安全注意事项

区间内作业必须服从轨行区属地管理单位的管理，做好请销点工作。在区间施工时配备对讲机、荧光服、红闪灯，按照要求放置红闪灯，设置专人看护。

(11) 区间消防系统安装

区间消防系统安装如图 7-25～图 7-30 所示。

图 7-25 区间消防管（补偿器）　　图 7-26 区间消防管（支架间距）

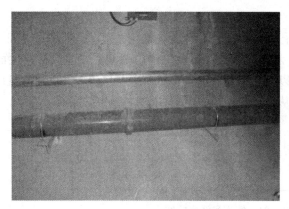 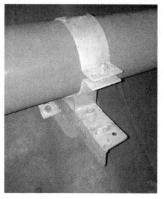

图 7-27　管道支架细节　　　　　　　　图 7-28　滑动支架

图 7-29　在人防结构内侧设置防护阀门　　　图 7-30　区间管线图

7.3　自动喷水灭火系统

自动喷淋灭火系统是扑救、控制建筑初期火灾的最为有效的灭火设施之一。自动喷淋灭火系统由喷淋头、水流报警装置（水流指示器、压力开关）、报警阀组等组件，以及管道、供水设施组成。火灾发生的初期，环境温度不断上升，当温度上升到以喷头温感元件爆破或熔化脱落时，喷头即自动喷水灭火。

7.3.1　喷淋系统安装要求

喷头安装在系统冲洗、试压合格后进行；喷头安装时，不能对喷头进行拆装、改动、严禁给喷头加任何装饰性涂层。吊顶上的喷洒头须在顶棚安装前安装，并做好隐蔽记录，特别是装饰时要做好成品保护。吊顶下喷洒头须等顶棚施工完毕后方可安装，安装时注意型号使用正确，喷头安装使用专用扳手，丝接填料用聚氟乙烯生料带，以防污染吊顶。当有的框架、溅水盘产生变形，要采用规格、型号相同的喷头更换。

7.3.2　施工工序

自动喷水灭火系统安装工艺流程如图 7-31 所示。

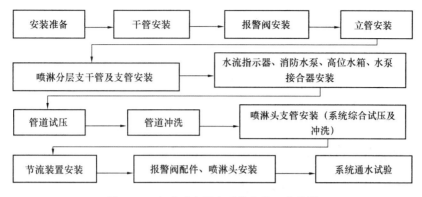

图 7-31 自动喷水灭火系统安装工艺流程

（1）喷淋头的几种主要安装形式如下所示。当喷头位置下方有空调通风管时，且宽度直径≥1.2m 时，应加设下喷喷头，见表 7-1。

喷头位置下方有风管时安装形式　　　　　表 7-1

喷头位置下方有风管时安装形式	安装要求
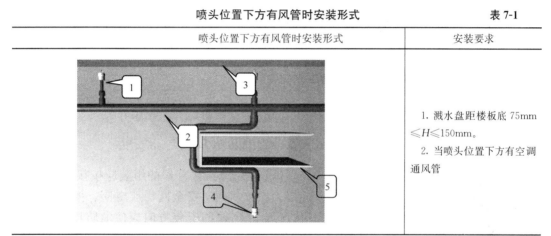	1. 溅水盘距楼板底 75mm ≤H≤150mm。 2. 当喷头位置下方有空调通风管

注：1—直立型喷头；2—供水干管；3—风管；4—下垂型喷头；5—楼面；
　　溅水盘距楼板底 75mm≤H≤150mm。

（2）有吊顶处采用装饰性喷头，当吊顶高度超过 800mm，吊顶内有可燃物时喷头，见表 7-2。

喷头位置下方有吊顶时安装形式（一）　　　表 7-2

有吊顶的喷头安装形式（一）	安装要求
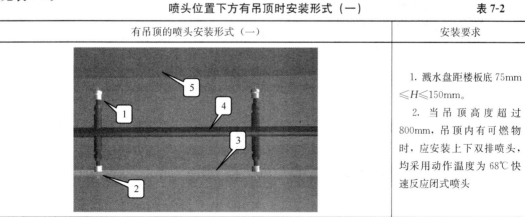	1. 溅水盘距楼板底 75mm ≤H≤150mm。 2. 当吊顶高度超过 800mm，吊顶内有可燃物时，应安装上下双排喷头，均采用动作温度为 68℃快速反应闭式喷头

注：1—直立型喷头；2—下垂型喷头；3—吊顶；4—供水干管楼面；5—楼面。

（3）有吊顶处采用装饰性喷头，当吊顶高度不超过800mm，吊顶内无可燃物时喷头见表7-3。

有吊顶的喷头安装形式（二） 表7-3

有吊顶的喷头安装形式（二）	安装要求
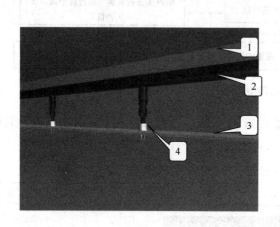	有吊顶处采用装饰性喷头，均采用动作温度为68℃快速反应闭式喷头

注：1—楼面；2—供水干管；3—吊顶支管；4—下垂型喷头。

7.3.3 消防水泵接合器安装

（1）消防水泵接合器的组装应按接口、本体、连接管、止回阀、安全阀、放空阀、控制阀的顺序进行。止回阀的安装方向应使消防用水从消防水泵接合器进入系统。

（2）消防水泵接合器应安装在便于消防车接近的人行道或非机动车行驶地段。

（3）地上式消防水泵接合器应设置与消火栓区别的固定标志，如图7-32所示。

图7-32 水泵接合器

7.3.4 报警阀组、水流指示器安装

（1）报警阀除应有商标、型号、规格等标志外，尚应有水流方向的永久性标志。报警阀和控制阀的阀瓣及操作机构应动作灵活，无卡涩现象。

（2）报警阀安装位置应依据施工图纸，如设计未做要求，一般应安装在明显易于操作的地方，距地1.2m，两侧空间≥0.5m，正面空间≥1.2m。安装时应先装水源控制阀，然后安装报警阀及辅助管道，安装方法应按施工图册及使用说明书进行。报警阀工作环境不应低于5℃，地面必须设排水设施。报警阀组相关组件的具体安装要求见表7-4。

报警阀组组件具体安装要求　　　　　　　　　　　　　　　　表 7-4

组件名称	安装要求
报警阀	安装在便于操作的明显位置，距室内地面高度宜为 1.2m，与配水干管连接，和水流方向一致；报警阀组的排水口接至排水管排放
水流指示器	管道试压和冲洗合格后同信号蝶阀一并安装。安装在水平管段，前后均有 0.5m 直管段，动作方向与水流方向一致。安装后水流指示器桨片、膜片动作灵活，不与管壁碰撞
压力表	报警阀上便于观测的位置
试验阀	报警阀上便于操作与维护的位置
水源控制阀	安装于便于维护的位置。与配水干管连接，和水流方向一致；具有明显的开闭标志和可靠的锁定设备
过滤器	延迟器前，便于检修操作的位置
延迟器	延迟器溢流孔排出水必须排入地下管道。检查延迟器，可打开试验阀，水立即从延迟器溢流孔流出，若无水流出检查过滤器和进水口有无脏物，或再进一步查看报警阀座进水小孔
水力警铃	安装时螺纹接口处要防止漏水，排水口处接入排水管道
压力开关	垂直安装在延迟器之后和水力警铃之前支管旁通管道上，它作为水电转换装置应在系统安装完毕后，对其进行联动调试开通。 安装中壳体应保持干燥、清洁，接线牢固，以免动作失误
信号蝶阀	安装时不可随意拧动产品各部位的零件。安装前应首先确认本产品性能与运行工况相符，并将阀门内擦拭干净。 接信号线时，先拆下塑料罩壳，在接线板红线处接 DC24V 电源。将黄线（或白线）接至消防控制中心，作为输出信号线即可。接线完毕，可旋转手轮检查有无启闭信号输出。 安装后，管道进行强度试验前，应将管道内腔冲洗干净，并将阀门蝶板打开

（3）水力警铃和报警阀的连接应采用镀锌钢管，当镀锌钢管的公称直径为 15mm 时，其长度不应大于 6m；当镀锌钢管的公称直径为 20mm 时，其长度不应大于 20m；安装后的水力警铃起动压力不应小于 0.05MPa。水流指示器的安装应在管道试压和冲洗合格后进行，水流指示器的规格、型号应符合设计要求。安装位置前后应有 5 倍管径长度的直管段，管道水流方向应与指示箭头方向一致。安装后的水流指示器桨片、膜片应动作灵活，不应与管壁发生碰擦。

水泵结合器的型号及规格应按设计要求确定，其组装应按接口、本体、联接管、止回阀、安全阀、放空管、控制阀的顺序进行。止回阀的安装方向应使消防用水进入管网系统，安装方法应严格按施工图册要求进行，其安全阀应按系统工作压力定压。

（4）报警阀组的安装应先安装水源控制阀、报警阀，然后再进行报警阀辅助管道的连接。水源控制阀、报警阀与配水干管的连接，应使水流方向一致，如图 7-33 所示。

（5）报警阀组安装的位置应符合设计

图 7-33　报警阀组安装示意图

要求,设在明显、易于操作的位置,距地高度宜为 1.2m 左右。报警阀处地面应有排水措施,环境温度不应低于 5℃。并在安装报警阀组的室内地面安装排水设施。

(6) 应使报警阀前后的管道中能顺利充满水,压力波动时,水力警铃不应发生误报警。

(7) 报警水流通路上的过滤器应安装在延迟器前,便于清洗操作的位置。

(8) 报警阀配件安装应在交工前进行,延迟器安装在闭式喷头自动喷水灭火系统上,按说明书及组装图安装,应装在报警阀与水力警铃之间的信号管道上。

(9) 水力警铃应安装在公共通道或值班室附近的外墙上,且应安装检修、测试用的阀门。与报警阀连接的管道应用镀锌钢管,当镀锌钢管的公称直径为 15mm 时,其长度不应大于 6m;当镀锌钢管的公称直径为 20mm 时,其长度不应大于 20m;安装后的水力警铃启动压力不应小于 0.05MPa。

7.3.5 其他组件安装

(1) 水流指示器一般安装在每层的水平分支干管或某区域的分支干管上。应水平立装,倾斜度不宜过大,保证叶片活动灵敏。

(2) 水流指示器前后应保持 5 倍安装管径长度的直管段。安装时注意水流方向与指示器的箭头一致。水流指示器适用于直径为 50~150mm 的管道上安装。

(3) 信号阀安装在水流指示器前的管道上,与水流指示器之间的距离不应小于 300mm。

(4) 排气阀的安装应在系统管网试压和冲洗合格后进行,排气阀应安装配水干管顶部、配水管的末端,且应确保无渗漏。

(5) 压力开关应竖直安装在通往水力警铃的管道上,且不应在安装中拆装改动。

(6) 末端试水装置安装在系统管网末端或分区管网末端。

7.3.6 阀门安装

核对型号规格→检查质量、外观→强度试验→严密性试验。

(1) 安装前按设计要求,检查其种类、规格、型号及质量,阀杆不得弯曲,按规定对阀门进行试压,检验是否泄漏。阀门进场后先随机抽取 10% 作阀门打压试验,如全部合格则其余免检,否则应扩大试验面,当不合格率达到 50% 以上时,阀门全部退货。

(2) 阀门的强度及严密性试验:阀门安装前必须进行强度和严密性试验,试验应在每批(同牌号、同型号、同规格)数量中抽查 10%,且不少于一个。对于安装在主干管上起切断作用的闭路阀门应逐个做强度及严密性试验。阀门的强度试验应符合设计及技术规范的要求,如无具体要求时,阀门的强度试验压力应为公称压力的 1.5 倍,严密性试验压力为公称压力的 1.1 倍;试验压力在试验持续时间内应保持不变,且壳体填料及阀瓣密封面无渗漏。阀门试压的试验持续时间应不少于表 7-5 的规定。

(3) 阀门安装的位置除施工图注明尺寸以外,一般就现场情况,做到不妨碍设备的操作和维修,同时也便于阀门自身的拆装和检修。

(4) 水平管道上的阀门安装位置尽量保证于轮朝上或者倾斜 45°或者水平安装,不得朝下安装。

阀门试验持续时间表　　　　　　　　　　表 7-5

公称直径 DN (mm)	最短试验持续时间（s）		
	严密性试验		强度试验
	金属密封	非金属密封	
≤50	15	15	15
65～200	30	15	60
250～450	60	30	180

（5）选用的法兰盘的厚度、螺栓孔数、水线加工、有关直径等几何尺寸应符合管道工作压力的相应要求。

（6）法兰与管道焊接连接时，插入法兰盘的管子端部距法兰盘内端面为管壁厚度的 1.3～1.5 倍，便于焊接。焊接法兰时，保证管子与法兰端面垂直，用法兰靠尺从相隔 90°两个方向度量，里外施焊。

（7）法兰连接的管道应注意：法兰应垂直于管道中心线，其表面应相互平行。热水供应管道的法兰衬垫，宜采用橡胶石棉垫；给水排水管道的法兰衬垫，宜采用橡胶垫。法兰的衬垫不得凸入管内，其外圆到法兰螺栓孔为宜。法兰中间不得放置斜面垫或几个衬垫。

（8）连接法兰的螺栓、螺杆突出螺母长度不宜大于螺杆直径的 1/2。螺栓同法兰配套，安装方向一致，扭力对称均匀；法兰平面同管轴线垂直，偏差不得超标，并不得用扭螺栓的方法调整。

（9）法兰阀门、软接头、过滤器等法兰配件、与管道一起安装时，可将一端管道上的法兰焊好，并将法兰紧固好，一起吊装；另一端法兰为活口，待两边管道法兰调整好，再将法兰盘与管道点焊定位，并取下焊好再将管道法兰与阀门法兰进行连接。

（10）阀门等法兰盘与钢管法兰盘平行，一般误差应小于 2mm，法兰螺栓应对称上紧，选择适合介质参数的垫片置于两法兰盘的中心密合面上，注意放正，然后沿对角先上紧螺栓，最后全面上紧所有螺栓。

（11）大型阀门吊装时，应将绳索拴在阀体上，不准将绳索系在阀杆、手轮上。安装阀门时注意介质的流向，截止阀及止回阀不允许反装。

（12）螺绞式阀门，要保持螺纹完整，按介质不同涂以密封填料物，拧紧后螺纹应有 3 扣的预留量，以保证阀体不致拧变形或损坏。紧靠阀门的出口端装有活接，以便拆修。

（13）过滤器：安装时要将清扫部位朝下，并要便于拆卸。

（14）管路上的温度计、压力表等仪表取原部件的开孔和焊接在管道试压前进行。温度计、压力表安装要便于观测、便于操作及维修。

（15）金属伸缩节及金属软管的安装：在车站内的直线管道上，应根据施工图纸的要求设金属伸缩节，金属伸缩节采用拉杆式（四杆）轴向型波纹管伸缩节，工作介质为自来水，两端连接方式为法兰。金属伸缩节在安装时一端为固定支架，另一端的第一个导向支架距伸缩节的距离为 4 倍管径，第二个导向支架与第一导向支架的距离为 14 倍管径。管道穿越变形缝时应设金属软管，并在两端设固定支架。金属软管应为带金属编织网的金属软管，法兰接口。金属软管的软管和编织网材质为不锈钢且不低于招标文件要求，法兰材质为碳素钢。金属伸缩节的固定杆件在安装未完成之前不得松开。管道安装、调整完毕后,将固定杆件松开。安装过程中,不允许焊渣飞溅物掉入波纹管口,不允许波壳受到其他机械损伤和伸缩时受到机械摩擦。对有流向要求的膨胀节应按介质流向箭头的要求进行安装。与波纹接触的保温材料应不含氯离子。

7.4 气体灭火系统

气体灭火系统是指在密闭空间内通过管网喷射无色、无味、无害的混合气体灭火剂（氮气、氩气、二氧化碳），采用全淹没方式实现扑灭该防护区的空间、立体火灾。气体灭火系统由火灾自动探测器、气灭单区控制盘、储气钢瓶、启动瓶及管网、喷嘴等组成,启动方式分为自动启动、单区控制盘手动启动、气瓶间启动瓶紧急手动启动、气瓶间紧急机械手动启动四种。气体灭火系统一般用于重要的电气、电子设备房,如通信、信号、站台门、供电、环控等。

7.4.1 管道安装

1. 工艺流程

气体灭火系统管道安装工艺流程如图7-34所示。

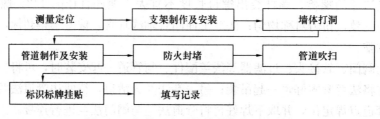

图7-34 气体灭火系统管道安装工艺流程

2. 施工工艺及方法

（1）测量定位

1）根据施工图纸要求,确认管道安装的位置,在预安装管道的两端用记号笔标记出管道两端的位置。

2）用墨斗弹出管道的安装线,弹线时应保证安装线为一条直线。

3）从管道安装的起点标记处,沿安装线方向50cm处标记出支吊架安装点,在此安装点的两侧适当位置（根据管道大小而定）标记出膨胀螺栓的安装位置。

4）继续沿安装线方向标记下一个支吊架及膨胀螺栓的安装位置,两个支吊架间距参考表7-6。

管道支架最大间距 表7-6

管道公称直径 （mm）	10	15	20	25	32	40	50	65	80	100	150
最大间距（m）	1.2	1.5	1.8	2.1	2.4	2.7	3.4	3.5	3.7	4.3	5.2

5）管道在拐角处、三通处、穿过建筑变形缝、楼板孔洞处,应在拐角、三通、建筑变形缝、楼板孔洞两侧50cm处各安装一个支吊架。

(2) 支吊架制作与安装

1) 根据施工图纸要求，选定支吊架所使用的材料，一般为 L50×4、L50×5 的角钢。

2) 根据设备房吊顶高度，设备房内各种设备的高度，综合支吊架高度，楼板孔洞距墙体的距离和施工图纸要求，确定气体管道的安装高度及位置，根据管道的安装高度确定支吊架的长度。

3) 根据测量数据切割角钢，在切割好的角钢上钻出螺栓孔，将钻好孔的角钢焊接为支吊架。

4) 将焊接完成的支吊架刷漆，先刷银粉漆再刷防锈漆。

5) 在测量标记好的膨胀螺栓位置处打孔，安装膨胀螺栓。

6) 安装支吊架。

7) 调整支吊架位置，使支吊架在同一水平线上。

(3) 墙体打洞

1) 在管道穿过二次结构墙体处画出预开洞的位置。

2) 一般使用水钻在墙上打洞，打洞的公称直径应比管道保护套管大 15mm。

3) 进入瓶组架的管道注意选择阀的距离（厂家提供数据），选择合适位置打孔。

4) 墙体打洞时，注意成品及半成品保护。

(4) 管道制作与安装

1) 根据施工图纸，选定图纸要求的管道。

2) 首先测量预安装管道的长度，用切割机切出所需长度的管道，注意切口处理。

3) 将切好的管道两头进行外套丝。

4) 将套丝完成的管道放置支吊架上，如果管道穿过墙体或楼板，需加装保护套管，套冒尺寸比管道大二号，套管头端应与墙面平齐，如果管道穿过结构变形缝处，应在变形缝处加伸缩节。

5) 两管道接头处，使用内套丝接头进行螺纹连接，注意管道两端的外套丝处应缠绕密封带。

6) 将连接好的管道进行固定、调整，并保证管道无扭曲、变形。

7) 根据设计说明及图纸要求，进行管道刷漆，刷漆时一定注意管道下方的设备保护。

(5) 防火封堵

将防火材料填全套管内外即可。

(6) 管道吹扫

管道安装完成后，应进行管道吹扫，管道进行空气吹扫时，且利用生产装置的大型压缩机和大型贮气气罐进行间断性吹扫，吹扫时应以最大流量进行，空气流速不得小于 20m/s。

(7) 标识标牌挂贴

根据运营要求，进行标识标牌挂贴。

(8) 填写记录

管道安装后，将记录表填写完整。

7.4.2 设备安装

1. 工艺流程

气体灭火系统设备安装工艺流程如图 7-35 所示。

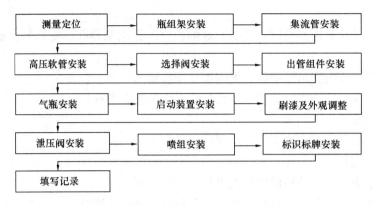

图 7-35 气体灭火系统设备安装工艺流程

2. 施工工艺及方法

(1) 测量

1) 根据施工图纸要求,确认瓶组架安装的位置。

2) 用水平仪的垂直线对准管道出口,再根据选择阀及瓶组架距墙尺寸,确定选择阀的位置。

3) 根据选择阀在瓶组架上的相对位置,确定瓶组架的落脚位置,用记号笔标记出瓶组架的落脚点。

4) 检查瓶组架的落脚点是否平直。

(2) 瓶组架安装

1) 根据施工图纸要求,选择瓶组架。

2) 根据测量标记组装瓶组架。

(3) 集流管安装

1) 根据施工图纸要求,选择集流管。

2) 集流管出口垂直向上。

3) 注意集流管堵口,应将出口暂时封堵。

4) 集流管不同部分的中心线标高相同。

5) 集流管安装时,因使用管钳等工具对集流管及管件表面造成的压痕和毛刺等,应及时打磨清除,并对镀锌层损坏处涂刷防锈漆。

6) 使用抱箍将集流管安装固定在瓶组架上。

7) 拆除集流管安全泄压阀接口的堵头,安装安全泄压阀。

8) 到达现场的安全泄压阀是一个整体,接口处带有一只"O"形密封圈,安装时只需将其旋紧在集流管的接口上即可。

(4) 高压软管安装

1) 将液体单向阀与集流管对接。

2）安装时，螺纹上不需要加其他密封材料，但应注意加装随机提供的端面"O"形密封圈，并确认单向阀的安装方向。

3）压力软管与液体单向阀对接。

（5）选择阀安装

1）选择阀与集流管对接。

2）按照不同的通径规格及不同连接方法，将选择阀的入口与集流管上预留的选择阀接口逐一对接。通径规格小于 DN80 的选择阀，采用螺纹连接，连接处应缠绕聚四氟乙烯胶带，并涂高压密封胶；通径规格大于 DN100 的选择阀，采用法兰连接，在法兰之间应安放随机提供的金属垫片。

3）采用螺纹连接的接口时，应正向逐步调节到位，避免反向调节。

4）选择阀的流向指示箭头应指向介质流动方向。

（6）出管组件安装

1）通径规格小于 DN80 的出管组件与选择阀之间为螺纹连接，先将配有一个弯头的短管呈水平方向旋入选择阀的出口，旋紧后，应使弯头出口向上。

2）然后将配有一个法兰的长管垂直旋入弯头，连接处均应缠绕聚四氟乙烯胶带，并涂高压密封胶。

3）通径规格大于 DN100 的选择阀，采用法兰连接，在法兰之间应安装随机提供的金属垫片。

4）主管道的入口端面应自然下垂至接口法兰盘中，插入深度应达到法兰盘厚度的 2/3 左右。

5）将法兰金属垫置于接口法兰之间，带上所有连接螺栓，但不要紧固。

6）将主管道调节到法兰盘中央位置，并点焊到一起，完成其初步对接。

7）检查各根管道的对接质量，确认无误后，拆去所有法兰连接螺栓和垫片，移动集流管和瓶组架，让开位置。

8）主管道入口处的法兰盘进行全面焊接，焊接后，还应对焊接处进行清理和局部防腐处理。

9）将集流管和瓶组架重新复位，并做最后的调整，在瓶组架下垫好防潮橡胶垫，然后完成所有出管组件与主管道之间的重新连接、密封和紧固。

10）拆除出管组件上压力讯号器接口的堵头或接头，安装压力讯号器。

（7）气瓶安装

1）将气瓶逐个搬上瓶组架底板，调整到位，搬运时，应小心谨慎，采取有效措施，防止撞击容器阀，防止对底板表面油漆的损坏。

2）采用随瓶组架包装在一起的抱卡对瓶组进行周定，固定前，应使瓶组的出口统一向后，瓶组正面的标示牌应整齐统一。

3）灭火剂瓶组安装就位并固定后，可以将与瓶组分别包装的先导阀逐一装上瓶组容器阀的顶部，特别注意的是，安装前先确认先导阀内部的撞针未脱落。

4）安装前和在安装过程中，应确认和保持先导阀上的保险插销在位，铅封完好，先导阀与容器阀的连接方式为螺纹连接，安装时，可直接旋上，不必缠绕生料带或涂密。

5）将压力表安装在容器阀的正面，安装压力表时，接口锥螺纹上应缠绕聚四氟乙烯胶带。

6）在确认灭火剂瓶组可以与集流管对接时，逐一旋下安全帽，并及时将压力软管与容器阀出口连接．连接时，应注意加装随软管一起包装的"O"形密封圈，安全帽应保持悬挂在容器阀上，以备后用。

7）一旦灭火剂瓶组连接上压力软管，即应保证选择阀随时处于关闭状态，预防误操作造成灭火剂喷入防护区。同时，应在瓶组架处挂上临时警示牌，防止无关人员接触瓶组。

（8）启动装置安装

1）将启动气体瓶组逐个放置到瓶组架底板上。

2）采用随瓶组架包装在一起的抱卡对瓶组进行固定。固定前，应使瓶组的出口统一向后，瓶组正面的标志牌应整齐统一。

3）启动瓶组电磁启动器下的安全插销能够防止电磁启动器误动作，造成启动气体的误释放。必须保证在系统正式开通交付前，该插销不被拔掉。

4）启动瓶组应急机械操作手柄下的保险卡环能够防止手柄被误压下，造成灭火剂误喷，在任何情况下，都应保证卡环在位和铅封完好。

5）根据施工图纸要求，在需要安装单向阀的相邻灭火剂瓶组间启动气体管路中，安装气体单向阀和三通接头，并应使用同样配套供应的带有气体单向阀和三通的预制回形管。

6）灭火剂瓶组与选择阀之间，以及选择阀与启动瓶组之间的启动气体管路需按照设计要求，利用配套供应的退火紫铜管、扩口式管接头、单向阀等零件材料，在现场制作安装。制作时，应使用配套的专用工具。

7）自动瓶组与选择阀之间的启动管路上安装微泄漏释放阀接头组件。

（9）刷漆及外观调整

1）从整体结构、外观上对系统进行校查、调整、修正和紧固。

2）清除安装过程中造成的管道表面金属毛刺和油污。

3）对集流管和出管组件的外表面涂敷标志性红色油漆。

4）对于表面未经镀锌处理或镀锌层受到损坏的部位，在涂敷外层油漆前，应局部刷防锈漆。

（10）泄压阀安装

泄压阀应按照要求安装在预留的孔洞上，并采用膨胀螺钉加以固定。其中活动泄压的一面内安装朝向防护区内，外部安袋铝合金装饰百叶窗。

（11）喷嘴安装

1）根据安装位置挑选特定规格型号的喷嘴。

2）喷嘴螺纹处应缠绕聚四氟乙烯胶带并采用扳手紧固，安装在吊顶下的带装饰罩的喷嘴，其装饰罩应紧贴吊顶板面。

（12）标识标牌挂贴

根据业主和设计图纸要求挂贴标识标牌。

（13）填写记录

安装完成后，按要求将记录表填写完整。

7.5 消防给水及灭火设施典型做法及常见问题和解决方法

轨道交通消防给水系统包括车站及区间消火栓系统和自动喷水灭火系统。

7.5.1 卡箍连接管道支架的设置

沟槽式（卡箍、卡套式）连接的给水钢管在相邻两个接口间必须设置管架，避免沟槽式配件卡箍连接处受力，如图 7-36 所示。

图 7-36 沟槽连接两侧设置支架

7.5.2 丝扣连接处防腐处理

螺纹连接的镀锌钢管连接处应有 2～3 扣的外露螺纹，经清除多余的麻丝填料后对外露螺纹做防腐处理，如图 7-37 所示。

图 7-37 丝扣连接外露螺纹及防腐处理

7.5.3 管道穿楼板

先按管道规格及所穿楼板的厚度切割套管（套管比立管大 1～2 个管号，套管间隙 10～20mm 为宜，套管高出装饰面层 20～30mm，多水房间时应为 50mm），套管规格应考虑管道保温或保冷层厚度，使保温或保冷层在套管内不间断，套管安装前内外刷防锈漆，按所需数量套入管道，调直固定好立管，用木楔把套管临时固定于洞口，用捻凿把油麻填塞于套管间隙的 2/3 处调整套管与管道的同心度，套管与板底平齐，套管与管道之间的缝隙用石棉绳封堵严密，如图 7-38、图 7-39 所示。

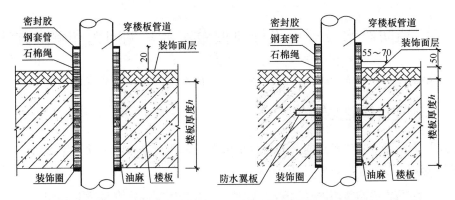

图 7-38 管道穿越楼板示意图

图 7-39 管道穿墙和顶板封堵做法

7.5.4 设备地脚螺栓防水防腐保护

对室外和多水房间安装的设备地脚螺栓，根据设备地脚螺母大小及螺栓外露长度，确定套管的直径及高度，成排或同一区域内螺栓外露长度应一致，以确保套管高度一致且覆盖螺栓顶面5mm。套管直径与螺母直径匹配，套管安装后用黄油填塞套管与螺栓之间的间隙，上口与套管平齐，如图7-40所示。

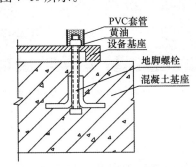

图 7-40 设备地脚螺栓防水防腐保护

7.5.5 常见问题及解决方法

1. 消火栓门开启方向需与疏散方向不一致

（1）现象

火灾消火栓门开启时,为不影响火灾时所必须使用的疏散通道,消火栓门开启方向必须朝向疏散方向。

(2) 原因分析

1) 技术人员审图不仔细,交底不详。

2) 消火栓门体施工时未结合建筑消防疏散平面图进行整合。

(3) 预防措施

1) 施工人员应严格按照施工图纸及技术标准执行。

2) 施工人员提前整合图纸,加强现场作业人员的施工技术交底及过程检查。

2. 消火栓箱嵌入搪瓷钢板墙面过深

(1) 现象

车站消火栓箱嵌于搪瓷钢板后方墙体,但部分车站搪瓷钢板与后方墙体距离过长。

(2) 原因分析

1) 可能是结构墙面施工偏差较大,导致离壁墙过厚。

2) 消火栓箱安装时未考虑装修完成面尺寸,将超厚部位未加背衬"假墙"进行处理。

(3) 预防措施

消火栓箱处设置砖墙体或钢结构支撑"假墙"背衬,以满足开门后方便设备使用。

3. 消火栓、箱安装质量问题

(1) 现象

消火栓、箱安装位置不当,配置不全,影响使用。

(2) 原因分析

1) 施工技术交底不详细或执行不到位。

2) 作业人员未熟悉图纸。

(3) 防治措施

1) 选用消防部门批准使用的合格消防产品。

2) 严格按国家标准图集施工,保证栓、阀位置安装正确,消防产品配置齐全。

3) 加强消火栓、箱的成品保护,防止器材损坏和丢失。

4. 室外消火栓位置存在问题

(1) 现象

室外消火栓布置,需要结合地面绿化带和周边商业,道路设置考虑,不影响人、车通行,室外消火栓应根据图集设置检修阀门,且消火栓栓口距离地面很近。

(2) 原因分析

1) 消防专业施工前,未与道路恢复图纸进行对接,发现问题未及时报设计单位进行解决。

2) 消火栓栓口定标高时,未与室外地面恢复完成面标高进行核对。

(3) 预防措施

1) 消火栓定位时,应结合室外道路恢复图纸,避免栓口在人、车的通道上,尽量设置在绿化带内或不影响人、车通行的地方。

2) 栓口标高需距离恢复完成地面450mm,应充分考虑铺砖,绿化后栓口高出地面的高度。

5. 水管接头有漏水现象

(1) 现象

消防箱内自救水喉系统的水管接头有漏水现象。

(2) 原因分析

1) 施工人员操作不细致。

2) 水管与自救盘接口固定不牢固。

(3) 预防措施

应加强现场巡查,重点检查箱体内部管线接口固定是否牢固。

6. 消防图纸和装修图纸不一致

(1) 现象

消火栓箱的位置和数量经常会出现消防图纸和装修图纸不一致的现象。

(2) 原因分析

1) 图纸设计阶段,由于消防设计人员与装修设计人员配合欠缺,导致两个专业图纸上消火栓箱的位置和数量不一致。

2) 部分图纸的更新不及时。

(3) 预防措施

1) 设计初应做好消防专业与装修专业的接口配合,消火栓箱的位置及开门方向,应以消防专业为主。

2) 消防专业如有调整补充的时候,应通知装修等相关专业人员做好图纸调整。

7. 消防水管安装问题

(1) 现象

消防水管安装在线缆桥架或电气设备上方。

(2) 原因分析

1) 由于管线图纸中设计标高碰撞原因造成的。

2) 施工现场因结构或其他设备等原因造成的。

3) 作业工人操作不当造成的。

(3) 预防措施

1) 施工前做好管线碰撞检查,提前做好碰撞方案。

2) 加强对现场工人的技术交底,并做好问题的排查及整改。

8. 气灭管道与支架出现腐蚀

(1) 现象

气体灭火系统无缝钢管与镀锌角钢支架直接接触,杂散电流对其造成腐蚀。

(2) 原因分析

1) 未按照设计图纸及规范要求对管道与支架间加设厚为5cm的绝缘橡胶垫。

2) 规范、设计未明确细部施工方法。

(3) 预防措施

严格按照图纸进行施工,管道与支架之间设置厚为5cm的绝缘橡胶垫,防止不同材质引起的杂散电流腐蚀。

9. 气灭喷头安装位置不合理

（1）现象

地铁空间狭小，部分车站设备区设备房内布满风管，喷头安装隐蔽于风管管道之间，影响气体喷放。

（2）原因分析

气体灭火系统施工及验收规范明确要求喷头应贴近防护区顶面安装，距顶面最大距离不宜大于0.5m，但现场实际设备房内风管布局影响喷头的安装。

（3）预防措施

根据现场实际情况，特殊情况下根据与风管施工安装进度交叉作业，避免风管安装完成后，气灭管道无法安装，喷头位置应至于风管下方，否则影响气体的喷放。

10. 气灭管道套丝连接松紧度不足

（1）现象

管道螺纹连接，螺纹丝口连接松紧度不足，试压时管道接头爆裂。

（2）原因分析

气体灭火系统管道公称直径≤80mm时，一般采用螺纹连接。螺纹连接采用机械切割，存在缺纹、断纹等现象，螺纹丝口连接松紧度不足，导致试压管道接头爆裂。

（3）预防措施

加强作业人员的技术交底，针对缺纹、断纹的现象作为不合格品处理，重新套丝。

11. 管道穿过墙壁、楼板处未设套管或设置不合理

（1）现象

气灭管道穿越防护区墙体或楼板时，套管未设置或设置套管的大小及长度不足，防火封堵不密实。

（2）原因分析

1) 未对作业人员进行相关规范技术交底。

2) 作业人员疏漏导致未设置套管。

（3）预防措施

1) 严格按照现行国家标准《气体灭火系统施工及验收规范》GB 50263执行，对作业班组进行技术交底。管道穿过墙壁、楼板处应安装套管，套管公称直径比管道公称直径至少应大2级，穿墙套管长度应与墙厚相等，穿楼板套管长度应高出地板50mm，管道与套管间的空隙应采用防火封堵材料填塞密实。

2) 加强施工过程中的现场巡检，督导及自查自纠，发现问题及时整改，对未按照要求执行的予以返工处理。

12. 地铁设备区走廊不做顶棚后的泄压口安装

（1）现象

气灭保护区泄压口的安装被综合支吊架上管路所挡不能完全开启。

（2）原因分析

1) 设备区走廊管线密集，综合支吊架管线排布未考虑全面。

2) 部分专业人员不完全按照综合支吊架排版图进行施工。

（3）预防措施

1）综合支吊架管线排布阶段，深化设计及各专业人员设计，共同确认并深化排版图。
2）各专业人员施工时，按确认版综合支吊架排版图进行施工。

7.6 消防配电与应急照明、疏散指示标志

应急照明和疏散指示系统是指用于建筑内人员安全疏散、逃生、避难和消防作业等应急行动的重要消防设施。消防应急照明和疏散指示系统的主要功能是在火灾事故发生时，为人员的安全疏散、逃生提供疏散路线和必要的照明，同时为灭火救援工作的持续开展提供应急照明。

消防疏散指示标志对人员安全疏散具有重要作用，在疏散走道和主要疏散路线的地面上或靠近地面的墙上设置发光疏散指示标志，对安全疏散起到很好的作用，可以更有效地帮助人们在浓烟弥漫的情况下，及时识别疏散位置和方向，迅速沿发光疏散指示标志顺利疏散，避免造成伤亡事故。

7.6.1 系统简介

消防配电为城市轨道交通一级负荷，主要包括：火灾自动报警系统设备、消防水泵设备、防排烟风机及各类防火防排烟阀、防火（卷帘）门、消防疏散用自动扶梯、应急照明。

城市轨道交通一般设置 EPS 系统，主要为车站及区间应急照明、疏散指示供电。

消防配电及应急照明的电源进线采用矿物质电缆。

7.6.2 消防配电与应急照明

1. 电缆桥架、线槽安装

（1）电缆桥架、线槽安装流程如图 7-41 所示。

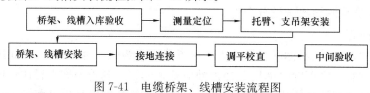

图 7-41 电缆桥架、线槽安装流程图

（2）电缆桥架、线槽安装注意事项：

1）在电缆桥架施工前将与其他机电承包人进行设计联络，优化及确认综合电缆桥架的大小、种类及具体位置是否符合安装要求。同时会同给水排水和通风各专业确定桥架走向顺畅。

2）在电缆桥架施工前还需就车站站台板下、车站站台边墙及区间中间墙、边墙及其他需要协调的位置与负责综合电缆桥架施工的相关人员进行设计联络，提供相关电缆及桥架资料。

3）电缆桥架的附件规格、质量应满足规范要求，附件与整体强度一致。

4）电缆桥架的安装在无吊顶处沿梁底吊装或靠墙支架安装，支撑点（或吊点）间距不大于 2m，接口及转角处均应有支撑点。支吊架和托臂的安装应牢固可靠。确保在任何

振动和不均匀负荷的环境下不会滑脱。桥架、线槽安装保持平直、整齐、牢固,无歪斜现象,水平安装高度一般不低于 2.5m。

5) 支架间距不大于 2m。在直线段和非直线段连接处、过建筑物变形缝处和弯曲半径大于 300mm 的非直线段中部应增设支吊架,在电气专用房间内敷设时除外,支吊架走向左右偏差不应大于 10mm,桥架水平度或垂直度符合要求。

6) 电缆桥架在每个支撑点上应固定牢靠,连接板用螺栓紧固,螺帽端位于桥架外侧,桥架上严禁使用电、气焊开孔。

7) 电缆桥架在转弯处的转弯半径不能小于该桥架上电缆最小允许的弯曲半径;电缆桥架的上面距梁底面不小于 10mm。

8) 整个桥架、支架系统应可靠接地。接地方式可采用软铜线在每段桥架、线槽两端连接。

9) 电缆桥架与各种管道平行成交叉,其最小净距应符合表 7-7 的规定。

10) 电缆桥架安装和穿墙封堵如图 7-42、图 7-43 所示。

桥架、线槽与各种管道的最小净距　　　　　　　　　　表 7-7

管道类别		平行净距（m）	交叉净距（m）
一般工艺管道		0.40	0.30
热力管道	有保温层	0.50	0.50
	无保温层	1.00	1.00

图 7-42　顶面桥架敷设和电气小室桥架敷设

图 7-43　桥架穿墙封堵

2. 配电（屏）柜

(1) 各种屏、柜在安装前应认真查对所需的技术资料是否齐全。如设计院所提出的设备基础图、设备安装位置图,设备制造厂所提供的出厂合格证书、设备清单及装配图、使用说明书等，设备应有铭牌。

（2）认真做好设备的开箱检验工作，开箱应在干燥及不淋雨的场合，开箱检验工作应由负责设备安装的工程师会同建设和监理单位代表共同进行。对设备质量及其相配套备品、附件等进行认真检查，发现缺损及时进行处理，并认真做好设备开箱检查记录。拆箱时，应注意保护产品，避免箱体元件损伤。

（3）屏、柜等电气设备在搬运和安装时，应有防震、防潮、防止柜架变形和漆面受损等措施。将易损元件拆下单独包装运输。

（4）基础槽钢安装前先要平直，其允许偏差应符合表 7-8 要求。

基础槽钢平直偏差　　　　　　　　　　　　　　　　　表 7-8

项次	项目	允许偏差（mm）	
1	不直度	每米	1
		全长	5
2	水平度	每米	1
		全长	5

（5）基础槽钢按设计要求进行安装，确保安装牢固且平、正、直，并接地良好，装有电器的可开启的屏、柜门，应该用软导线与接地的金属构架可靠地连接。

（6）屏柜本体及内部设备与各构件间连接牢固，屏柜必须与基础槽钢连接牢固，屏柜安装后应符合表 7-9 要求。

屏柜安装相关要求　　　　　　　　　　　　　　　　　表 7-9

屏柜安装检查项目		允许误差（mm）
水平度	相邻两盘顶部	2
	成列盘顶部	5
水平度	相邻两盘边	1
	成列盘面	5
	盘间连接	2
垂直度		1.5

成列屏柜相互间应用 M12 和 M10 的镀锌螺栓连接或专用件连接，屏与屏、柜与柜之间的缝隙不得大于 1mm。

（7）安装完毕后的屏柜其柜前和柜后的通道净距应不小于表 7-10 规定。

屏柜其柜前和柜后的通道净距（m）　　　　　　　　　　表 7-10

布置 形式	单排布置			双排对面布置			双排背面布置			多排同向布置		
	柜前	柜后		柜前	柜后		柜前	柜后		柜间	柜后	
		维护	操作		维护	操作		维护	操作		维护	操作
固定式	1.5	1.0	1.2	2.0	1.0	1.2	1.5	1.0	1.3	2.0	1.5	1.0
抽屉式	1.8	0.9	—	2.3	0.9	—	1.8	1.0	—	2.3	1.8	0.9

（8）引进柜内的控制电缆应排列整齐，避免交叉，电缆型号、规格应符合设计要求。

电缆固定牢靠，不得使所接的端子排受到机械应力。

（9）低压屏、柜上 1000V 及以下的交、直流母线及分支线，其不同相或极的裸露截流部分之间及裸露截流部分与未经绝缘的金属之间电气间隙不应小于 12mm，漏电距离不应小于 20mm；400V 及以下的二次回路的带电体之间间隙不应小于 4mm，漏电距离不应小于 6mm。

（10）抽屉式配电柜的安装还应符合下列要求：

1）抽屉与柜体之间的接触及柜体、框架的接地应良好。

2）抽屉推拉灵活轻便，无卡阻、碰撞现象，抽屉应能更换。

3）抽屉的机械联锁或电气联锁装置应动作正确、可靠，断路器分闸后，隔离触头才能分开。

4）抽屉与柜体的二次回路连接插件应接触良好。

（11）配电箱、柜安装效果如图 7-44 所示。

图 7-44　配电箱、柜安装

3. 二次回路配线安装

（1）按图施工，接线正确，连接可靠，电缆芯线和所配导线的端部均应标明其回路编号，导线绝缘良好，且不应有接头，如图 7-45 所示。

图 7-45　配电箱接线、封堵

（2）引进盘柜的控缆及芯线应牢固固定，不使所接的端子板受力，电缆头一般固定在最低端子排子 150~200mm。

（3）盘柜内的电缆、芯线应垂直或水平有规律的配置，不得任意歪斜、交叉连接，备用芯线应留有适当的长度。电缆芯线连接时，其连接管和线耳子的规格应与线芯规格相符。

(4) 所有二次回路应经耐压试验及模拟试验合格后方可正式投入使用。

(5) 二次回路接线施工完毕测试绝缘时应有防止弱电设备损坏的安全技术措施。

4. 电线、电缆敷设及电缆头制作

消防专业馈线及环控一级负荷采用矿物质绝缘电缆，矿物质绝缘电缆敷设时需注意以下几项：

（1）矿物质绝缘电缆硬度较大，所以敷设中应尽量避免交叉。敷设前应根据设计图纸绘制"电缆敷设走向图"，认真核对电缆的根数、规格、长度、走向、中间接头位置及与其他管道交叉的间距等。敷设时应在专用的电缆放线架上进行，拆除包装时必须格外小心，不得让小刀划穿包装层，以免损伤铜护套，在处理中间接头、终端头时要留足操作裕量。在穿钢管及桥架的转角、分支等处，要按照事先排布好的顺序平滑均匀地过渡，避免交叉和重叠。

（2）在每个回路终、始点，每个中间接头处，穿墙洞等处采用悬挂标志牌或粘贴永久性标志的方法标明各回路编号及相序，以免由于回路多、接头过多而无法分辨，出现回路、相序连接的错误。

（3）BTTZ 电缆在实际应用中多为单芯电缆组成回路，故容易在电缆固定金具中产生感应涡流。若涡流过大不仅会产生大量的涡流损耗还使电缆的固定金具老化速度加快，所以在实际施工过程中应尽量避免产生涡流或将涡流减至最小。现场通常采用以非金属固定件绑扎电缆，同时采用合理电缆相序排列使涡流产生量最小。通常有以下几种排列方法，如图 7-46 所示。

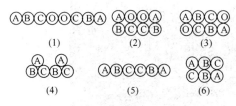

图 7-46 BTTZ 电缆排列方式

注：(1)、(5) 排列方式多用在电缆桥架内，其余方式也可用于桥架内敷设但多用于直接明敷

（4）在调直电缆时应小心，避免在调直过程中损伤电缆的铜护套。敷设前，应认真检测其绝缘值和端头及铜护套是否裸露、划伤。发现后应及时进行密封，现场一般备有石蜡作为临时密封材料。放线时剩余部分锯断处也应立即密封。确保空气中水分不进入绝缘层，若检测中电阻值不符合规范要求的不得敷设，应在采取除湿处理电阻值符合要求后进行敷设。

（5）在桥架 T 形弯、L 形弯、穿越墙洞、电气竖井、进出配电柜箱等弯曲度大、空间狭小处敷设时要注意敷设时应用力均衡，在处理弯曲处时，要使用厂家配备专用的弯曲工具，按照安装说明的弯曲方法和力度进行冷弯，切不可使用普通工具或人工强行弯曲，以免在操作中损伤电缆铜护套。

（6）由于矿物质绝缘电缆硬度较大，为避免温度变化对电缆产生永久的损伤，在电缆直线敷设超过 70m 时应在允许的场合设置膨胀环，通常采用 S 型膨胀环。另外，在电缆与电机、水泵、风机等有振动的设备连接处也应设置膨胀环，此处通常采用 Ω 型膨胀环，如图 7-47 所示。

（7）在同一桥架内，同一回路不同相序的电缆应同时敷设，敷设完后应及时将桥架盖板盖好以作保护，防止在其他专业施工过程中电缆被工具、建材碰撞或被焊接火花等击伤、烧伤从而造成电缆外护套的损坏。

5. 设备连接及接线

(1) 接线前一定要认真核实回路,对校对好的芯线两端同时做好标记,标记应清晰且易于辨认。接线要正确,应符合系统图及二次回路原理图。

(2) 检查设备及电动机是否已正确安装完毕,达到接线条件要求,电动机接线后接线盒盖子要安装紧密。压接要

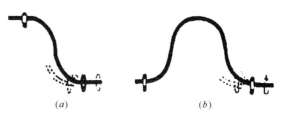

图 7-47 BTTZ 电缆
(a) S 型膨胀环;(b) Ω 型膨胀环

牢固、紧密,排线整齐、美观、绝缘良好,芯线无损伤且受力正确,如图 7-48 所示。

(3) 芯线和电气设备的连接应符合:截面积在 10mm² 及以下的单股线直接与设备、器具的端子连接;截面积在 2.5mm² 及以下的多股铜芯线拧紧搪锡或连接端子后与设备、器具的端子连接;截面积大于 2.5mm² 的多股铜芯线,除自带插接式端子外,接续端子后与设备、器具的端子连接。

图 7-48 消防泵和隧道风机进线

7.6.3 疏散指示标识

1. 壁装疏散指示灯安装

(1) 根据灯具固定孔位置及安装高度,在电源线接线盒两侧用粉笔标出打孔位置用电钻在墙上打孔,孔大小根据塑料胀塞规格确定。然后将塑料胀塞上好,螺丝预留 2 扣用于挂装灯具。将灯具预留电源线与接线盒内电源线做并头,并头缠绕圈数为 5~7 圈。然后将并头涮锡。待搪锡冷却后,先用绝缘胶带包缠一层,再用防水胶带包缠一层。

(2) 将电源线盘好塞入接线盒内,并将灯具挂在塑料胀塞螺钉上。调整灯具使其与墙面贴近并保持水平。

2. 嵌入式疏散指示灯安装

(1) 据灯具外形尺寸,让装修专业在侧墙装饰面上开孔,开孔尺寸比灯具外形尺寸各边大 2~3mm;制作灯具安装支架,支架一侧固定到侧墙上,另外一侧预留灯具固定用螺栓孔,灯具预留电源线与接线盒内电源线做并头,并头缠绕圈数为 5~7 圈,然后将并头处翻锡。

(2) 待搪锡冷却后,先用绝缘胶带包缠一层,再用防水胶带包缠一层。电源线盘好塞入接线盒内,并将灯具用螺栓固定到灯具安装支架上,调整灯具使其与装饰面贴紧并保持水平。

3. 吊装安全出口标志灯安装

（1）对于吊顶完成面与门框上沿间距过小，无法安装壁装安全出口指示灯的情况，可以采用吊装疏散指示灯进行安装。在吊顶内用型钢制作角钢支架，将灯具吊链与型钢支架固定牢固。

（2）对应吊链垂下位置在吊顶板上开孔。将吊链引下，并与灯具上自带的吊环连接。需调整吊链长度，保证灯具水平，且满足设计安装高度要求。

（3）将灯具预留电源线与接线盒内电源箱连接，并按嵌入式灯具安装中的并头要求进行包缠。电源线应用金属软管保护，不能造成导线裸露。

7.6.4 典型做法

（1）灯具安装前就认真核对灯具安装位置，要做到照度满足要求，位置合理，维修方便。公共区灯具应密切结合装饰专业图纸，保证灯具安装完毕后，保持灯具水平一致、美观。

（2）检查灯具的型号，规格符合设计要求，附有相关产品合格证。

（3）照明器具安装形式、高度、位置应符合设计要求，安装牢固，照明灯具外壳均应接地，灯具的相线应经开关控制。

（4）同一室内成排的灯具安装应整齐，其中心偏差不应大于5mm。成排灯具中心线以细钢丝挂线拉直找准。

（5）事故照明灯具须有标明特殊标志，疏散指示灯具标明走向及距安全出口的距离。

（6）在变电所内，高压、低压配电设备的正上方，不应安装灯具。

（7）AC36伏灯具照明变压器安装在事故照明配电箱内，电源侧应有短路保护，其开关的额定电流不应大于变压器的额定电流。变压器外壳，铁芯和低压侧的一端或中心点均应和接地端子可靠连接，接地良好。

（8）嵌入顶棚内的装饰灯具（包括公共区及出入口）的配管配线应按照以上项目的要求及做法完成，与嵌入式灯具连接的金属软管，其末端的固定管卡宜安装在自灯具、器具边缘起沿软管长度1m内。

（9）嵌入顶棚内的装饰灯具的边缘应与顶棚面的装修直线平行，如灯具对称安装时，其纵横中心轴线应在同一条直线上，偏斜不应大于5mm。

（10）照明灯具采用吊杆及吊链吊装时吊竿应垂直，双链应平行，照明灯具内外应用干布及无水酒精擦净，导线与灯具连接应紧密牢固，不伤线芯，照明灯具及导线应绝缘良好。

7.6.5 常见问题及处理措施

1. 材料及设备质量控制

进场材料不合格

（1）现象

生锈、变形、细节处理不达标。

（2）原因分析

生产工艺不合格，运输过程中原材料受损。

（3）预防措施

1）严格把守质量关，材料进场时进行复验，项目部配备相关检测仪表，加强材料进场自检工作。

2）建立物资、材料进场、材料检验试验、材料异常数据台账，检测不合格材料及时做退场处理。

2. 配管桥架线槽安装

（1）线管安装质量问题

1）现象

① 配管连接处未做防水处理，密封不到位。

② 线管与接线盒连接工艺不美观。

2）原因分析

① 线管连接处未进行防水处理或密封不合格，导致管内进水。

② 线管施工结束后，其他单位施工时不注意造成的损坏。

3）预防措施

① 管口及其各连接处均应密封，室外管端口需做滴水弯，过路箱应有防水措施。

② 电管敷设前检查管内有无杂物，电管敷设完毕后应及时将管口进行有效的封堵，不应使用水泥袋、破布、塑料膜等物封堵管口，应采用束节、木塞封口，必要时采用跨接焊封口，箱、盒内管口采用镀锌铁皮封箱，多弯及长管预穿铁丝以便穿线。

（2）线槽安装质量问题

1）现象

线槽内布线过多，线槽盖板盖不上。

2）原因分析

线路过于集中敷设，未合理安排电缆走向。

3）预防措施

① 施工前应先查看电缆走向，合理进行电缆敷设。

② 当桥架型号无法满足电缆敷设时，适当调整桥架规格型号，避免电缆敷设时桥架内部空间不足。

（3）线管进箱（盒）不顺直

1）现象

线管进入箱（盒）内，不顺直。

2）原因分析

① 施工结束后，其他施工人员施工时不注意而碰撞造成线管歪斜、破损。

② 施工时未进行测量放线，结束后未校验美观。

3）预防措施

① 电管进箱（盒）应顺直，不应倾斜进箱（盒）。

② 施工结束后，应进行有效的成品保护。

（4）线管弯头制作质量问题

1）现象

线管弯头制作不符合规范要求，弯头过多或弯扁度超标，影响穿线。

2）原因分析

线管在压弯时力度过大。

3）预防措施

①线管敷设中弯头超过3个（直弯为2个）时，必须设置过路盒。

②线管弯曲施工时，弯曲半径不应小于管外径的6倍（埋地或埋混凝土的电管半径则不小于管外径的10倍），线管弯扁程度不大于电管外径的10%。

（5）桥架安装质量问题

1）现象

①桥架安装工程质量通病：垂直弯、水平弯制作不规范，不能满足电缆最小弯曲半径的要求，不平直、不垂直、观感质量差。

②不做接地跨接或跨接不符合规范要求。

2）原因分析

①桥架连接处跨接地线安装松动，遗忘安装跨接线连线。

②桥架垂直弯、水平弯制作时测量计算不准确，制作不规范。

3）预防措施

①安装桥架，线槽托架应放线施工，确保横平竖直，固定安装要牢固。

②桥架的接地跨接：镀锌桥架可不设跨接线，但要确保固定螺栓两侧各有不少于1个使用平垫片和弹簧垫片。

3. 配线电缆安装

（1）电缆各支持点间的距离问题

1）现象

电缆各支持点间的距离过长。

2）原因分析

电缆支持点间距未按规范距离加设，或只是临时固定，后期统一按规范间距增加，见表7-11。

电缆各支持点间的距离　　　　表7-11

电缆种类		支持点间的距离（mm）	
		水平敷设	垂直敷设
电力电缆	全塑型	400	1000
	除全塑型外的中低压电缆	800	1500
	35kV及以上高压电缆	1500	2000
控制电缆		800	1000

注：全塑型电力电线水平敷设沿桥架固定时，支持点间的距离允许为800mm。

3）预防措施

（2）桥架上电缆排列质量问题

1）现象

桥（梯）架上多根电缆排列不整齐，互相交叉挤压，固定不牢固。

2）原因分析

桥架内电缆混乱，初步敷设时没将电缆顺序排布整齐，导致后期电缆无法整理绑扎固定。

3）预防措施

加强对作业工人的技术交底，桥架上的电缆应排列整齐，不宜交叉，不应挤压。

（3）电缆标识不清楚

1）现象

标识牌未挂或标识内容不全，字迹不清晰。

2）原因分析

电缆标识牌内容未写全，增加标识牌时间过晚。

3）预防措施

① 标识牌上应注明线路编号，无编号时应写明电缆型号、规格及起讫地点；标识牌的字迹应清晰，不易脱落。

② 标识牌宜统一，材料应防腐，挂装应牢靠。

（4）垂直线槽内电缆固定问题

1）现象

车站环控电控室及照明配电间的电气设备上进上出线的垂直线槽较长，应核查内部敷设的线缆固定是否符合要求；相关消防负荷的线缆槽应按耐火要求涂覆防火涂料。

2）原因分析

操作工人操作不细致，现场监管不严。

3）预防措施

① 加强对现场操作工人的教育。

② 加强施工现场监管。

③ 超长垂直线槽内加丝杆横担两道，确保电缆与桥架的固定牢固度。

（5）穿人防门管线未做防火封堵

1）现象

区间有局部穿人防（防淹）门侧墙的管线孔还未做封堵，应按人防等特殊安装要求进行封堵。

2）原因分析

① 技术交底对特殊安装要求交底不具体，操作工人操作不细致。

② 施工现场监管不严。

3）预防措施

① 加强此部位的特殊要求技术交底，确保所有穿人防门管线的防火封堵到位。

② 加强对现场操作工人的教育。

③ 加强施工现场监管。

（6）防火分区防火封堵问题

1）现象

消防验收时，存在串烟的现象。

2）原因分析

① 由于设备区走道管线密集，影响防火封堵，不能满足消防要求。

② 操作工人操作不细致。

3）预防措施

防火封堵严格按照消防验收要求施工。

4. 柜箱安装

（1）柜（盘）标识不清

1）现象

对柜（盘）不标记柜号，简图，不标记导线号牌或标识不清。

2）原因分析

① 与相关单位沟通不到位，无法确定编号。

② 编号喷涂不均匀。

3）预防措施

对柜（盘）的编号、功能、简图、柜内导线、电缆的标牌、线号均应永久性地标记。

（2）配电箱进出线口无防火封堵

1）现象

配电箱进出线口出现无防火封堵。

2）原因分析

① 配电箱安装后，防火封堵不及时。

② 封堵过程中存在个别遗漏的进出线口。

3）预防措施

① 施工过程中应仔细排查每个配电箱，逐个进行封堵。

② 施工结束后整体检查一遍，有遗漏掉的及时进行封堵。

（3）控制柜安装在露天易雨淋位置

1）现象

机电设备控制柜安装在露天易雨淋的位置。

2）原因分析

设备安装未考虑影响因素。

3）预防措施

风井口及楼梯洞口以及室外电气设备应尽量避免露天安装，若无法避免，应做好防护措施。

（4）配电间电箱安装布局问题

1）现象

配电箱紧密成排安装时，要考虑箱体的开门空间，中间留少许空间；配电箱安装高度须按规范要求安装。

2）原因分析

① 设备房间狭小，电箱数量多且大小不一。

② 电箱安装高度未考虑后期检修。

3）预防措施

① 在有限的空间内合理规划电箱安装位置，确保门体开关空间合理。

② 电箱安装高度需结合箱体大小，合理定位。

（5）配电箱电缆进出线处的问题

1）现象

配电箱电缆进出线处未做护口。

2）原因分析

① 操作工人操作不细致，缺乏常识性经验。

② 施工现场监管不严。

3）预防措施

① 配电箱电缆进出线处需用橡胶垫等做好电缆防护。

② 在做好防护的同时，需按要求做好防火封堵。

5．照明装置

（1）成排灯具安装不齐

1）现象

相同的灯具在同一场所高度不一致；成排灯具不直；顶棚上灯具下垂，外斜。

2）原因分析

① 同一场所内管线过多，影响灯具安装工艺。

② 施工结束后，其他单位施工时不注意造成的灯具重斜。

3）预防措施

① 悬吊灯具的支吊物应与吊灯重量相配，成排吊灯在安装好后应拉线调整吊灯高度。

② 施工结束后进行有效可靠的成品保护。

（2）灯具安装与装饰面不协调

1）现象

公共区照明嵌入式灯具直接通过厂家配套卡箍固定在装修龙骨上，出现灯具与装饰面接口效果差、接口不平整现象，影响整体观感，同时不便于顶棚局部调整。

2）原因分析

① 同一场所内管线过多，影响灯具的安装工艺。

② 灯具安装位置上方有其他设备遮挡，无法独立生根。

3）预防措施

① 成排灯具安装前应先拉线定位，避开顶棚龙骨，中心偏差不大于5mm。

② 灯具应固定在专设的枢架上，开孔不能过大，固定灯罩的边框边缘应紧贴在顶棚上。

（3）区间联络通道需设置应急逃生指示灯

1）现象

区间联络通道门外侧上方未设置应急逃生指示标志灯。

2）原因分析

① 设计未明确应急逃生指示灯的设置。

② 施工人员遗漏，施工现场监控不严。

3）预防措施

① 设计人员明确安装位置，并确定方案。

② 加强现场巡检及对操作工人的交底。

（4）灯具安装采用简易转换支架

1）现象

灯具安装采用简易转换支架绑扎在顶棚的副龙骨上。

2）原因分析

① 设计图纸中缺少详细的节点安装图纸及方案。

② 施工技术交底不详细或现场监督不到位。

③ 灯具正上方有大型风管等影响，吊架无法与结构连接。

3）预防措施

① 设计需增加详细的节点安装图纸及转换支架的设置要求。

② 细化技术交底，并做好现场的监督落实，确保灯具安装方式与设计要求一致且牢固。

③ 灯具安装位置上方如有大型风管等其他因素影响，导致灯具吊杆无法直接打在结构面上时，应采用5×5角钢焊接成转换支架，以便灯具固定安装。

7.7 防火分隔

城市轨道交通车站属于人员较密集的公共场所，为确保消防安全，设计了防火卷帘和防火门、窗等分隔措施，把车站划分成若干个防火隔间，通过防火分隔在一定时间内阻止火焰蔓延。

7.7.1 系统简介

车站防火分区之间的防火墙采用耐火极限不低于3h的砌块墙分隔，防火墙上的门为甲级防火门，窗为甲级防火窗（采用C类甲级防火玻璃），防火门开启方向为疏散方向。

位于站厅层设备、管理用房防火分区内的车站控制室、通信和信号机房、通风和空调机房、消防泵房、配电室、气瓶间等主要设备房间，均采用耐火极限不低于3h的隔墙，和耐火极限不低于2h的楼板与其他部位隔开，墙体砌筑到结构板底，房间门窗均采用甲级防火门和甲级防火窗。

车站乘客服务用房设置管理卷帘和防火卷帘各一道，每个乘客服务用房还根据要求设置向疏散方向开启防火门一道。

7.7.2 防火卷帘

防火卷帘安装工艺流程如图7-49所示。

（1）确认门洞口尺寸及安装方式（内侧、外侧、及中间安装），墙体洞口为混凝土时，应在洞口预埋件，然后与导轨、轴承架焊接连接；墙体洞口为砌体时，可采用钻孔埋设胀锚螺栓与导轨、轴承架连接。

（2）确定安装水平线及垂直线，按设定尺寸依次安装。槽口尺寸应准确，上下保持一致，对应槽口应在同一平面内，然后用连接件与洞口内的预埋件焊牢。

（3）卷轴、支架板必须牢固地装在混凝土结构上。

（4）宽大门体需在中间位置加装中柱，两边有滑道。中柱安装必须与地面垂直，安装

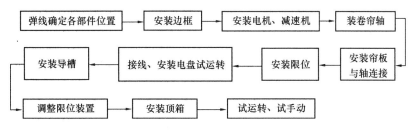

图 7-49　防火卷帘安装工艺流程

牢固，但要拆装方便。

（5）门体页片插入滑道不得少于 30mm，门体宽度偏差±3mm。

（6）防火卷帘门水幕系统装在防护罩下面，喷嘴倾斜 15°角。

（7）安装完毕，先手动调试行程，观察门体上下运行情况。正常后通电调试。

（8）观察卷帘机、传动系统、门体运行情况。应启闭正常、顺畅，速度 3～7m/min。

（9）调整制动器外壳方向，使环行链朝下；调整链条张紧度，链条 6～10mm；调整单向调节器及限位器。

（10）卷筒安装应先找好尺寸，并使卷筒轴保持水平位置，注意与导轨之间的距离应两端保持一致，临时固定后进行检查，并进行必要的调整、校正，无误后再与支架预埋件用电焊焊接，如图 7-50 所示。

（11）清理：粉刷或镶砌导轨墙体装饰面层。清理现场。

图 7-50　防火卷帘

7.7.3　防火门、窗

防火门、窗安装工艺流程如图 7-51 所示。

（1）铝合金门窗采用多组组合时，应注意拼装质量，接缝应平整，拼樘框扇不劈棱，不窜角。

（2）处理门窗框与墙体缝隙：铝合金门窗固定后，应及时处理门窗框与墙体缝隙，外表面留 5～8mm 深槽口填嵌嵌缝膏，严禁用水泥砂浆填塞。在门窗框两侧进行防腐处理后，可填嵌设计指定的保温材料和密封材料。待铝合金窗和窗台板安装后，将窗框四周的缝隙同时填嵌，填嵌时用力不应过大，防止窗框受力后变形。

（3）地弹簧座的安装：根据地弹簧安装位置，提前剔洞，将地弹簧放入剔好的洞内，

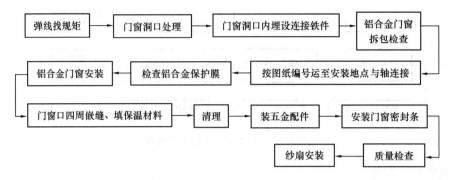

图 7-51 防火门、窗安装工艺流程

用水泥砂浆或细石混凝土固定。地弹簧座的上皮一定与室内地平一致；地弹簧的转轴轴线一定要与门框横料的定位销轴心线一致。

（4）安装五金配件：待抹灰刷浆完了之后方可安装门窗的五金配件，要求安装牢固，使用灵活。

7.7.4 典型做法

1. 防火门

（1）弹控制线、定位：按设计要求尺寸、标高和方向，弹出门框框口位置控制线。

（2）门洞口处理：防火门采用净口安装，安装前检查门洞口尺寸，偏位、不垂直、不方正的要进行剔凿或抹灰处理。

（3）门框内灌浆：对于钢质防火门，需在门框内填充 1∶3 水泥砂浆（或 C20 细石混凝土）。填充前应先把门关好，将门扇开启面的门框与门扇之间的防漏孔塞上塑料盖后，方可进行填充。填充水泥不能过量，防止门框变形影响开启。

（4）门框就位和临时固定：先拆掉门框下部的固定板，将门框用木楔临时固定在洞口内，经校正合格后，用膨胀螺栓固定牢固。须保证框口上下尺寸相同，允许误差＜1.5mm，对角线允许误差＜2mm。

（5）门框固定：采用 1.2mm 厚烤漆钢板连接件固定。连接件与墙体采用 10×100 膨胀螺栓固定安装。门框每边均不应少于 3 个连接点。

（6）门框与墙体间隙间的处理：门框周边缝隙，小于 15mm 的缝隙直接采用建筑密封胶嵌缝牢固，大于 15mm 用 1∶2 水泥砂浆嵌缝牢固，应保证与墙体结成整体，经养护凝固后打一道建筑密封胶。

（7）成品保护：已安装好门框，要保证保护膜完好并做好验收合格记录，防火门安装完毕后采用封闭保护方式，不同工种作业时，须办理交接检，并在完成会签后申领钥匙并做好备案，交接后的成品保护由钥匙申领人负责，防火门安装单位须做好日常巡检。

2. 防火窗

（1）防火窗安装前必须进行检查，如因运输贮存不慎导致窗框、窗扇翘曲、变形、玻璃破损，应修复后方可进行安装。

（2）防火窗安装时，须用水平尺校平或用挂线法校正其前后左右的垂直度，做到横平、竖直、高低一样。窗框必须与建筑物成一整体，采用木件或铁件与墙连接。钢质窗框安装后窗框与墙体之间必须浇灌水泥砂浆,并养护24h以上方可正常使用。

(3) 防火玻璃安装时,四边留缝一定均匀,定位后将四边缝隙用防火棉填实填平,然后封好封边条。

3. 防火卷帘

(1) 防火卷帘门安装前,必须核实项目工程图纸,检查防火卷帘门楼层、位置、门号、门洞的高尺寸,门洞的宽尺寸,防火卷帘门安装方式。

(2) 电机支架板、副支板安装。电机支架板用6个M12胀管螺栓固定,副支板用4个M12胀管螺栓固定。电机支架板、副支板的下端边线要高于卷帘门高度100~120mm。检查:10个M12胀管螺栓要拧紧。支架板不能有松动现象。支板水平安装误差不大于5mm。电机的链子不宜过紧,链子、链轮要涂机油。

(3) 两棵卷帘轴的安装:第1棵卷帘轴安装时用水平尺检查,水平误差应不大于2mm,卷帘轴与电机支架板要垂直,轴承座和小轴支撑焊接后,满焊焊口高5mm,卷帘轴的跳动应不大于5mm。第2棵卷帘轴的安装要平行,两个卷帘轴间距误差不大于5mm,小轴支撑焊接后,满焊焊口高5mm,卷帘轴的跳动应不大于5mm。检查:用手转动两棵卷帘轴应转动自如,无卡死现象。复查两棵卷帘轴的4个轴端,水平、平行误差不大于5mm。

(4) 导轨安装:安装导轨预埋件20×40矩形管(长度与2个导轨外侧尺寸相等或按图纸要求),在矩形管上打2个孔,用M6胀管螺栓固定在门洞侧墙上。上边矩形管间距支架板的下端边线300mm,下边矩形管的间距地面是300mm。导轨的上端高于支架板的下端边线50~100mm,用2寸管做底模拍打R100的4个弧片形,导轨的下端与地平。导轨要垂直、平行牢固地点焊在矩形管上,点焊间距500~600mm,左右对称,在区域内保持一致。导轨的间距300mm或按图纸要求,两组导轨的间距尺寸要相等或按图纸要求安装。

(5) 卷帘安装:帘面表面要安装平整,首板长度方向应与卷筒轴中心线平行,并用规定规格的螺钉固定于卷筒轴上。卷帘插入导轨左右各45~60mm处。尾板与左、右导轨的间隙为20~30mm。有装饰尾板的要与尾板长度相等,装饰尾板要点焊或拉铆在尾板的隐蔽处或按图纸要求制作。检查电机的自动释放是否有效,方法是用手向下拉动电机的自动释放手柄,卷帘将自动下滑关闭为合格。要求:导轨内不允许有其他物体,以防卷帘卡死;卷帘卷起后,帘面不允许与建筑物或其他物体相碰,预防下滑不顺等问题。

(6) 电器安装要求:电控箱要安装在电机支架板侧,电控箱与电机间距半径约1.5m,电控箱的位置选择,门必须可以完全打开,要便于电器维护和调试。电控箱固定要牢固可靠、安全。按钮盒安装在防火卷帘门前后两面,各一个按钮盒,按钮盒距地面的高度约1.3m。电控箱以外的连接线,必须符合防火要求的连接线。检查上行、下行的停止位置是否符合设计要求。上行停止位置尾板要平,尾板应可以卷入罩板框架内。

7.7.5 常见问题及处理措施

1. 防火门门扇无法关闭。

(1) 现象

防火门门扇无法关闭。

(2) 原因及解决方案

1）土建在防火门收口塞逢过程中水泥砂浆污染门框或者门扇，造成门扇与门框之间无法关闭，应清理门扇及门框上的水泥。

2）防火门运输、搬运、安装过程中门框门扇变形，应拆除，问题较轻微的用木块垫、木锤敲来调直，问题较严重的应重新加工制造。

3）闭门器或者顺位器等五金配件损坏问题，应维修或者更换五金配件。

2. 防火门门扇无法打开

（1）现象

防火门门扇无法打开。

（2）原因及解决方案

1）门锁损坏，维修或者更换。

2）闭门器损坏，维修或者更换。

3）部分排风或者排烟机房的风机运行，使室内处于负压状态，很难开启防火门扇，应停止风机后再开启。

3. 防火门无法开启到90°

（1）现象

防火门无法开启到90°。

（2）原因及解决方案

1）有墙体或者竖向管道干涉，应对防火门移位或者管道移位，或墙体拆除。

2）墙体干挂石材，与闭门器相干涉，应给干挂石材预留足够空间，或者改内闭门器。

4. 通道防火门门扇下沿与地面缝隙过大

（1）现象

通道防火门门扇下沿与地面缝隙过大。

（2）原因及解决方案

1）安装时未按标高线及规范要求执行，应拆除重新安装，若大面积存在此问题且相配套工序已经完工，应重新加工门扇。

2）地面未按要求制作，应对地面进行整改。

5. 防火门门框内砂浆填充不足

（1）现象

存在空鼓。

（2）原因及解决方案

1）搬运及安装过程中框内砂浆掉落，应在搬运及安装过程中注意保护。

2）填充砂浆时未按要求填充饱满，可在门框上方预留灌浆口，用填缝枪进行注射填充。

6. 开门时噪声较大

（1）现象

噪声大。

（2）原因及解决方案

1）合页质量较差，应更换合页或者调解润滑油。

2）安装时门体不够平整，应重新安装或者用木锤进行微调。

3）生产装配工艺问题,应请生产厂家协调解决。

7. 门扇鼓包

原因及解决方案：

（1）门扇进水,珍珠岩板失去粘合性,开关过程中的震荡导致珍珠岩板碎裂下滑,应重新更换门扇,在搬运及存放过程中注意防水保护。

（2）人为、车、货物撞击导致。

8. 漆面脱落或锈蚀

原因及解决方案：

（1）制作过程中灰尘清理不到位,漆体或者粉末附着性差,应重新喷漆。

（2）人为、车、货物撞击导致。

7.8 挡 烟 垂 壁

挡烟垂壁是有效阻挡烟雾在顶板下横向流动,以利提高在防烟分区内的排烟效果,以确保消防安全的一种装置。

7.8.1 系统简介

一般在车站公共区防烟分区之间、敞开楼扶梯四周设置挡烟垂壁,有管线穿过挡烟垂壁采用防火材料进行孔洞封堵。

7.8.2 施工工艺

放线定位→上部吊杆安装→玻璃安装→注密封胶→表面清洁和验收

7.8.3 施工方法

（1）放线定位：挡烟垂壁定位轴线的测量放线必须与主体结构的主轴线平行或垂直,以免挡烟垂壁施工和室内装饰施工发生矛盾,造成阴阳角不方正和装饰面不平行等缺陷。

（2）上部吊杆安装：注意检查丝杆和金属膨胀管的牢固,选用的丝杆和金属膨胀管质量要可靠,钻孔孔径和深度要符合金属膨胀管厂家的技术规定,孔内灰渣要清吹净。

所有丝杆安装完毕后,应进行隐蔽工程质量验收,请监理工程师验收签字,验收合格后再涂刷防锈漆。

（3）玻璃安装：检查玻璃的质量,尤其要注意玻璃有无裂纹和崩边,吊夹铜片位置是否正确。用干布将玻璃的表面浮灰抹净,用记号笔标注玻璃的中心位置。安装电动吸盘机。电动吸盘机必须定位,左右对称,且略偏玻璃中心上方,使起吊后的玻璃不会左右偏斜,也不会发生转动。在玻璃适当位置安装手动吸盘、侧边保护胶套。手工或电动将玻璃移近就位位置后,搬运工听从指挥长的命令操作,使玻璃对准位置徐徐靠近。上层工人要把握好玻璃,防止玻璃在升降移位时碰撞吊顶。待下层各工位工人都能把握住手动吸盘后,可将拼缝一侧的保护胶套摘去。使用手动倒链将玻璃徐徐吊高,使玻璃上端略低出上部边框少许。此时,下部工人要及时将玻璃轻轻拉入槽口,并用木板隔挡,防止与相邻玻璃碰撞。安装好玻璃吊夹具,将玻璃的孔与铝合金的孔对齐并用对撬螺杆将玻璃和铝构件对穿固定。挡烟垂壁安装效果如图 7-52 所示。

图 7-52　挡烟垂壁安装效果图

（4）注密封胶：沿胶缝位置粘贴胶带纸带，防止硅胶污染玻璃。安排受过训练的专业注胶工施工，注胶时应内外双方同时进行，注胶要匀速、匀厚，不夹气泡。注胶后用专用工具刮胶，使胶缝呈微凹曲面。

（5）表面清洁和验收：将玻璃内外表面清洗干净，再一次检查胶缝并进行必要的修补。整理施工记录和验收文件，积累经验和资料。

（6）质量标准：

1）放线偏差：上、下中心线偏差小于 1～2mm。

2）胶缝的宽度：1～2mm。

3）打孔位置：距混凝土构建边缘距离大于 100mm。

4）耐候硅酮嵌缝胶厚度：3.5～4.5mm。

5）注胶温度：施工区域温度大于 5℃。

（7）技术措施：

1）使用高精度的激光水准仪、经纬仪，配合用标准钢卷尺、重锤、水平尺等对施工放线进行复核。

2）施工前检查每个工位的人员到位，各种机具工具是否齐全正常，安全措施是否可靠。高处作业的工具和零件要有工具包和可靠放置，防止物件坠落伤人或击破玻璃。

3）在安装第一块挡烟垂壁玻璃就位后要检查玻璃侧边的垂直度，以保证以后就位的玻璃只需检查与已就位好的玻璃上下缝隙是否相等，且符合设计要求。

4）所有注胶部位的玻璃和金属表面都要用丙酮或专用清洁剂擦拭干净，不能用湿布和清水擦洗，注胶部位表面必须干燥。

（8）成品保护措施：

1）安装过程中严格按照规定进行操作，避免高处坠物伤人，超过规定高度施工作业需要提前编写专项施工方案。

2）所有注胶工作完成后对玻璃表面及胶缝处用丙酮或专用清洁剂擦拭干净。严禁用水或湿布。

3）安装完成后在醒目位置张贴提示牌，以提醒后续工程施工时注意对挡烟垂壁的保护。

7.8.4 典型做法

挡烟垂壁标高低于顶棚水平面以下 500mm，上部采用钢骨架加 12mm 硅酸钙板，下部采用 650mm 高，6mm＋1.52pvb＋6mm 双面钢化防火玻璃。

7.8.5 常见问题及处理措施

1. 玻璃破损。

（1）现象

玻璃破损。

（2）原因及解决方案

1）成品保护工作不到位，应设置明显的标识。

2）产品质量问题，应采购满足合同、设计要求的产品。

2. 管线穿越处未封堵或封堵不到位。

（1）现象

管线穿越处未封堵或封堵不到位。

（2）原因及解决方案

施工人员责任意识差，应在施工前交底到位。

第8章 机电设备安装信息化

信息作为一项重要的资源在各个行业中均具有重要应用价值。随着现代科学技术的不断发展，各行各业都开始实施信息化应用。信息化应用逐步成为整个社会进步的大趋势，从无纸化建设、局域网建设、互联网建设、物联网建设，多种信息化技术的发展日新月异，信息化建设也逐渐的系统化、精细化、科学化、标准化，对施工项目的信息化实施应用提供了有力的支撑，信息化建设已经成为企业建设非常重要的一部分，信息化不但能提高工作效率，沟通效率，还能降低企业运转的成本，大数据技术出现后，能够为决策者提供更加有力的数据支持和参考依据，大大提高了市场竞争力。

8.1 信息化概况

目前机电安装工程的规模越来越庞大、系统越来越复杂、技术要求越来越高，特别是在城市轨道交通的机电工程施工中，受到空间限制、设施密集、施工过程变更多、交叉作业多、运营安全和服务质量要求高等因素影响，对信息化应用的需求更加紧迫。城市轨道交通工程机电设备安装按照工业化思路，逐步引入新技术、新材料、新工艺等新科技成果，能够突破传统的依赖作业人员的个体技能水平，保障机电设备安装质量和进度，从而打破制约我国城市轨道交通工程机电设备安装进一步发展的瓶颈，实现机电设备安装的机械化、模块化、信息化应用。

8.1.1 信息化应用现状

城市轨道交通建设为国家重点建设工程，国内一线、二线等诸多城市，以长江中下游城市为中心，开工几十条地铁、轻轨干线，城市与城市之间将组建成为一个庞大的地铁、轻轨网络系统。在这样一个轨道交通大发展的背景下，推动并实行信息技术与轨道交通的高度融合，城市轨道交通工程机电设备安装信息化应用有利于从建设到运营分项管理向完整的城市轨道交通建设综合全生命周期信息管理的完美转变。

伴随着城市轨道交通工程的每一步发展，两化融合系统逐步应用于城市轨道交通机电设备安装施工中。最早应用在我国第一条地铁线——北京地铁1号线的自动化技术是分立的专业自动化子系统，其设备大多由分立的电子元件电路板构成，促进机电设备监控系统的应用发展。信息化技术较早引入到城市轨道交通工程建设中，在机电设备安装安全施工、高效协同管理等方面取得较为客观的成效，广州市轨道交通6号线、7号线、9号线工程建设中应用广州城市轨道交通工程安全、质量与信访管理平台，解决了城市轨道交通工程机电设备安全管理信息分散、时效性差、参建单位协同工作能力弱以及安全预警数据支持差等问题。南京地铁通过使用地铁施工信息化管理软件，并不断优化机电设备安装施工管理现状，提高机电设备安装施工计划效率、节约人力物力成本，实现施工计划无纸化和信息化管理。无锡市地铁1号线太湖广场地下空间机电安装工程，运用图纸深化设计、工厂化预制、信息化管理、机械化施工的施工模式，所展现出的实际成效受到了广泛的关注和好评。信息化技术的应用，提高了城市轨道交通工程机电设备安装效率、工程质量。

随着城市轨道交通工程机电设备安装信息化应用的推进，BIM技术、无线射频识别（RFID）、云技术、物联网技术（IOT）、地理信息系统（GIS）等信息化综合应用技术在城市轨道交通工程机电设备安装中被广泛应用，随之更新了相关工艺、设备及管理。例如BIM技术、模块化技术、装配化技术等新技术应用，将原有的施工生产模式改变为工厂化生产、模块化组装、装配化施工，安装管理、设备运维和施工安全管理等方面都随着新技术的应用升级成为一种新型的应用管理模式。

目前自动化、信息化技术已进入到工业4.0时代，以智能制造、智能生产、智能工厂和智能产品为特征的工业4.0正引领城市轨道交通建设与运营走向信息化与智能化，实现智慧交通。

8.1.2 信息化应用特征

（1）信息量大且比较分散

城市轨道交通工程机电设备安装项目所涉及的信息量是非常大的，涵盖深化设计、施工、监督及设备相关的信息，这些信息不仅要保证全面还必须能够具有清楚的分类来满足相关单位的需求和信息流通。同时，机电建设过程中的招标投标及工程量的信息储存和管理也是比较分散且复杂的。

（2）信息量种类繁多

城市轨道交通工程机电设备安装项目的信息化建设以结构信息和分结构信息为主，结构化的信息成本管理，施工进度及质量等方面的信息。非结构信息以实际项目的文件、档案及一些音频信息数据为主。两类信息的相互协调和配合才能确保工程整体的顺利实施，提升机电工程施工效率。

（3）信息具有动态发展变化特征

机电工程信息的收集和管理不是一朝一夕就能完成的事情，同时也不是靠局部的信息收集就能完成的。这就使得机电工程信息具有时空和位置上的动态变化特征。另外，机电工程的信息化建设是一个连续完整的过程，正因为信息的动态发展特征，使得信息管理处于动态的变化之中，这就必须依靠管理者能够及时地根据信息的变化做好合理的工作统筹。

8.1.3 信息化应用发展

城市轨道交通工程机电设备安装信息化应用建设已成为地铁建设发展的一种趋势，特别是随着运营工作的深入开展和网络化运营，部门、机构、人员和工作量的不断增加，信息化系统能有效简化管理流程，实现异地办公的无缝管理对接，提高工作效率，减少人为失误，保障地铁运营安全。

（1）城市轨道交通工程机电设备安装施工、运维和资源开发的信息化系统一体化发展

新近规划的城市轨道交通工程在施工建设前基本都要进行一轮信息化规划，从设计、施工到运营等的信息化应用规则，特别是机电设备安装施工和后期的运营维护。实现各阶

段间的数据、资源共享。如机电设备安装施工期间各项信息化数据移交传递给后期运维阶段,直接形成城市轨道交通工程机电设备运行维护的基础数据,在运行维护中对相应的设备进行全生命周期的维护管理。

(2) 城市轨道交通工程机电设备安装施工生产信息化和管理信息化紧密结合发展

城市轨道交通工程机电设备安装施工生产依托信息化技术,提高了工业化生产、机械化施工程度,同时强化了生产过程中规范化、标准化进程,在施工生产中的信息化应用,增强了管理的便利性和精细化,可以高效地协同施工生产过程,进行科学有效的调度管理人员、管控工艺流程、规划施工生产计划等信息化管理措施。随着信息化技术在城市轨道交通工程机电安装中的广泛推广,城市轨道交通工程机电设备安装施工生产信息化和管理信息化相结合的也愈加紧密。

(3) 城市轨道交通工程机电设备安装的信息化对新技术应用日益青睐

BIM、物联网、云计算等信息化新技术的广泛应用,推动了城市轨道交通工程机电设备安装信息化的发展。如 BIM 技术,改变了城市轨道交通工程各参与方的协作方式,BIM 的协调性、可视化、模拟性、优化性以及可出图性,可以将传统人工估算、经验估算等向基于 BIM、物联网等新技术的施工模拟、进度模拟的协同方向发展,打破了传统信息传递存在的缺陷,使城市轨道交通工程机电设备安装更加高效的完成,并且各项工作细化、统一规范,提高整体效率。BIM、物联网、大数据分析等新技术是信息化应用发展中的一次技术变革,运用新技术是行业信息化的需求,也是城市轨道交通工程机电设备安装信息化发展的必然趋势。

8.2 信息化应用

本节介绍城市轨道交通机电工程中实施信息化应用,包括信息化建设内容、信息化实施方式,在信息化中的重点应用介绍,如 BIM 深化设计、工厂化预制、机械化施工、智能化运行维护等。

8.2.1 信息化建设内容

城市轨道交通工程机电设备安装施工生产信息化和管理信息化是相互融合和制约的。只有紧密结合,相互协同,才能促进信息化的顺利实施。信息化建设贯穿机电设备安装项目的整个生命周期。

(1) 在决策期的信息化建设

1) 对建设安装项目环境和条件的调查和分析;

2) 机电安装项目建设目标论证(投资、进度和质量目标)与确定项目定义;

3) 机电安装项目结构分析;

4) 与机电安装项目有关的组织、管理、经济和技术方面的论证与决策;

5) 机电安装项目决策的风险分析等。

(2) 在机电安装项目实施期的信息化建设

1) 城市轨道交通工程机电安装实施期各个阶段间的信息交互,实施期包括设计准备阶段、设计阶段、施工阶段、动用前准备阶段和保修阶段;

2）文档管理，包括工程施工技术管理资料、工程质量控制资料、工程施工质量验收及竣工图等；

3）施工管控，施工协调、进度控制、成本控制、材料计划、商务计划、安全文明施工、竣工验收管理等。

(3) 在机电安装项目运营期的信息化建设

1）数据管理，包括前期项目决策和实施期建设中积累的信息、机电设备设施的物理属性信息、运行记录、故障维修记录、巡检记录等；

2）数据分析，包括可靠性预测分析、用能异常分析、能耗分析等；

3）任务管理，包括运维工单推送与处理、维修反馈、备品备件管理、预案管理、能耗预警、设备运行管理、设备维护维修、设备巡检巡更、资产管理、模型监控、设备监控、移动监控、监控与智能系统联动、实时监测等。

8.2.2 信息化应用构建方式

(1) 运用宣告牌指示管理

网格式细则分责管理、可视化进度管理等，总结各项数据信息，通过开展可视化宣告牌指示日常管理督查，对各网格责任区内相关责任人履职情况、施工进度、物资供给、实物质量、隐患整改、作业人员习惯性违章等情况进行督查督办，提高每日常规工作效率。

(2) 运用信息化管理平台软件

管理对象包括材料采购、合同管理、项目管理、财务管理、租赁管理、人力资源管理、系统综合管理等。运用管理平台软件，平台系统数据集成度高，互联共享，权限操作，统一规划管理采用了"无缝联结"的概念，各模块之间的数据转移可自动完成，避免了重复输入，保证了数据的一致性、连贯性，从而大大节省了工作量，提高了工作效率。软件对操作员及其权限集中管理以及设立统一的安全机制，包括数据库的备份、功能列表和上机日志等；对账套的统一管理，包括建立、修改、引入和输出，权限划分详细，控制灵活。

(3) 运用信息化设备、场地

运用数字化建造基地、预制工厂、机器人等，集中建造、节约成本、提高效率，特别是 BIM 技术在建筑安装行业的应用推广，以三维数字技术为基础，集成城市轨道交通机电工程各种相关信息的工程数据模型，给项目中零部件的数字化建造、工厂化预制、装配化施工等智能制造提供了关键的数据信息。

8.2.3 深化设计

设计阶段是城市轨道交通工程机电设备安装实施信息化的重要阶段，由于设计阶段涉及到建筑、结构以及机电等所有专业设计信息，其传递和流动形成设计信息库，可建立多方协同交流沟通平台，展示、检验项目设计，确保设计可靠性，及时发现并解决设计中存在的问题。BIM 技术是实现深化设计的重要技术手段，BIM 模型不但承载着设备设施固态信息，还可以协同信息化管理平台建立安装业务流信息管理。

1. 深化设计标准化

明确城市轨道交通机电工程施工深化设计的标准化要求，以规范化有效提高机电深化设计的工作质量，以标准化提高机电深化设计的工作效率，总体提升机电工程施工信息化程度，确保高效率施工。

2. 深化设计要求

(1) 明确机电工程施工深化设计目的。

(2) 明确机电工程施工深化设计依据。

(3) 明确施工图深化设计的内容。

(4) 明确施工图深化设计的新技术应用。

3. 机电工程施工深化设计目的

(1) 通过对系统详细计算和校核，优化系统参数及设备选型。

(2) 根据建筑结构条件，进行各设备基础、管道支架的安装形式的设计。

(3) 通过对机电各专业管线综合排布，对设备管线精确定位，明确设备及管线细部做法，制定机电各专业之间流水工序以及和其他各施工部门间的配合。

(4) 在满足规范的前提下，合理、紧凑地布置机电管线，控制成本，优化系统，提供最大的使用空间，以及足够的维修、检测空间。合理布置各专业管线，减少由于管线冲突造成的二次施工，弥补原设计不足，减少因此造成的各种损失。

(5) 综合协调机房及楼层平面区域或吊顶内各专业的路由，确保在有效的空间内合理布置各专业的管线，以保证吊顶的高度，同时保证机电各专业的有序施工。合理布置各专业机房的设备位置，保证设备的运行维修、安装等工作有足够的平面空间和垂直空间。综合排布机房及各楼层平面区域内机电各专业管线，协调机电与土建、精装修专业的施工冲突。确定管线和预留洞的精确定位，减少对结构施工的影响。

(6) 在施工阶段根据现场情况进行平面施工图纸和 BIM 模型的实时调整，以达到竣工图的及时性和准确性。

4. 机电工程施工深化设计依据

管线综合平衡深化设计的依据包括：

(1) 业主提供的机电、建筑、结构、装饰等其他专业的施工图及招标文件技术规范；

(2) 设计交底与图纸会审记录；

(3) 现行相关的国家标准、规范、图集，见表 8-1。所有标准依据最新标准。

深化设计依据 表 8-1

序号	标准、规范、图集	标准编号
1	《生活饮用水卫生标准》	GB 5749
2	《安全防范工程技术标准》	GB 50348
3	《饮食业油烟排放标准》	GB 18483
4	《环境空气质量标准》	GB 3095
5	《声环境质量标准》	GB 3096
6	《室外给水设计标准》	GB 50013
7	《室外排水设计规范》	GB 50014
8	《建筑给水排水设计标准》	GB 50015
9	《建筑设计防火规范》	GB 50016

续表

序号	标准、规范、图集	标准编号
10	《工业建筑供暖通风与空气调节设计规范》	GB 50019
11	《建筑照明设计标准》	GB 50034
12	《锅炉房设计标准》	GB 50041
13	《工业循环冷却水处理设计规范》	GB/T 50050
14	《供配电系统设计规范》	GB 50052
15	《20kV及以下变电所设计规范》	GB 50053
16	《低压配电设计规范》	GB 50054
17	《通用用电设备配电设计规范》	GB 50055
18	《建筑物防雷设计规范》	GB 50057
19	《电力装置的继电保护和自动装置设计规范》	GB/T 50062
20	《汽车库、修车库、停车场设计防火规范》	GB 50067
21	《人民防空工程设计防火规范》	GB 50098
22	《火灾自动报警系统设计规范》	GB 50116
23	《建筑灭火器配置设计规范》	GB 50140
24	《电气装置安装工程 电气设备交接试验标准》	GB 50150
25	《数据中心设计规范》	GB 50174
26	《公共建筑节能设计标准》	GB 50189
27	《民用闭路监视电视系统工程技术规范》	GB 50198
28	《有线电视网络工程设计标准》	GB 50200
29	《电力工程电缆设计标准》	GB 50217
30	《建筑给水排水与采暖工程施工质量验收规范》	GB 50242
31	《通风与空调工程施工质量验收规范》	GB 50243
32	《电气装置安装工程 低压电器施工及验收规范》	GB 50254
33	《电力设施抗震设计规范》	GB 50260
34	《建筑电气工程施工质量验收规范》	GB 50303
35	《智能建筑工程质量验收规范》	GB 50339
36	《综合布线系统工程设计规范》	GB 50311
37	《智能建筑设计标准》	GB 50314
38	《消防联动控制系统》	GB 16806
39	《建筑物电子信息系统防雷技术规范》	GB 50343

5. 机电工程施工深化设计内容

机电工程施工深化设计内容见表 8-2。

深化设计内容　　　　　　　　　　　　　表 8-2

序号	项目名称	工作内容
1	熟悉技术规程	熟悉合同中的技术规程，清楚各个系统的设计依据、材料要求、检测标准等，然后要将技术规程中的要求反映到施工图纸中
2	进行系统校核	根据设计依据，对各个系统的参数进行校核，绘制系统图纸和制定设备参数表
3	参与设备采购	参与设备采购是深化小组的重要工作内容。设备参数、控制原理等必须符合合同要求，深化小组在设备采购时提供强有力的技术支持
4	绘制预留孔洞图	绘制预留图是配合结构施工的主要工作，要保证预埋管线走向合理，设备安装位置符合规范要求，保证预留洞口位置正确
5	综合管线深化平面布置图	根据各专业图纸绘制综合布置图纸，标注出管线大小、标高、位置等，成为深化扩充图
6	绘制管线剖面布置图	剖面图中具体表明梁底，吊顶标高，基准线，机电安装各种专业管线安装底标高，安装尺寸，管线之间的有效空间，管线标高变化及支架布置形式均需标注清楚。既要考虑施工工艺问题，还要考虑到工人的安装操作空间和将来的维修空间
7	各专业深化平面施工图	根据机电综合排布图调整后，绘制各专业平面图，特殊区域绘制管道安装详图及大样图，详细标注专业管线的标高与位置，用于指导具体施工
8	设备房的详图及大样图	根据规范要求、标准图集等绘制各种设备安装详图。对于设备房部位，综合考虑电气、空调等专业的规范要求，进行综合布置，力求布置合理、漂亮、经济
9	设备基础图	在设备进场前根据设备各项参数确定设备的基础形式，标明基础尺寸位置、预埋件位置等。通过对现场的测量，保证选用的设备能顺利地满足现场的安装尺寸。有时需重新对机房进行布置，再拿出最合理的布置方式及基础图交由设计、监理确认后，交由总承包人施工
10	吊顶综合平面图	吊顶上的灯具、风口、喷头、烟感等布置，需同时满足大楼观感美观和设计规范的要求。吊顶综合平面图应按吊顶形式准确绘制，并标明吊顶定位基准线和机电末端器具相对尺寸，装饰、机电工程必须共同遵守该基准线
11	三维管线设计	采用先进的 BIM 系统绘制真实比例的机电三维模型图。通过绘制三维管线图直观地反应各专业的管线敷设路线和各设备及管道配件的安装形式及安装位置，并且采用 BIM 碰撞检测工具检查各专业管线存在的标高冲突，同时调整管线，进行合理的布置，满足使用功能，确保最大的有效空间

6. BIM 技术深化设计优点

对比传统的二维深化设计管理，运用 BIM 技术深化设计体现出独特的优势及创新技术管理思路。主要体现在以下方面：

（1）快捷高效

采用 BIM 技术进行深化设计，与传统的二维深化设计相比，大幅提高了深化效率。例如，采用 BIM 技术，将复杂钢筋节点排布的周期由 7d 缩短为 1d，效率提高了近 86%。

（2）节约成本

通过 BIM 模型进行深化设计，只需在建立的模型中进行深化调整，便可实现节点排布、数据验证，无须耗费大量人力物力进行实际验证和计算，特别是桁架层预拼装方面，节约了大量预拼装人工和机械成本。

（3）管理创新

基于BIM技术深化设计，给实施项目提供了基于BIM技术的总包管理模式，通过建立总包模型管理机制和分包管理协议等，可将模型深化成果顺畅地应用到施工现场。例如，基于BIM技术深化提出的结构"零剔凿"管理建议。成为了实施项目管理的一大特色和优势，在项目施工质量和整体形象方面带来了较大提升。

（4）直观准确

基于BIM技术深化设计，可直观展示复杂节点的空间位置关系和不规则形体信息，包括基础模型、效果展示、工艺搭接等，即使不是专业人士，也能对复杂节点图纸信息一目了然，而且BIM模型都带有真实信息，也能够通过模型进行数据分析，提高了复杂节点和方案的技术交底问题发现率和整体效率，从而保证深化设计的准确性和可靠性。

通过BIM技术深化设计应用，将整个深化设计过程变得更为直观、精确。实施成本和错误率大幅降低，工作效率大幅提升。在应用过程中，结合超高层工程体量大、专业多、协调工作复杂的特点，总结出了集标准规范、协同流程、针对性方案以及深化成果实施保障机制为一体的BIM技术深化设计模式和管理流程。不但保证了BIM技术深化设计的有效实施，而且将建设、设计、总包和分包等各参与单位的沟通协作统一在BIM模型提供的三维平台上进行，为项目部开创了一种全新的技术管理模式，提升了项目部的整体管理水平。

8.2.4 工厂化预制

在城市轨道交通工程中机电安装施工环境复杂，涉及专业多，施工工期紧的情况下，实施项目的工厂化预制，施工现场只进行少量对接阻焊等工作的一种施工方法，可以减少由于构配件数量庞大、施工空间有限等方面对城市轨道交通工程中机电安装施工的影响，保证工期，保证质量。工厂化预制是工业化施工、信息化管理的重要步骤，实施工厂化预制是机电设备安装装配化施工发展的必然趋势，期间信息化应用是其顺利实施的重要保障。

1. 工厂预制加工内容

（1）确定预制内容，完成图纸深化；
（2）确定预制工艺，选定需用设备；
（3）规划预制场地，布置预制设备；
（4）确定操作工位，落实岗位人员；
（5）实施预制工作，保证质量安全；
（6）后续运输配送，现场装配安装。

2. 预制工艺流程

原料储存→构配件下料→构配件加工→连接配件→检验、涂装→标识编号→成品仓储→配送。在城市轨道交通机电安装工程中，构配件安装种类较多，需建立不同加工工艺的模块，来满足各种工程的需要。预制功能模块主要有：原料存储复检模块、下料切割模块、各种螺纹加工连接模块、沟槽加工连接模块、焊接连接模块、粘结连接模块、质量检测模块、标识认知模块、成品仓储模块等，各模块可根据需要组合使用。

3. 信息化预制加工

随着BIM技术和工厂化预制的发展,以及智能化制造优势的凸显,将BIM技术应用于信息化预制加工及管理上,能够大幅节约人工费、材料费、水、电等,降低制造成本,明显提高经济效益和劳动生产率,并且大大缩短了预制生产周期。实现文明制造,减少制造措施费,减少制造垃圾的产生、对周围环境的影响,有利于环境保护,使现场制造更加文明。

工厂化预制的核心,在于预制过程中的跟踪控制管理,如图8-1所示,在实施电安装工程工业化时,需对传统的机电安装施工流程进行更新。

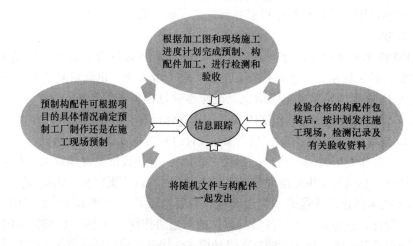

图8-1 信息跟踪控制管理

运用BIM技术进行三维建模的同时,对零、部件进行编码,采用条形码和二维码进行信息化管理。工厂预制采用条形码管理并向二维码转换,施工现场采用二维码对物资、施工进度、施工技术、生产监控、成本核算等方面进行信息化远程管理,保证工程施工的有序进行。

8.2.5 机械化施工

城市轨道交通机电安装工程实施机械化施工不仅能减少人工作业、提升作业工效、提高安全系数、改善作业环境、降低作业强度,提高作业精度,减少交叉作业影响,还能保证工程质量,有效节约资源。机械化施工是工业化施工、信息化管理的重要步骤,实施机械化施工是机电设备安装工业化发展的必然趋势,期间信息化应用是其顺利实施的重要保障。

1. 施工机械化内容

(1)确定施工过程中合理的施工工序和机械化施工的组织方法。

(2)根据工艺或工序要求组建专业化施工队伍。

(3)确定机械化施工的机械设备、工具。

(4)机械化施工操作人员安全技术培训。

(5)根据施工工序结合施工特点,对工程的各个环节作具体安排。

(6)确定工程中可能发生的各专业之间配合与协调因素。

(7)确定和解决施工前施工图纸相关问题。

(8)确定地下工程的设备机械化运输方案。

2. 信息化施工管理

轨道交通工程在施工过程中受影响因素较多，存在协调不足，拆除重做的过程。在机电设备安装的不同阶段，施工的难度也不尽相同。施工中的信息化管理是机电设备安装工程顺利完成的重要保障。目前应用于施工中信息化管理措施较多，像建立信息管理制度、规范信息管理流程、建立信息管理系统等。随着近年来国内对城市轨道交通 BIM 技术应用理念的不断深入，通过应用 BIM 技术将大量信息数据及时处理分析，进而为管理提供决策支持，这将推动施工管理由传统的流程化管理模式向数字化管理模式转移，从而实现精细化管理。

（1）在施工阶段，将 BIM 模型与时间、资源等相结合形成 4D、5D 的施工资源管理系统。系统自动输出每个施工节点的工程量，即时掌握工程量的计划完工和实际完工情况，从而有效地管控成本，实现对施工过程及成本的可视化动态监控；通过建立施工进度风险预警模型，及时发现施工中可能存在的问题，以便提前制订预防措施优化施工方案，从而提高城市轨道交通项目管理水平和进度控制能力。

在安全和质量控制方面，通过研究控制监测范围、对象、布点、控制值和监测精度指标，有效降低施工过程中对基坑及对周边环境影响等施工风险。

运用 BIM 技术"透视"施工过程，可保证道路下方等隐蔽部位施工的顺畅，实现与原有地下空间建筑的无缝对接，提高施工质量，节约成本。

（2）在施工阶段，BIM 模拟仿真应用。在重、难点施工方案和特殊施工工艺中，应用 BIM 三维模型进行仿真模拟，找出方案中的不足进行修改，并在施工过程中，给施工操作人员进行可视化交底，降低施工难度，做到施工前的交底有的放矢，确保施工质量与安全。运用 BIM 技术在施工前做施工模拟，如图 8-2 所示，预测施工中问题，调整各个部分的施工顺序，获

图 8-2　BIM 施工模拟

取最佳施工路径，同时便于施工与现场条件的工装设备和工艺、工序的相适应，有计划、有步骤地提高了施工机械化水平，降低现场工人的劳动强度，提高工效。

（3）在施工阶段，基于 BIM 技术的信息化管理平台应用。基于 BIM 技术，融合二维码技术、互联网技术、云计算技术、自动化技术、大数据分析技术等信息化技术对施工过程实施管控，形成信息化产品，提高施工过程管控力度，如图 8-3 所示，并通过信息化管理的综合分析，更新施工技术、施工设备、设施，以达到提高施工效率和工程品质的目的。

基于 BIM 技术的施工管理信息平台在城市轨道交通机电安装工程的应用精益了机电安装工程的管理及施工。如图 8-4 所示，通过二维码技术实现机电工程施工现场实物与云平台模型信息的虚实结合，提高工程实施精确度。例如：安装前通过扫码获得 BIM 模型，可知晓安装位置、标高等信息，保证精确安装；安装完毕后，扫码，平台可即时记录状态，并在虚拟 3D 模型中高亮显示；调试验收阶段，可通过扫描二维码调出对应设备的质检表单，现场填写，保证及时性与准确性；运维巡检阶段，可通过扫描二维码调出对应设备的参数信息，生成此次巡检记录，拍照上传至平台。

图 8-3　机电工程过程管控与信息化管理

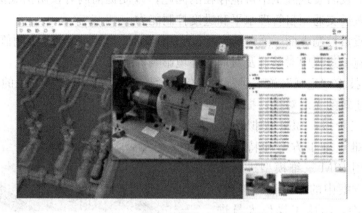

图 8-4　施工管理信息平台应用

3. 信息化施工应用 BIM 技术优点

基于 BIM 技术的施工，通过各种施工信息与 BIM 融合，实现施工过程的信息化。在施工阶段，将施工方案细化并模拟施工方案，从而对施工方案进行优化，并对实际施工进行施工指导，不仅可以控制整个施工的进度，还可以保证施工质量，避免工期延长的现象。

（1）碰撞检查，优化施工图

通过建立建筑、结构、设备、水电等各专业的 BIM 模型，在施工前进行碰撞检查，按照碰撞检查结果，对管线进行调整，及时优化了设备、管线位置，从而满足设计施工规范、体现设计意图、符合施工、使用、维护检修的要求，加快了施工进度，避免了施工中大量的返工。

（2）虚拟仿真施工

基于 BIM 技术的信息模型，可用于虚拟施工和施工过程控制、成本控制。把施工工艺参数与影响施工的属性与 BIM 模型联系起来，能够实现 5D（三维＋时间＋费用）条件下的施工信息模型，确保虚拟施工过程各阶段和各方面的有效集成。

在施工预制中，运用 BIM 构件的数据模型，在计算机上模拟各构件的预拼装，可以取消工厂预拼装过程，节约了人力和费用。同时可利用设备管线建模，获取管线的各段下料尺寸和管件规格、数量，使得管线在加工厂预加工，实现了建筑生产的工厂化。

（3）精细化管理和动态管理

通过施工阶段的 5D 模型，能够准确计算出每个工序、每个工区、每个时间节点段的工程量，实现项目成本的精细分析，结合每个构件的单价和施工成本，实现了项目成本的精细化管理。

根据施工进度进行及时统计分析，实现了进度、成本的动态管理。

设计变更后，通过对模型调整，及时分析出设计变更前后造价变化额，实现成本动态管控。

通过 BIM 技术对施工组织设计进行优化，设置对施工安全有关的塔吊、施工电梯、提升脚手架等模型，检查各种施工机械间的空间位置，优化机械运转间的配合关系，实现施工管理的优化。

（4）投资控制

在施工期间通过准确的三维施工模型，并且能够及时准确地划分施工完成工程量及产值，为进度款支付提供了及时准确的依据。

（5）装饰方案优化

BIM 技术下的三维装饰深化设计，可以建立一个完全虚拟建筑空间模型。通过建筑材料的选择，可以在虚拟空间内感受建筑内部或者外部采用不同材料的质感、装饰图案给人带来的视觉感受，如同预先进入了装饰好的建筑内一样。可以变换各种位置，或者角度观察装饰效果，从而在计算机上实现装饰方案的选择和优化，节约了建造样板间的时间和费用。

8.2.6 机电设备全生命周期运维管理

城市轨道交通是一个技术密集、运行环境有限、专业类别复杂的大型市政基础设施，城市轨道交通运行维护技术的安全可靠性、绿色节能性和先进性，直接影响到城市轨道交通的运营安全、运行效率以及服务质量。因此，机电系统绿色运行维护的目标是实现机电设备的安全可靠、节能增效运行。

机电系统在城市轨道交通建设工程中担负着中枢的作用，城市轨道交通中机电系统运维管理的特点、难点如图 8-5 所示。

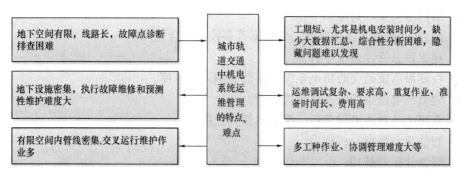

图 8-5 城市轨道交通中机电系统运维管理的特点、难点

针对城市轨道交通机电系统运维管理中机电运维难度大、质量不易控制、作业面不易展开、调试困难、地下施工空间有限、设施密集、施工运维过程变更多、交叉作业多等问

题,要降低这些问题带来的运维管理损失,就需要建设一整套可靠的城市轨道交通机电系统的运行维护。

1. 机电设备运行维护信息化目标

城市轨道交通工程机电设备运行维护信息化应用的总体目标是保证城市轨道交通所有机电设备的正常运行,并以信息化的应用提高机电设备设施运行质量和管理效率,提升系统的安全可靠性和运营品质。

（1）城市轨道交通机电设备系统性设计期的优化与改进目标

应重点关注创新型城市轨道交通建设中系统性设计问题,达到避免系统浪费,降低建设成本和减少后期维护耗费,实现地铁建设的经济、高效、科学、合理理念。

（2）城市轨道交通机电设备创新与选择目标

应选择和应用适合机电设备运行维护信息化系统的创新设备,包括车辆、供电、通信、信号、综合监控、AFC、电扶梯、屏蔽门、环控、车辆段设备、综合安防等领域的机电设备。

（3）城市轨道交通综合安防创新与实践目标

应重点关注城市轨道交通智能化安检系统、智能化视频监控系统、视频智能分析、网络安全控制技术、网络安全控制技术、综合消防防灾等方面。

（4）轨道交通运营管理模式升级目标

应重点关注大数据下的互联互通模式、基于云计算在地铁多线路起到的安全保障、以网络化设计理念构建互联互通的城市轨道交通运营体系、轨道交通信号与通信系统的创新与应用、中低速磁浮列车在我国城轨交通中的应用前景等。

（5）城市轨道交通机电系统性节能目标

应重点关注如何挖潜降耗,突破关键技术,降低用电量大的系统设备能耗,实施全面系统性节能。包括暖通空调、供电、照明、自动扶梯等车站设备,达到中国轨道交通可持续发展和节能减排的目标。

2. 机电设备运行维护信息化创新技术应用

城市轨道交通中机电系统的绿色运维管理运用BIM技术,融合物联网技术,可有效实现轨道交通机电系统BIM模型与运行维护现场的虚实结合,以及后台管理中心与现场运行维护的信息交互。具体如下:

（1）融合BIM技术、物联网、大数据等多技术综合应用。
（2）建立信息管理系统平台。
（3）在建城市轨道交通机电系统实施信息纳入信息库。
（4）建立机电设备的统一集成式管理。
（5）管理人员对机电设备运行维护的整体把握。
（6）智能化大数据分析建设。
（7）智慧化运营管理。
（8）服务和反馈到机电设备全生命周期管理体系。

BIM技术和物联网技术应用于城市轨道交通机电系统的绿色运维管理中,服务于机电系统运维全生命周期的管理,促使城市轨道交通机电系统运行阶段增值最大化。基于BIM技术和物联网技术的运维管理优势如图8-6所示。

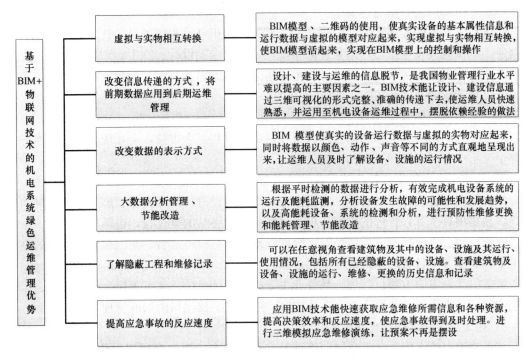

图 8-6 基于 BIM 技术和物联网技术的运维管理优势

3. 机电设备全生命周期管理

(1) 全生命周期管理目标

全生命周期价值工程应用必须有明确的全生命周期价值目标。城市轨道交通工程全生命周期价值目标系统必须符合如下要求：应从建设项目的整体出发，反映项目全生命周期的要求，既包括建设期的价值目标，更注重运营期的价值目标；应有较大的包容性，既注重业主和用户的需求，也应包括其他相关方的需求；应体现对社会的贡献，反映社会环境、可持续发展对项目的要求。全生命周期价值目标系统包括建设价值目标、运营价值目标、资源利用价值目标、全生命周期总体价值目标等。

1) 建设价值目标着重包含工程质量目标、工期目标、投资目标。

2) 运营价值目标着重包含服务质量目标、运营成本目标、经济收益目标。资源利用价值目标强调整合延伸资源，创造延伸收益。

3) 全生命周期总体价值目标是指对上述目标的整合，着重体现功能目标、费用目标、时间目标、社会目标。全生命周期功能目标追求工程质量、服务质量目标的统一性，更着眼于系统的整体功能、技术标准、安全保证，包括设计质量、施工质量、运营质量、使用功能等。

4) 全生命周期费用目标整合了建设投资、运营成本、运营收益、延伸收益目标，是全生命周期费用和收益的统一。全生命周期时间目标包括设计寿命期、建设工期、服务寿命期目标，涉及物理寿命与经济寿命的相互关系。全生命周期社会目标主要强调项目的社会效应，包括各方面满意目标、环境协调目标、可持续发展目标。全生命周期总体价值目标主要追求全生命周期功能目标与全生命周期费用目标比值的优化。

（2）全生命周期管理总体要求

经过科学技术的发展和时代的进步，人们逐渐认识到将先进的科学技术运用到城市轨道交通工程机电设备全生命周期管理的重要性，综合前期设计、施工，到后期运维，运用信息在全生命周期的传承，及时跟踪机电设备运行状态，从技术与管理上达到高效、节能降本、可靠运营的总体要求。

（3）全生命周期管理实施

一个工程项目的全生命周期管理涉及项目的全过程、全方位、全系统，根据各参与方在整个工程中管理内容和重点的不同。

1）确定全生命周期管理实施层次，一般分为2个管理层次。

第1层次是业主方项目管理，它是业主对项目建设进行的综合性管理工作，贯穿项目始终，涵盖项目全部，管理的内容从项目立项到项目终结的全过程，包括项目组织、工程项目投资控制、进度控制、质量控制、合同管理和项目投产运营。在工程项目管理的整个系统中，业主方项目管理始终处在核心位置。

第2层次是实施方项目管理，是受业主委托的设计单位、施工单位、供应单位、运营单位实施项目中标签约的那一部分工作内容，属于对工程项目的局部管理。

2）定义全生命周期管理实施路线

城市轨道交通工程的全生命周期管理是将一个城市的轨道交通工程作为整体来考虑，工程从开始到结束所经历的各个阶段全过程，它可定义为对整个线网系统的考虑，也可定义为对一条线路的考虑。

3）确定全生命周期管理实施阶段

城市轨道交通项目的全过程包括：项目策划阶段（项目建议、可行性研究），项目建设实施阶段（设计、施工和竣工验收），物业运营管理阶段（运营准备、运营使用）。

4）确定全生命周期管理实施要求

城市轨道交通项目的价值是通过建成后的运营实现的，工程项目全寿命周期价值工程实施要求项目策划、建设面向运营功能，要求项目策划、建设和运营的资源、组织、技术、过程一体化，即在项目的策划和建设过程中充分考虑运营的情况，通过工程项目的策划、建设、运营等环节的充分结合，使工程项目面向运营最终功能，以较低的全寿命费用，实现功能，创造最大的经济效益、社会效益和环境效益。

8.3　信息化典型做法

本节介绍城市轨道交通机电工程中实施信息化应用案例，包括BIM深化设计、工厂化预制信息化管理、施工过程信息化管理、全生命周期运维管理等典型做法。

8.3.1　BIM深化设计

纵观城市轨道交通建设项目，设计阶段位于整个轨道交通生命周期的前端，是整个建设项目信息大量生成的阶段，设计质量影响到整个工程的投资造价，更影响到长时间的运维使用。无锡太湖广场地下空间开发一期工程的信息化建设，以BIM技术建立三维可视化模型为起点，如图8-7、图8-8所示，开启机电工程信息管理从无到有的过程，运用

BIM 技术进行信息编码，在零部件图样设计时，将编码信息输入，该信息贯穿整个机电安装工程的实施过程，如图 8-9 所示。

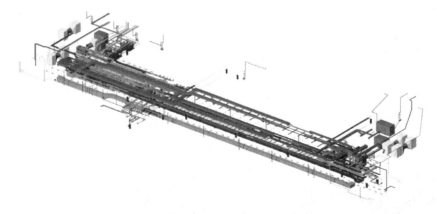

图 8-7　无锡地铁 1 号线太湖广场地下空间开发一期工程 BIM 模型

图 8-8　无锡地铁 1 号线北广场（二维码已分离）

8.3.2　工厂化预制信息化管理

工厂化预制的信息化建设是实施城市轨道交通工程机电设备安装中的重要环节。工业化建造通过扩大预制装配（主要表现在工业管道工厂化预制、钢构件的拼装方面）程度，在工厂或预制厂内组装成各种组合件，经检验、调试合格后，运至施工现场进行安装，从而实现提高劳动生产率、加快施工进度、缩短工期、提高工程质量、降低成本，最终提高经济效益的目的。

基于 BIM 技术建立信息管理平

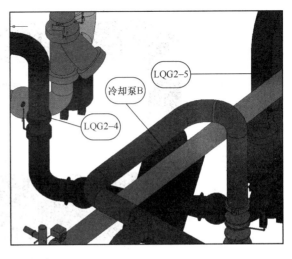

图 8-9　BIM 编码设计

台，工厂化预制过程跟踪控制管理展现在信息化管理平台中，对模型整体进行编码，如图 8-10 所示，并运用二维码技术将信息跟踪导入信息化平台，如图 8-11 所示，并在平台上对预制阶段的进度进行信息化管理，如图 8-12 所示。增加较少的工作量，即可提高预制加工质量、减少预制加工工序不合理的问题，同时更重要的是将预制加工作为机电工程一个重要的阶段加入机电工程全过程控制，对机电工程的整体管控具有重要意义。

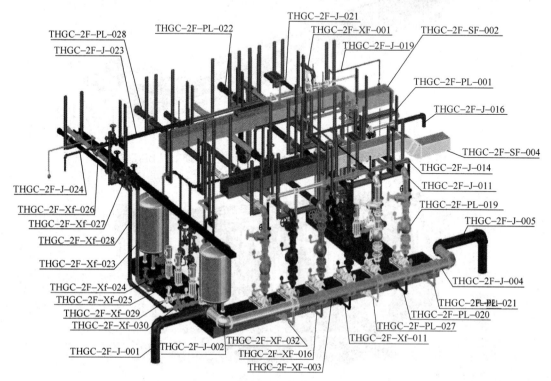

图 8-10 BIM 模型整体编码

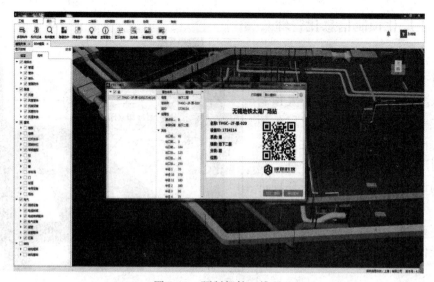

图 8-11 预制部件二维码

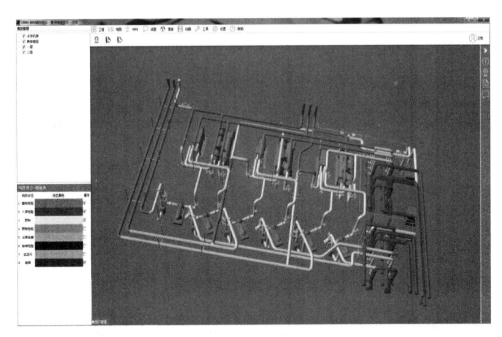

图 8-12 预制阶段进度管理（颜色标注进度）

8.3.3 施工过程信息化管理

基于 BIM 技术的施工过程信息化管理平台在城市轨道交通机电安装工程的应用精益了机电安装工程的管理及施工。如图 8-13 所示，无锡太湖广场地下空间开发一期工程 BIM 模型，通过二维码技术实现机电工程施工现场实物与云平台模型信息的虚实结合，提高工程实施精确度。在安装前通过扫码获得 BIM 模型，可知晓安装位置、标高等信息，保证精确安装；安装完毕后，扫码，平台可即时记录状态，并在虚拟 3D 模型中高亮显示；调试验收阶段，可通过扫描二维码调出对应设备的质检表单，现场填写，保证及时性与准确性；运维巡检阶段，可通过扫描二维码调出对应设备的参数信息，生成此次巡检记

图 8-13 无锡地铁 1 号线北广场施工过程信息化管理

录，拍照上传至平台。

8.3.4 全生命周期运维管理

1. 虚拟巡检和现场协同

城市轨道交通中机电系统的绿色运维管理，采用BIM技术对建设机电系统（包括建筑空间位置）进行3D开发建模，建立平行虚拟系统。如图8-14所示为基于BIM技术建立的无锡2号地铁荣巷站站厅BIM模型图。

图8-14 无锡2号地铁荣巷站站厅BIM模型图

城市轨道交通中机电系统的绿色运维管理，可通过后台的三维虚拟巡检减少城市轨道交通现场的日常巡检，如图8-15所示，省去了之前维护所需的大量人力物力，能够实时监控城市轨道交通运行中的各类信息，并与现场巡检协同作用，当有状况发生时能够及时采取应对的方法。

通过嵌入式数据采集模块收集建筑设备的运行状态，故障信息，通过互联网通信技术将数据实时上传后台数据库，并在可视化虚拟系统中直观显示，实现运管人员在后台进入三维数字模型，进行虚拟巡检、资产管理，查看机电设备固有属性和

图8-15 三维虚拟巡检

实时运行状态以及历史运行维护记录、相关维修指南等信息，与现场巡检人员进行协同有效的管理。

2. 故障分析和节能管理

城市轨道交通中机电系统的绿色运维管理，通过感知并采集设备运行状态信息，经大数据分析，形成报表、设备运行状态动态曲线图等，可以实现实时监测、实时预警/报警以及实施绿色节能管理等。

(1) 故障分析

城市轨道交通中机电系统的绿色运维管理，将BIM技术融合嵌入数据采集和故障定位技术中，应用于机电系统运维管理、机电设备全生命周期管理中。通过大数据分析，融

合建筑空间结构信息，能够有效完成机电设备系统的整体监测与故障判别，分析故障的趋势，可以做预防性检修。其故障信息采集、分析、处理路径如图8-16所示。

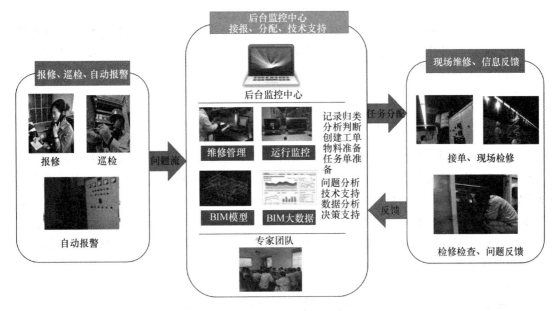

图8-16 故障信息采集、分析、处理路径

（2）能耗分析

城市轨道交通中机电系统的绿色运维管理，通过实时监测各设备、系统的耗能数据，在确保设备使用功能的前提下，以节能降本为目标，通过大数据分析与专家团队的综合协同运作，查找主要的耗能设备（系统），从管理节能与技术节能方面提高设备的能源运行效率，以保障设备安全可靠的绿色运行。其能耗信息采集、分析、处理路径如图8-17所示。

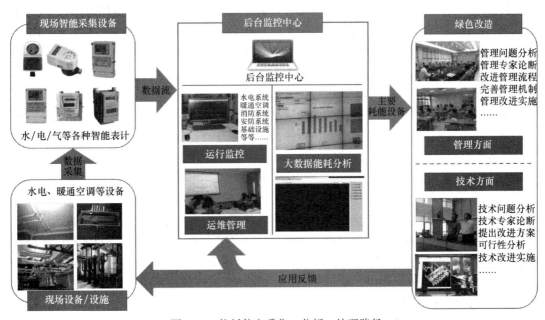

图8-17 能耗信息采集、分析、处理路径

8.4 信息化施工常见问题及措施

从城市轨道交通工程机电设备安装信息化施工角度来看，建筑业的信息化水平普遍低于其他行业。而我国建筑管理信息化水平，更低于全球平均水平。据统计，国外建筑公司90%以上的项目都采用软件进行管理，而我国则不到10%。

8.4.1 信息化施工常见的问题

(1) 信息化人才匮乏

城市轨道交通工程机电设备安装信息化建设需要一支高素质复合型且相对稳定的信息化队伍，这些人不仅要掌握企业的管理知识，还应具备扎实的信息管理理论，用一种系统的观点来看待问题，能对企业信息化过程中的各种方案进行策划并付诸实施。从目前建筑行业从业人员结构来看，数量不足，结构也不合理，素质更亟待提高。高层次的智力资源严重短缺，创新体系尚未真正建立，创新能力与实际需求差距较远。尤其缺少既熟悉信息技术同时又了解、熟悉施工企业的复合型技术骨干。

(2) 意识上存在问题

有些企业不愿在轨道交通信息化建设上增加投入，认为项目管理软件价格过高，而且其应用不仅在短期内不会带来效益，还会增加负担。当然对于大多数中小企业来说，资金和人才也是妨碍项目管理软件应用的一大障碍。只有随着与项目管理软件相关的管理思想和信息技术的成熟及成本下降才会使企业在这方面的积极性进一步提高。

(3) 项目建设的各参与方各自为政，相互独立

城市轨道交通工程机电设备安装项目的业主、施工、设计、监理、咨询等各方的组织模式、工作流程等各不相同，尤其是数据的相互独立为实现项目信息化管理制造了障碍。虽然各参与方都为同一个项目服务，但各方都为实现自身利益最大化为目的，而不是为了整个项目最优，使得项目的一部分数据被忽略，而另一部分数据各方重复存储，不利于项目管理软件的运用，不利于项目信息化管理的实现。

(4) 在信息通信基础设施建设方面投入不够

大部分监理公司与施工单位，也包括某些项目管理公司都存在缺乏基础设施建设的问题。对一个轨道交通工程项目来说，各参建单位应是一个统一的整体，需要互相协作，哪一个环节的中断都会引起信息的滞后、扭曲与失真。基础设施是信息化的基础，也是工程项目管理信息化建设的前提和保障。

8.4.2 有效措施

轨道交通工程建设管理信息化建设涉及到计算机技术、网络技术、多媒体技术、数据库技术、企业管理与项目管理的理论和技术，同时又与企业经营战略、项目管理的各个环节和各个层次、项目管理模式和管理流程等紧密相关，融合BIM、物联网等新兴技术，是一项复杂的系统工程。所以，项目信息化建设必须进行精心的分析、策划和组织，理清信息化建设的脉络，分析其关键的内容，把握其关键的线路和实施措施。

(1) 加大项目管理信息化的推广与普及

推广建设城市轨道交通工程机电设备安装项目信息化重点关注两方面内容：一方面是消除从业人员对于计算机和软件的抵触心理和不信任感，这方面要充分发挥政府和行业组织的作用。政府和行业组织应该组织相关人员制定信息化标准，既有利于高水平软件的开发，也有利于软件的推广；另一方面是加强相关人员培训，包括软件开发人员的工程知识、管理知识与计算机知识等多方面综合培训和软件使用者的多种技能尤其是计算机技能的培训，还包括组织双方人员的沟通，可以使信息化软件开发成果接近使用者的习惯，更优化更易被接受。

（2）建立以信息为中心的工作流程

城市轨道交通工程机电设备安装项目改变现有的以事务为中心的工作流程，建立以信息为中心的流程。在流程再造过程中，参建各方应该使用同一流程，同时加强工作中各方的沟通。在整个流程中，基础数据要做到一次收集、统一存储、统一修改、统一保护、多方利用，可建立各方共同使用的项目数据库、资料库避免数据的重复收集造成的人力物力的浪费和信息的矛盾。

（3）推行项目标准化管理

如果与企业的管理模式不相符，即使有再多优势，信息化也难以真正推广，因此，在企业中推行项目标准化管理也是重要的内容。所谓项目标准化管理，即城市轨道交通企业应该有完整地与软件相匹配的管理规定并切实地执行在项目中，如项目的工作结构分解方式、进度控制依据、财务体系等，企业还应该建立自己的项目管理知识库，配合软件循序完成项目的管理。

（4）大力推进计算机辅助施工项目管理和工艺控制软件的应用水平

目前，城市轨道交通工程机电设备安装项目要大力推进施工管理三个控制过程（进度、质量、成本）相关软件的应用。如在进度控制方面，利用网络计划技术可以显示关键工作、机动时间、相互制约关系的特性，根据施工进度及时进行资源调整和时间优化，适应施工现场多变的情况；在质量控制方面，利用质量管理软件进行质量控制具有处理时间短、结果可靠性高等优点。在工艺控制软件方面，应进一步优化应用较为广泛的深基坑设计与计算、建筑施工模板设计、工程测量、大体积混凝土施工质量控制、大型构件吊装自动化控制、管线设备安装的三维效果设计等应用软件。

（5）信息化诊断、分析和规划

信息化建设是一个涉及管理全面提升、技术与管理相结合以及技术实现的系统工程。因此，必须首先对企业现有的硬件、软件、网络、信息安全技术水平、信息技术组织、领导和员工信息化认知水平以及信息化适应能力等方面进行诊断、分析和评价，了解企业的信息化现状和水平。

在信息化诊断的基础上，再从战略、业务、技术、系统、人员、执行等方面，分析企业的信息化需求，根据企业中、长期的发展战略和当前所具备的条件，明确信息技术发展战略，制定具体的信息化整体战略规划：包括信息化总体方案设计、信息系统架构设计、软硬件技术规划、信息化供应商选择、信息化投资回报分析、信息化建设风险管理、信息化建设路径选择、实施步骤确定、IT治理结构和信息技术部门建设等。

（6）优化管理流程，规范管理

任何一项新技术的应用，都或多或少地影响到业务流程的重组。轨道交通工程建设管理信息化的建设，其前提是首先必须进行业务流程的梳理、优化和重组。

信息化建设不是简单地模拟现有管理方式，而是对现有管理模式进行结合和变革。企业在实施信息化时应做好业务流程、管理模式等变革的准备，做好将来人员岗位设置和调整的准备，明确公司内部各部门职责权限，杜绝互相推诿现象，使企业在管理模式、业务流程、组织结构和绩效考核等方面有明显改进、提高和创新。再依据这些新流程作为架构和模型，利用信息技术进行系统的开发和实施，才能使信息化的成果更好地服务于项目管理和企业经营管理，达到提升企业竞争力的目的。

（7）信息化平台、应用系统和项目全寿命周期数据库的建设

信息化平台、应用软件系统和项目全寿命周期数据库的建设是轨道交通工程建设管理信息化建设的核心内容。

信息化平台建设主要包括硬件网络平台、基础技术平台和应用支持平台。

应用软件系统建设则应从以业主为主导的多方协同管理的角度出发，以满足项目全寿命周期中各项管理任务的需求为立足点，围绕项目的决策、设计、投资、合同、进度、质量、安全、成本、资源、组织等管理要素，分阶段建设项目管理应用软件系统，主要内容包括项目决策系统、投资管理系统、合同管理系统、招标管理系统、设计管理系统、物资设备管理系统、进度控制系统、质量管理系统、HSE 管理系统、风险管理系统、工程资料与知识管理系统等，以及其他的专业管理系统如 BIM 施工模拟、BIM 进度管理、视频监控系统、结构安全监测系统、GPS 测量定位系统、远程质量验收系统等。

如深圳地铁 5 号线项目就根据自身情况，建设了三大应用软件系统，一是安全监测与风险管理系统，二是施工监控与视频会议系统，三是工程项目管理系统（包括进度管理、投资管理、质量安全管理、工程资料管理等内容）。

信息化建设往往涉及多个应用系统的建设，各业务系统数据量非常繁杂，各业务系统之间的数据又存在不同程度的交叉互联。因此，梳理数据环境和构建统一的项目全寿命周期数据库是信息化建设的另一项重要工作。数据库的建设以业主全寿命周期的各项业务数据管理和应用为主，针对项目的全生命周期的数据资源，建立以主题数据库/专业数据库/数据仓库为核心的统一数据中心，为应用系统的深层次应用提供辅助决策支持。

（8）信息化标准体系建设

信息化标准和规范的缺乏或不统一，是信息化应用水平不高，信息化综合效益发挥不佳的重要原因之一。因此，信息化标准体系建设工作必须走在信息化规划工作的前面，至少也要同步，决不能滞后。否则，信息化的推进将十分困难，也可能造成许多无法弥补的后果。

信息化标准体系建设主要包括数据/信息标准、技术标准以及安全标准等。

数据/信息标准主要是明确信息的定义和规定企业信息的标准、采集与应用的规范，主要内容包括信息分类标准、编码标准、信息交换标准、WBS 分类编码标准、工作流程标准、其他与信息化相关的标准等。

技术标准是对信息化建设过程中所使用的计算机与通信系统的软、硬件制定统一的标准，以便于企业内信息的交流和共享。例如操作系统的标准，通信协议的标准，计算机的标准，服务器的标准，浏览器的标准，电子邮件的标准，字处理软件的标准，以及数据库的标准等。技术标准还应包括方法学的标准，软件工程管理的标准等。

信息化建设是一项系统工程，不可能一步到位，需要一个长期的建设过程。因此，必须建立信息化工作体制，从专职领导、专业管理，到责任到位，切实加强信息化的统一领导和推进。同时，在实施过程中要定期对领导、管理人员、技术人员和应用人员进行培训，对信息化建设存在的问题进行认真的分析、总结和处理，对信息化建设的成果要不断巩固和积极推广，建立健全信息化的组织、实施、培训和推广等方面的保障制度与措施，为信息化建设保驾护航。

第9章 机电设备安装装配化

9.1 装配化概况

随着我国建筑工程领域的不断发展，装配式建筑施工技术已经得到了普遍的重视。住房城乡建设部《"十三五"装配式建筑行动方案》进一步明确了阶段性工作目标，即到2020年，全国装配式建筑占新建建筑的比例达到15%以上，其中重点推进地区达到20%以上，积极推进地区达到15%以上，鼓励推进地区达到10%以上。其相关国家标准、规范（《装配式混凝土建筑技术标准》GB/T 51231、《装配式钢结构建筑技术标准》GB/T 51232、《装配式木结构建筑技术标准》GB/T 51233等）已陆续实施。作为现代建筑工程重要组成部分的机电安装工程，在装配化发展过程中，需要不断进行技术创新和管理创新，使机电安装工程技术也得到完善和优化，从而提高施工质量和效率，以适应我国建筑行业整体的现代化发展趋势。

机电安装工程与建筑结构工程相比，包含暖通、电气、消防等多个专业，具体涉及管道、风管、线缆、桥架、设备、末端等，且规格、型号不尽相同，在装配化应用中较为复杂。目前已有部分企业对此进行了相关探索，并应用于实际施工项目。装配化施工技术是现阶段施工领域的一项新兴技术，从应用效果看，采用装配化来完成原来的施工任务，先进装配技术和生产加工设备的结合使得施工更加简单、高效，实现了机电安装的集约化和流程化，确实提高了施工质量、保证了施工安全、减少了施工过程对环境的影响，大大缩短了施工周期，提高机电安装工程的技术水平。但总体来看，应用基本局限于机房、单一专业、部分管段等情况，尚未形成体系和标准，其价值远未显现。机电系统承担着建筑物使用功能，建筑全生命期内的运维成本70%属于机电系统，机电系统设计、安装及维护质量决定了整个工程的综合品质。因而机电安装工程的装配化不但要解决施工问题，还要解决整个机电系统全生命期内，安全、高效运行的问题。

随着对装配化施工重视程度的不断提高，能够促进我国机电安装装配化技术水平的快速发展，缩小与国际先进水平的差距。装配化施工技术的发展，需要政府部门与施工企业共同的努力，为装配化技术的发展创造良好的环境。住房城乡建设部发布的《建筑业10项新技术（2017版）》，其第六项（机电安装工程技术）至少4种涉及装配化施工：基于BIM的管线综合技术、工业化成品支吊架、机电管线及设备工厂化预制技术、机电管线及设备工厂化预制技术、金属风管预制安装施工技术等。

因而通过有效运用装配化这一先进的机电安装施工技术，拓宽建筑工程施工的视野以及机电安装工程的技术水平，从而提升建筑行业整体的综合实力，实现建筑工程快速、稳定、健康发展。

9.1.1 装配化施工的优点

机电安装工程装配化施工与传统施工方式相比，具有如下优点：

(1) 减少施工安全隐患和对环境影响

传统的机电安装施工需要在工程现场进行材料切割、管道焊接、设备组装等工作，施工过程中不可避免会产生噪声以及废水废料等，从而对周边环境造成一定影响。另外，由于现场施工作业会用到气割、电焊等用气、用电设备，给施工现场带来火灾等安全隐患。而装配化是在工厂制作加工、现场组装，能够将环境污染以及安全隐患降至最低，从而有效优化了机电安装现场的环境。

(2) 提高预制构配件质量

在预制工厂中进行预制加工制造，制定统一的加工制造工序，设定详细一致的加工制造标准，严格监督管理加工制造流程以提高预制部件质量控制水平，因而能够获得质量可靠、一致的预制构配件；同时预制工厂的部件加工制造工人可以统一进行技术培训，提高操作人员的技术水平，从而提高整体制造质量。制作环境，如图9-1所示。

(a) (b)

图9-1 制作环境
(a) 传统施工现场；(b) 装配化预制加工车间

(3) 增强机电工程施工项目的美观度和提升施工效率

装配化施工通过采用统一的预制加工工艺和质量管理标准进行部品部件预制制造加工，从而使每个安装部位的管线等都具备相同外观特点，从而在组装后的成品中实现了外观的美观和整齐。

制订装配化预制方案时，综合考虑各相关专业一体化的预制加工，实现暖通、给水排水、消防、电气等各个机电专业的综合功能集成。同时通过预制加工、装配能够减少现场焊接、胶粘等危险与有毒有害作业，实现对机电设备、管线和支吊架等不同专业安装的同步进行，从而极大地缩短了施工时间，施工质量、施工进度、施工管理水平得到提高，提高了施工效率。

9.1.2 装配化目前存在的问题

通过分析国内机电安装工程装配化发展的现实情况，不难发现，目前国内机电安装工

程装配化施工技术的发展存在以下问题:

(1) 政府层面推广不足

现有文件政策,主要针对建筑结构方面,具体到机电专业方面,现阶段仍缺乏明确的发展目标和政策激励措施。

如目前已经实施的《装配式建筑评价标准》GB/T 51129—2017,作为指导装配式建筑发展工作的文件,主要针对建筑结构方面;而《装配式建筑产业基地管理办法》明确,产业基地是指具有明确的发展目标、较好的产业基础、技术先进成熟、研发创新能力强、产业关联度大、注重装配式建筑相关人才培养培训、能够发挥示范引领和带动作用的装配式建筑相关企业,主要包括装配式建筑设计、部品部件生产、施工、装备制造、科技研发等企业,但机电安装工程方面的产业基地仍然空白。

(2) 缺乏统一的标准、规范

国内各地在探索机电安装工程装配化施工的实践应用中,仍处于尝试阶段,但大部分还停留在企业研究、项目试点阶段,成熟的、有规模能推广的技术标准相对较少。

(3) 缺少装配化技术人才

人才是机电安装装配化施工技术发展的重要因素,需要企业从方案设计、现场测量、部件预制、运输、吊装、组装等各道工序培养具有较高素质的技术人员和项目管理人员,目前机电安装装配化施工技术人才不足是突出问题。

(4) 缺少与建筑结构等各专业的协同发展

当前的机电安装工程的装配化技术仍处于探索阶段,机电专业也仍未摆脱依附于传统现浇结构的施工方式,导致机电专业与建筑结构、装修专业发展进度严重脱节,不能充分发挥装配化施工技术的效率、环保、节材以及进行维护方面的优势。

9.1.3 装配化施工的发展

装配化施工技术是我国机电安装行业的一次深刻革命,是机电安装行业发展必然趋势之一。目前管理体制和技术体系不完善,仍然处于发展的初级阶段,需要重点推行设计、施工、管理一体化,从项目策划、规划设计、生产加工、安装施工及运营管理全过程统筹协调,形成完整的一体化运营模式。随着智能制造时代的来临,物联网、大数据技术的充分应用,机电安装工程的装配化施工的发展将具备如下特征:

(1) 高新科技、技术的应用

在建筑行业及其他行业日新月异的科技发展中,机电安装装配化施工技术必将与高新科技、技术的有效融合。

通过 BIM 技术建立数据模型,能够使机电安装工程设计施工方案得到完善和优化,为机电安装工程装配化施工提供更为有利的指导,促进机电安装工程的装配化施工顺利开展,同时应用 BIM 技术对施工数据的采集和分析能力,能够帮助施工管理人员对施工过程进行有效控制和监管。

将 BIM 数据模型与智能预制加工系统融合,将需要预制的构配件加工信息连通,促进预制装配化施工技术的不断推进,也促进了 BIM 技术的深度应用,实现预制加工的智能化。

装配化施工技术与信息化、物联网技术融合,将 BIM 模型所承载的历史信息数据传承给运行维护系统,使得机电设备设计、施工、维护管理的信息具备追溯性,实现机电设备运行维护的智能化。

(2) 施工工人产业化

随着机电安装工程装配化施工技术的普及应用,预制加工人员的工作划分也要更加细致,从而能够使每个环节的加工制作技能都更加专业,对预制加工人员的整体素质都提出了更高的要求,以满足预制加工水平始终能够满足装配化施工需求。

机电安装工程装配化的实施,打破了原有施工工序,各项实施质量标准都高于传统的安装模式,从预制加工车间生产到现场装配,各个岗位都需要按操作规范、技术标准来要求每个施工人员,同时装配化预制生产所靠的自动化生产机械、计算机等设备操作,不仅需要现场施工经验,还需要懂计算机、会软件、熟悉制造加工工艺流程及质量标准,因而亟级建立一套完整的技术培训体系,使得传统施工人员向产业工人的快速转型。

预制加工工人经过严格的专项技能培训,由于预制加工区域的固定化,操作环境大大改善,采用工业化管理标准,这时的预制加工工人已经不是粗线条的建筑工人,而是名副其实的产业工人,也符合国家关于建筑产业化的发展要求。培训环境如图9-2所示。

(a) (b)

图 9-2 培训对比
(a) 传统施工现场;(b) 预制加工车间

(3) 组装功能模块化、智能化

在国家智能制造发展的大环境下,机电、结构、装饰将向预制装配化技术集成化、产业化方向发展。建筑产业化的核心是生产工业化,生产工业化的关键是设计标准化,最核心的环节是建立一整套具有适应性的模数以及模数协调原则。设计中据此优化各功能模块的尺寸和种类,使建筑部品实现通用性和互换性,保证房屋在建设过程中功能、质量、技术和经济等方面获得最优的方案,促进建造方式从粗放型向集约型转变。

因而机电安装工程装配化发展的趋势,在机电系统预制过程中,机电专业与其他系统、专业同步协同,在集成化的功能模块平台上,整合设计、安装、控制及运行维护等多方面信息,在预制加工过程中植入运行维护管理系统,实现智能化的设计、施工、运行维护目标。

9.2 装配化的实施模式

机电安装工程装配化施工,综合目前的行业特点、技术能力和环境因素等各种施工条件，机电安装工程装配化施工的实施模式主要有如下两种：

(1) 管线组装模式

管线组装模式目前应用较为广泛，主要考虑的区域一般是机房、管井、走廊吊顶、阀站、屋顶机组等。主要是将施工中需要使用的管井综合支架、管井管段、机房综合支吊架、机房管道组、走廊综合支吊架、机房管道组、走廊综合支吊架、线槽、桥架等构配件在预制生产车间进行预制加工，运输到施工场地按一定的组装工序、方法去组装为成品，从而完成机电安装工程的施工。管线组装示意，如图 9-3 所示。

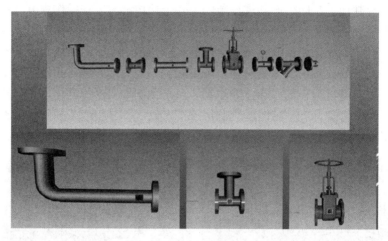

图 9-3　管线组装示意

这种装配化模式大规格管线较为适用。如果管径大、重量大，对于支架及建筑结构承载能力要求比较高，同时吊装及运输都非常麻烦。机房管线组装如图 9-4 所示。

图 9-4　机房管线组装

在施工现场条件具备时，可以采用在地面将预制加工的管线组装完成，再整体吊装成型固定的施工技术。

(2) 集成模块组装模式

集成模块组装模式是将具有相应功能性或较为复杂的设备和管线，采用整体预制装配、整体吊装的模式。这种装配化模式因整体运输及吊装，集成模块在预制加工车间制作组装并进行相应的功能检测、调试，施工现场只需对不同集成模块间的接中管线连接即可完成，因而最大程度地缩短了施工周期、提高了施工质量，如风冷热泵集成模块、太阳能集成动力模块、供热动力模块、换热模块、供水模块、水泵机组等。

因集成模块占用空间、重量较大，对施工现场的条件要求较高，因而需要一个最合理的设计方案，但集成模块的形式可实现流水线批量生产，具备将集成模块标准化的条件，是机电安装工程装配化的发展方向。机房的集成模块组装如图 9-5 所示。

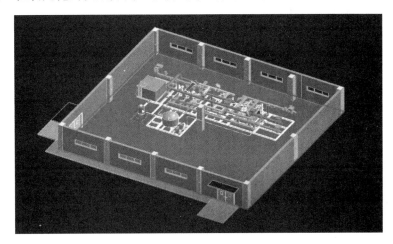

图 9-5 机房的集成模块组装

综合上述机电安装工程装配化施工的实施模式，为了实现机电安装工程的装配化施工，须制定实施流程，在构配件拆分、连接节点处理、设备部件标准化等方面制定相应规则，并深入应用设计、生产、安装等方面数据传承及项目模拟施工，以便于装配化实施。

9.2.1 装配化实施流程

现阶段，需制定机电安装工程装配化实施流程。装配化实施流程如图 9-6 所示。

流程概述：

（1）装配化设计

装配化设计是机电安装工程装配化实施的首要环节。运用工程设计软件（如 BIM 软件）进行三维机电深化设计，对排管布线、安装施工等具体内容进行建模分析，从而选择出最优装配化设计方案对施工全过程进行有效指导。

按深化设计图或 BIM 模型经由专业测量人员现场进行尺寸测量，并对深化设计图或 BIM 模型进行校核、调整。

按校核、调整后的深化设计图或 BIM 模型，导出需要预制的构配件（如：部分管段、局部管线综合等）和集成模块的预制生产加工图，可用于指导预制加工。

（2）预制加工制造

预制加工工厂在进行构配件和集成模块的零部件生产加工时，要严格按照施工图样的尺寸以及加工工艺进行操作，从而保证制造质量。

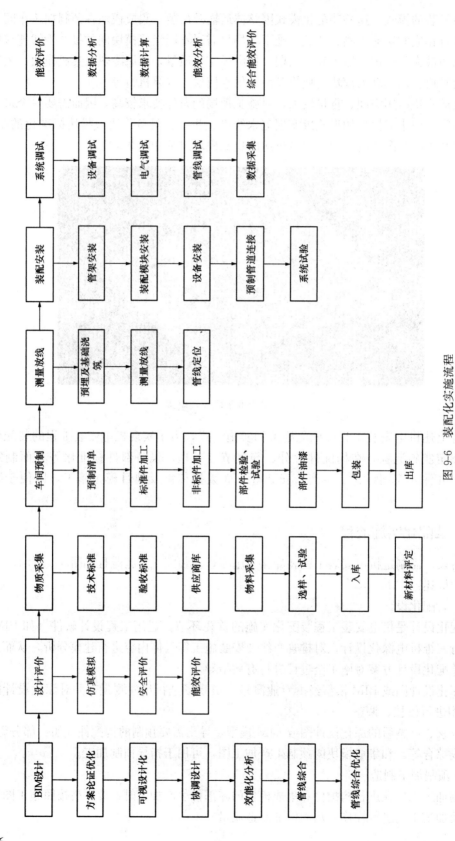

图 9-6 装配化实施流程

预制加工好的管段或设备组架等构配件和集成模块,根据不同的材料预制成品做好运输方案,做好标识,采取成品保护措施,将分段材料运至施工现场进行现场组装。

(3)现场组装

预制生产的构配件和集成模块在运输过程中需要采取安全防护措施,避免部件碰撞造成的损坏。

预制构配件和集成模块按照施工需要分批、分段进行运输。

预制构配件和集成模块运抵施工现场后,要根据标号进行组装工作。在组装时需要按照组装说明和安装方案进行,避免无序组装造成的差错。组装完成后按质量验收标准进行调试、验收。

9.2.2 预制构配件的科学拆分

为保证机电安装工程能够满足不同的项目需求,装配化施工时需要充分考虑施工现场环境及要求,优化装配化施工方案。如大空间建筑,要考虑专业复杂程度和高处装配化作业难度;高层建筑,要考虑预制产品安全垂直运输等问题。实现机电安装工程装配化施工的关键点体现在对构配件和集成模块的科学拆分上。

对预制构配件的拆分主要考虑五个因素:一是功能划分合理;二是尽可能按功能集成模块;三是满足制作、运输和吊装的要求;四是符合现场施工、组装连接的要求;五是按预制构配件标准化的思路设计,以达到"系统化、标准化"的目的。如:走道、管廊等区域的管线集成拆分。管线拆分示意如图9-7所示。

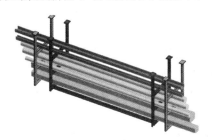 

图9-7 管线拆分示意

将BIM与机电安装工程装配化体系结合,既能提升项目的精细化管理和集约化经营,又能提高资源使用效率、降低成本、提升工程设计与施工质量水平。运用BIM技术可基于施工图设计模型或建筑、结构、机电和装饰专业设计文件创建机电深化设计模型,通过优化调整,消除管线碰撞,完成相关专业管线综合、复核系统参数,包括水泵扬程及流量、风机风压及风量、冷热负荷、电气负荷、灯光照度、管线截面尺寸、支架受力等,确保机电优化调整的模型能够达到设计要求。机电专业BIM模型的特点是专业系统较多,同一机电系统的模型元素保持连续性。BIM模型不仅包括各相关专业系统,如给水排水、暖通空调、建筑电气等各系统的模型元素,还包括支吊架、减振设施、套管等用于管线、设备支撑和保护的其他构件。

在制订装配化施工方案时,应用BIM模型进行预制构配件的拆分,可直观明确系统、空间区域及功能特性的划分,做到科学有序。BIM技术具有信息传承和模拟施工的特性,能够实现设计,构配件生产、施工、运维管理等阶段的全方位控制,有利于实现预制构配件的科学拆分。机房管线的整体拆分示意，如图 9-8 所示。

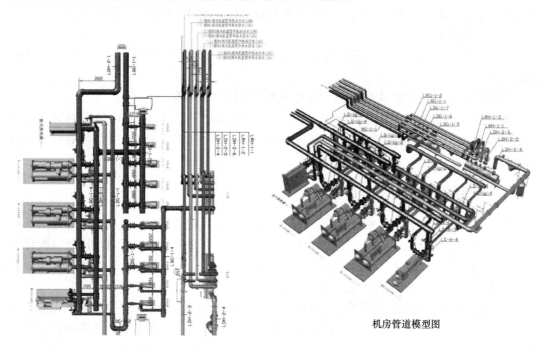

图 9-8　机房管线的拆分示意

9.2.3　连接节点处理

机电安装工程的施工重点是将设备、管线定位并连接，因而连接节点的处理是保证机电安装工程装配化施工的关键。装配化的连接节点需在施工现场完成，是最容易出现质量问题的环节，因而应采用合理的节点形式，并制订相应的施工方案，保证装配化施工质量。

机电安装工程的节点主要涉及风管、水管、桥架及母线槽等管线的节点连接。

1. 风管节点连接

风管较为常见的是镀锌铁皮风管，其最为常见的连接方式有：角铁法兰连接、共板连接及插条连接。风管连接接口，如图 9-9 所示。

（1）角铁法兰连接

角铁法兰连接，是通过在每段风管两端安装（一般使用铆接）用角铁制作的法兰并且翻边，然后利用这对法兰，中间加上密封垫并且使用螺栓把它们连接起来。

其优点是使用这种连接方式的风管强度大，不易变形，拆卸方便，且容易和设备连接；缺点是成本高，耗时长，风管自身重量大，且因法兰的存在，连接处不好保温。

（2）共板连接

共板连接，是以直接咬合、中间件咬合、辅助夹紧件等方式完成风管的横向连接。由于连接风管接头一般均比法兰连接简单，接头辅助件重量较轻，制作简单或可以采用标准件成批生产，重量低，安装快，目前应用越来越广泛。

（3）插条连接

 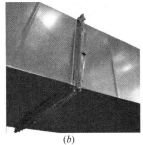 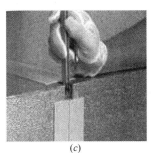

图 9-9 风管连接

(a) 角铁法兰连接；(b) 共板连接；(c) 插条连接

插条连接，是通过风管翻边咬合，然后用制作好的插条进行加固连接，安装快捷，制作简单，且密封性良好，但是由于其结构关系，一般用于中低压系统中尺寸较小的风管。

2. 管道节点连接

管道连接较为常见的连接方式有：法兰连接、焊接、螺纹连接、承插连接、卡套式连接、卡压连接、热熔连接和沟槽连接（卡箍连接）等。

其中，螺纹连接是利用带螺纹的管道管径小于或等于100mm的镀锌钢管等，承插连接主要用于给水及排水铸铁管及管件的连接，卡套式连接主要压接铝塑复合管，卡压连接主要用于不锈钢管道，热熔连接主要用PPR管等。机电安装工程装配化施工时，较宜采用的连接方式为：法兰连接、焊接、沟槽连接（卡箍连接）。管道连接的主要形式，如图9-10所示。

 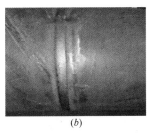 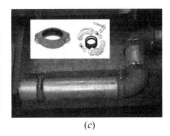

图 9-10 管道连接

(a) 法兰连接；(b) 焊接；(c) 沟槽连接

（1）法兰连接

直径较大的管道采用法兰连接，法兰连接一般用在主干道连接阀门、止回阀、水表、水泵等处，以及需要经常拆卸、检修的管段上。装配化施工时最为常见。

（2）焊接

焊接适用于应用较为广泛，多用于暗装管道和直径较大的管道。主要用于不方便使用法兰连接方式的装配化施工中。

（3）沟槽连接（卡箍连接）

沟槽式连接件连接可用于消防水、空调冷热水、给水、雨水等系统直径大于或等于100mm的镀锌钢管，具有操作简单、不影响管道的原有特性、施工安全、系统稳定性好、维修方便、省工省时等特点。

图 9-11　桥架连接示意

3. 桥架及母线槽节点连接

（1）桥架

桥架分为槽式、托盘式和梯架式、网格式等结构，由支架、托臂和安装附件等组成。桥架与桥架之间的连接用连接片和螺丝，并安装跨接软铜线。桥架连接示意如图 9-11 所示。

（2）母线槽

母线槽由专业厂家生产，按照产品标准安装程序，一般采用插接式安装分接方法，一次性完成安装连接。

9.2.4　设备、部件标准统一

机电安装工程装配化施工的核心是预制生产工业化，而预制生产工业化的需要设计标准化，最核心的环节是建立一整套具有适应性的模数以及模数协调原则，从而优化各功能模块的尺寸和种类，使相应功能模块、构配件等实现通用性和互换性，保证机电安装工程项目在功能、质量、技术和经济等方面获得最优的解决方案，促进机电安装工程的施工方式从粗放型向集约型转变。

按照目前装配化施工的应用状况，为保证项目应用的互换性和生产制作的通用性，需要建立相应的技术标准和标准图集。

（1）建立技术标准

机电安装工程装配化的实施中，为了保证预制加工精度，需要严格要求供货商家提供详尽的尺寸参数，整个机电安装工程装配化的标准统一，实现流水线作业，实现批量生产。

目前应根据实际状况和需求，应逐步制定配套的《机电安装工程装配化设备、配件技术标准》，以满足机电安装工程装配化的实施。预制的标准设备、配件标准等示意图，如图 9-12 所示。

图 9-12　预制设备、配件标准示意

（2）建立标准图集

机电安装工程装配化过程中包括了设计、生产、现场装配，为了实现生产车间的流水线、标准化的生产，需要根据车间生产设备的特点，编制针对机电安装工程装配化生产的标准图集。

图集主要目的是确保在预制产品构配件的标准化，实现所有项目的互通互换；同时图集标准的实施可以确保施工项目在装配化设计和施工前完成标准部件的预制生产，提高生产和施工进度，从而实现机电安装工程施工的工业化。预制管段所用的标准图集示意如图9-13所示。

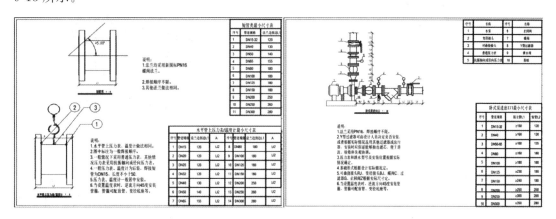

图 9-13　预制管段标准图集示意

9.2.5　数据传承及模拟施工

在机电安装装配化的构配件、模块生产加工时应用数据传承及模拟施工，可以提高机电安装工程装配化施工的质量、进度和效率。

1. 数据传承

机电安装装配化的构配件、模块可按其功能差异划分为不同层次的模块，并建立相应数据库，同时对构配件、模块进行编码，使其编码应具有唯一性。

装配化的构配件、模块生产加工，可按如下步骤：

首先，应用BIM技术，预制生产加工前依据深化设计模型、设计文件等资料创建机电装配化的构配件、模块的生产加工模型。

其次，依据生产加工模型，应用BIM技术提取模型工程量，制订材料采购计划。

最后，依据预制工厂的设备加工能力、预制工厂的生产计划及施工工期和资源计划等需求，确定预制加工的构配件、模块预制生产批次，对预制加工的构配件、模块进行分批加工。

在预制生产加工管理时，可将预制构配件、模块的阶段信息及时反馈到预制加工模型中，保证模型信息的准确性和及时性，使得机电装配化的构配件、模块的生产加工模型附加或关联了生产属性、加工图、工序工艺、产品管理等信息。

从而在BIM交付模型中，包括了预制生产加工模型、加工图，以及预制构配件、模块的相关技术参数和安装要求等信息，最终具备了构配件、模块的生产进度信息、成本信息和质量追溯信息。构配件的设计、预制、安装的数据传承，如图9-14所示。

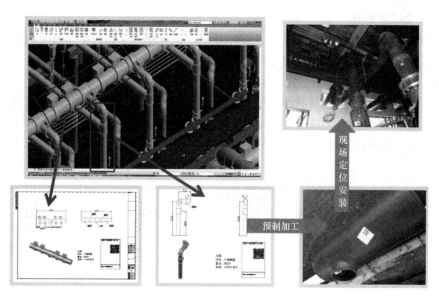

图 9-14 数据传承示意

2. 工艺模拟

为确保机电安装装配化的顺利进行，在装配化项目实施前可实行施工工艺的模拟。预制生产的构配件、模块按施工工艺要求虚拟拼装，以验证或综合分析连接件定位、拼装部件之间的连接方式、拼装工作空间要求以及拼装顺序等施工工序，同时检验预制构件加工精度是否符合装配化要求。

施工工艺模拟过程中涉及空间碰撞、与其他施工工序交叉及其他相关问题时，应调整各工序的施工逻辑关系或施工工作面，如仍不能满足施工要求，需调整预制构配件、模块的划分，以顺利完成装配化的施工。

在施工工艺模拟过程中宜将涉及的时间、人力、施工机械及其工作面要求等信息与模型关联，记录出现的工序交接、施工定位等存在的问题，形成施工模拟分析报告等方案优化指导文件，并根据施工工艺模拟成果进行协调优化。机房管线模拟安装示意如图 9-15 所示。

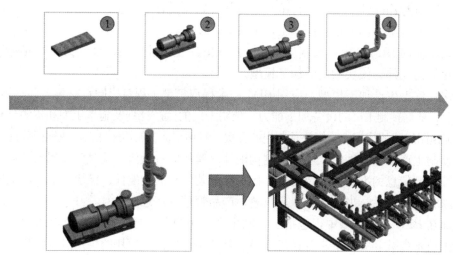

图 9-15 机房管线模拟安装示意

9.3 装配化的预制生产及运输

预制生产质量直接影响了机电安装工程装配化施工质量,装配化的预制生产及运输能确保机电安装工程装配化施工质量和顺利实施,因而需要针对装配化的预制生产及运输制定规范性制度及生产加工标准等生产管理规范。

9.3.1 生产管理

生产管理的目的是用科学的管理制度、标准和方法,确保预制生产的构配件、模块生产均衡合理,品质满足要求,是预制生产企业管理的中心和重点。

1. 生产流程

制定装配化预制生产流程,是通过一定的生产加工设备按顺序连续地进行预制加工,确保从原料投入到预制成品加工完成。

预制生产流程的主要流程如下:

原材料验收→熟悉理解预制加工图样→下料→制作加工→产品质量检查→油漆喷涂→产品包装运输。

2. 物料控制

针对预制生产、市场通用管道配件等的特点,设立相应下料计算模板。通过对各种管件的参数,计算管道装配长度及下料长度。

采用分管径、分系统排序方式,使每个预制管段和 BIM 模型中的参数和编码对应,以便于后期装配化实施及运维过程的数字化管理。物料控制清单示意如图 9-16 所示。

3. 储存

预制生产的产品储存应符合以下要求:

(1) 储存库房划分为原材料区、待验区、成品库等。

(2) 储存库房内应采取防潮、防腐、防锈等保护措施。

(3) 需储存放在干燥的室内。如必须存放在室外时,应该选择平坦的地面并铺上木板,同时用防雨罩布盖好。

(4) 储存的成品按名称、生产日期、数量、检验状态(待检、合格、不合格)进行标识悬挂。

(5) 标识牌表面字迹清晰、标识准确无误、不允许有涂改现象。

9.3.2 预制生产

装配化的预制生产加工工厂、车间或者有加工、组对制作条件的场地进行,具备相应的生产工艺设施,有完善的质量管理体系和必要的试验检测手段,预制所用材料、规格型号应符合设计要求。

1. 风管预制

风管预制按材料特性分:镀锌风管、不锈钢风管、铝风管、普通碳钢风管、气密性碳钢风管、热浸镀锌风管和防火风管等。通常情况下(设计有专门规定的除外),壁厚1.5mm 以下的金属风管属于咬口风管,壁厚大于等于 1.5mm 的金属风管属于焊接风管。

装配体物料控制清单																	
工程名称		×××科技园				软件责任人							软件	切割	组对
系统编号		冷冻、冷却水系统				切割责任人									
质检员						法兰组对责任人									
材料编号	软件编号	材料名称	规格型号	管段预制长度	连接法兰		连接弯头		连接变径		连接三通		连接主管		垫片		下料长度	数量	备注
					法兰规格	厚度预留	弯头规格	中心长度	变径规格	长度	三通规格	长度	主管规格	半径	垫片规格	厚度			
LDG-DN500-001	PIPE1	螺旋管235B	D530×9	1571	DN500	15	D530×9-1A	735									821	1	
LDG-DN500-002	PIPE2	螺旋管235B	D530×9		DN500	15							D630				−15	1	
LDG-DN500-003	PIPE3	螺旋管235B	D530×9		DN500	15	D530×9/45°										−15	1	
LDG-DN500-004	PIPE4	螺旋管235B	D530×9	6052	DN500×2	30											6022	1	
LDG-DN500-005	PIPE5	螺旋管235B	D530×9	4390	DN500	15	D530×9-2B	765									3610	1	弯头接法兰,720
LDG-DN500-006	PIPE6	螺旋管235B	D530×9	1571	DN500	15	D530×9-3B	730									826	1	
LDG-DN500-007	PIPE7	螺旋管235B	D530×9	2145	DN500	15	D530×9-3A	771									1359	1	
LDG-DN500-008	PIPE8	螺旋管235B	D530×9	4390	DN500	15	D530×9-4A	720									3655	1	弯头接法兰,765mm

图 9-16 物料控制清单示意

(1) 风管预制主要工序

1) 咬口风管预制主要工序为：画线、下料→剪切→咬口→折方/卷圆→合缝。

2) 焊接风管预制主要工序为：画线、下料→剪切→折方/卷圆→焊接。

3) 风管角钢法兰预制主要工序为：下料→去毛刺→拼装→焊接→找平→冲孔→钻孔。

(2) 风管加固

风管加固，根据风管材质及设计要求等可采用楞筋、立筋、角钢、扁钢、加固筋及管内支撑等方法进行加固。

按加固位置可分为：接头起高加固法、风管中部采用角钢加固法、风管内壁设置纵向肋条加固法、风管壁上滚槽加固法、风管大边角钢加固法等。

2. 管道预制

(1) 管道除锈、清洗

管道预制加工前，管道及支架用型钢除锈、清洗等处理应完成，施工方法及工序应符合现行国家相关标准的有关规定。

(2) 管材、配件

管道预制中使用的管材、型钢、弯头、法兰等材料应符合国家相关规定。

同一规格的管道外径应与弯头外径一致且误差不应大于3mm。

管道预制焊接使用的焊条、焊丝材质应与管道材质匹配。

(3) 下料

管道下料切割应符合下列规定：

1）切割管道时，管道切割面应平整，毛刺、铁屑等应清理干净。
2）管道切割应采用锯床等冷切割方式进行，也可用等离子切割，严禁使用氧乙炔切割。
3）相贯线切割宜采用全自动相贯线切割设备。
4）管道切割加工尺寸允许偏差应符合相关规定，见表9-1。

管道切割加工尺寸允许偏差（mm） 表 9-1

项目			允许偏差
长度			±2
切口垂直度	管径	DN≤200	1
		200＜DN≤450	1.5
		DN＞450	2

5）管道切割完成后，应做好标识。

（4）坡口

管道坡口加工宜采用机械方法，也可采用热加工法。采用热加工方法加工坡口后，应除去坡口表面的氧化皮、熔渣等影响接头质量的表面层，并应将凹凸不平处打磨平整。

管道坡口角度应符合表 9-2 中的规定。

（5）开孔

管道开孔加工宜采用专用设备精准定位开孔，如图 9-17 所示。主管道与支管道切口应吻合，支管不应插入主管道内部，且间隙不应大于 2mm。

图 9-17 相贯线开孔、切断示意

（6）组对

管道组对场地应平整，宜采用专用管道组对工装，如图 9-18 所示。法兰孔位应一致，垂直中心对称。

图 9-18 法兰组对示意

管道组对焊接要求应符合相关规定，见表 9-2。

管道组对焊接要求 表 9-2

接头名称	对口形式	接头尺寸（mm）			
		壁厚 δ	间隙 C	钝边 P	坡口角度 a（°）
对接不开坡口		1～3	0～1.5	—	—
对接V形坡口		3～6	0～2.0	0～1.5	60～65
		6～9	0～2.0	0～2.0	60～65
		9～26	0～3.0	0～3.0	55～60

管道预制加工允许偏差应符合相关规定，见表 9-3。

管道预制加工尺寸允许偏差（mm） 表 9-3

项目		允许偏差
管道与弯头组对内壁错边量		不超过壁厚的20%且不大于2mm
管道与弯头连接	管道角度偏差	±0.5°
法兰面与管道中心垂直度	DN<200	0.5
	DN≥250	1.0
法兰螺栓孔对称水平度		±1.0

（7）焊接

管道焊接时应尽量采用自动焊接以提高焊接质量及焊缝外观质量，如图 9-19 所示。

图 9-19 机器人焊接示意

管道焊接完成后，焊缝表面应清理干净，并应进行外观质量检查。焊缝外观质量应符合现行国家相关标准的有关规定。

（8）检验

管段预制完成，应进行外观检查及尺寸核对，外观形状应与预制加工图样一致，管段尺寸误差应≤2mm，管段法兰密封面应与管子中心线垂直，如图 9-20 所示。

图 9-20 预制管段成品

(9) 试验

管段检查合格后,应按照设计要求进行压力试验。

当设计无要求时,应符合下列规定:

当工作压力小于或等于 1.0MPa 时,应为 1.5 倍工作压力,最低不应小于 0.6MPa;当工作压力大于 1.0MPa 时,应为工作压力加 0.5MPa。

单个管段试压时,管段压力升至试验压力后,应稳压 10min,压力不下降,然后将系统压力降至工作压力,外观检查无渗漏为合格。多个管段串联试压时,管段压力升至试验压力后,应稳压 10min,压力下降不应大于 0.02MPa,然后将系统压力降至工作压力,外观检查无渗漏为合格。

(10) 清理及喷涂

管道试验合格后,应对管道内外壁进行清理。

管道清理完成后方可进行防锈漆及面漆喷涂,喷涂时应先喷涂防锈漆两遍再根据要求喷涂面漆。

3. 桥架及母线槽预制

桥架与母线槽目前已经有专业厂家生产,使用时按照需求对应生产厂家的规格和技术参数选择。

为使桥架适用于潮湿、腐蚀性强等地下环境,桥架制作还应该满足下列要求:

(1) 表面处理

完整的镀锌层才能保证钢件的耐腐蚀性,从而保证桥架的使用年限。镀锌保护层的厚度应 $\geqslant 65\mu m$,且表面镀层应均匀、光滑,无毛刺、划伤、剥离、起皮、凸起等缺陷。

安装附件(如螺丝、垫片等)也应均为热镀锌产品。

(2) 加工精度

直通的单件长度偏差:当长度为 2、3m 时,±3mm;长度为 6m 时,±4mm。

直通、弯通的宽度偏差:宽度不大于 400mm 时,±2mm;宽度大于 400mm 时,±3mm。

其他构件的尺寸偏差按《一般公差 未注公差的线性和角度尺寸的公差》GB/T 1804—2000 标准 C 级的规定。

桥架表面应平整、光洁,工作表面不应有损伤电缆绝缘层的毛刺、锐边等缺陷。

(3) 焊接质量

焊接的焊点应均匀、统一饱满,没有明显缺陷,使得桥架的质量整体稳定、外观美观。

9.3.3 成品运输

成品运输前应制订实施方案，方案应包括运输方式、运输时间、产品运输次序、运输路线、吊装堆放方式、倒运顺序及成品保护措施等内容。

成品运输时应根据成品规格选用相应的车辆，严禁超载，产品码放应整齐紧促。

预制成品到场后，堆放场地应平整压实，注意防雨防潮，周围应有排水沟，码放时下边应垫有木方。

9.4 装配化安装

机电安装工程装配化安装就是把通过工业化方法在预制加工工厂预制加工的构配件、模块等，在施工现场通过机械化、信息化等工程施工技术手段按不同的工艺要求进行组合和安装，建成特定机电安装工程产品的一种方式。

机电安装工程装配化安装，主要包括管线组装式安装、整体式安装、模块化安装等几个方面。

9.4.1 管线组装式安装

管线组装式安装是根据施工需求，将施工中需要使用的构配件在预制生产车间进行预制加工，再运输到施工场地进行组装，从而完成具体的施工。

管线组装式安装一般涉及如下几个步骤：

（1）设备就位

根据安装图纸核对设备位置，与图纸位置不符时提前进行校正。

确定好设备位置后，在相应基础上做好位置标记，以便吊装时确定位置。

（2）现场吊装转运

预制的构配件管段成品管段到场后，先进行管段吊装，将所有管段及支架吊装运输至管段堆放区分类放置。

辅材放置时应做好分类，螺栓、木托、法兰垫等应按型号分类放置。

管段运输时可将管段放置在叉车上直接运输至指定位置，某些异型管等不好使用叉车运输时可使用手推车进行人工运输。

（3）支架定位安装

根据支架布点图确定各支架位置，做好标记以便安装管道支架。

根据支架编号组装支架并安装至图中编号对应位置，根据安装图示箭头调整型钢凹口方向或上吊架钢板所在梁安装侧面。

支吊架安装完成后进行找平，根据支吊架图纸标高进行统一调平，高度调整至要求高度后需使用水平尺进行复测型钢支架横担的水平，当水平满足要求后方可进行螺栓紧固。

（4）管线吊装

管道吊装时应根据安装图纸顺序进行吊装。

管道安装时应注意法兰孔需对正，螺栓紧固时应将管道放平直。

应先吊装水平管道，吊装完成后应对个立管接口尺寸进行核对，与图纸尺寸核对无误后开始连接垂直立管。

管道整体连接完成在进行仪器仪表的安装，安装压力表时应注意压力表表弯方向应统一。

(5) 管线连接

管道吊装就位后，按装配化方案选定的节点连接处理方式进行管线节点连接。管线连接的质量要求应符合现行国家相关标准的有关规定。

管线连接时，还应注意以下几个点：

1) 系统管道采用内壁不防腐管道时，可焊接连接，但管道焊接应符合相关要求，并注意做好防腐处理。

2) 消火栓给水系统管径≥100mm 的镀锌钢管，应采用法兰连接或沟槽连接。

3) 法兰连接安装的时候要保持两片需要连接的法兰平行，尤其是法兰的密封面不能有磕碰，法兰连接安装的时候还要把法兰的密封面清理干净。法兰连接安装时所用的垫片，要根据规定设计选用。

4) 沟槽式连接件应符合相关要求，连接前应检查沟槽和孔洞尺寸，加工质量应符合技术要求；沟槽、孔洞处不得有毛刺、破损性裂纹和脏物；橡胶密封圈应无破损和变形，槽式管件的凸边应卡进沟槽后再紧固螺栓，两边应同时紧固，紧固时若发现橡胶圈起皱应更换新的橡胶圈，如图 9-21 所示。

图 9-21 管线组装式安装示意

9.4.2 整体式安装

机电工程装配化的整体式安装，通过基于 BIM 模型的预制构配件设计、生产加工、运输转运、机器人智能放样，在地面完成装配化构配件的拼装作业，然后再整体机械化平台抬升至安装位置，实现机电工程装配化的一次性整体式安装。与传统安装方式相比，提高了施工效率及施工质量，缩短了工期，减少了高处作业，提高施工过程的安全性。

机电工程装配化的整体式安装，需要具备整体机械化抬升平台。整体机械化抬升平台应有电动或液压等动力驱动，平台顶部有作业平台、作业控制开关、护栏及相应的配电设备等。

整体式安装一般涉及如下几个步骤:
(1) 预制构配件的设计及编码

机电工程装配化的整体式安装方法,在BIM模型完成碰撞检查及管线整体优化后,把各种机电系统整合在一起,按照预设模数划分相应的构配件、模块,对每个构配件、模块编号编码,在完成构配件、模块的生产加工工艺设计后,形成构配件、模块的加工图纸。

其中整体式安装的机电预制构配件、模块的预制生产成品,应包含有支吊架,管段和管卡。管段的长度须考虑运输及施工条件,控制在施工作业许可的范围内。

(2) 预制加工

将拆分好构配件、模块,按工艺要求设计的加工图纸,在预制生产工厂内进行预制加工。

经检验合格的预制构配件、模块,在预制生产工厂内进行预拼装,以验证机电管件和支吊架的正确性,以确保整体式安装一次性成功。

按照设计加工编号配涂预制构配件、模块编码。

(3) 储存及运输

加装必要的可回收保护装置,用于预制构配件、模块的预制成品保护,以满足储存、运输、安装过程中预制成品完好。

把预制构配件、模块的成品和保护装置整合,再装车运输至施工现场。

储存时注意安全,避免碰撞及潮湿、锈蚀等问题。

(4) 放样

基于BIM模型的标高和点位要求,采用智能机器人对整体式安装的机电预制构配件、模块的安装点位进行放样。

放样时应把坐标文件和三维BIM模型整合并导入放样管理器,选择合适位置设站,标记放样点。

放样点应有支吊架的位置点位。

(5) 整体式安装

1) 根据安装放样点位,在地面对预制构配件、模块成品进行组装连接。

2) 根据安装放样点位,应用整体机械化抬升平台,在放样点相应位置放置吊杆底座,将吊杆底座用膨胀螺栓固定于主体结构上。

3) 将支吊架吊杆与吊杆底座连接固定。

4) 应用整体机械化抬升平台,将已经在地面组装完成的整体式预制构配件、模块,抬升至安装位置。

5) 放置、支吊架横担并调整横担上下高度,以确保整体式预制构配件、模块的水平管线的水平。固定支吊架横担与吊杆。

6) 将固定管道段的管卡的一端与支吊架横担相连,管道套在管卡的另一端中,通过移动管卡对管道段左右调节,直到各个管段同心同轴。

7) 对整体式构配件、模块的管道段水平度进行测试和微调,使水平管段保持水平,拆除保护装置,对管道段二次喷涂防锈漆,完成整体式的安装,如图9-22所示。

注:为避免现场的支吊架焊接工作,支吊架宜采用装配式综合支吊架形式。

9.4.3 模块化安装

机电安装工程的模块化安装就是将机电工程系统的相近区域、相同功能的机电设备、管线组合成不同的模块,将不同的模块在预制工厂内预制完成后运输至施工现场,再将各不同模块组合安装连接,从而完成整个机电安装工程的施工。模块在预制生产加工并组装后,可以在预制工厂内按不同的功能要求,完成检验检测、试车试压,以确保功能模块的质量,从而缩短施工周期,提高施工质量。

图 9-22 机房管线整体式安装示意

模块化是由设备、管线、配件及仪表、底座或框架等组成,如图 9-23 所示。

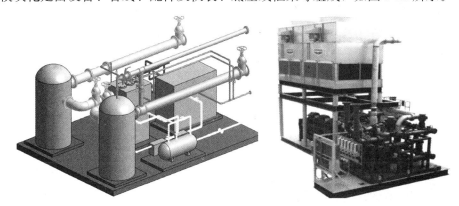

图 9-23 模块化结构形式

1. 模块的设定、划分

根据施工条件及运输条件,按不同的功能和形式可以划分为不同的模块,有如下几种形式:

(1) 将区域内管线组合,形成管线模块,如图 9-24 所示。

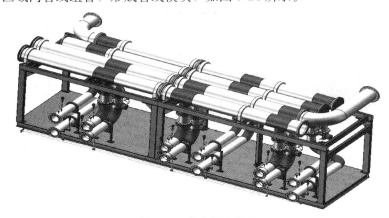

图 9-24 机房管线模块

（2）将同一系统设备组合，形成设备模块。泵组模块，如图9-25所示。

（3）将系统内设备、管线组合，形成功能模块。如泵组功能模块、分集水器功能模块、热泵水力模块、空调机组模块、冷水机组模块等，如图9-26所示。

2. 模块的制作

机电安装工程的模块制作前，应将模块内的管线拆分，设计加工图纸，并预制加工完成。

图9-25 泵组模块

图9-26 功能模块示意

(a) 卧式泵组模块；(b) 新型立式泵组模块；(c) 分集水器模块；
(d) 强弱电及水力功能集成模块；(e) 双联供地源热泵模块；(f) 冷水机组模块

完成模块的底座或框架的设计及制作。

按 BIM 模型或设计图纸，在底座或框架上首先固定设备位置，然后进行各设备间的进出口管道及阀门连接。管道安装时应严格按照管道装配图纸进行，编号一一对应，且横平竖直。

连接前先确定各管口位置，根据装配图纸将木托按需求摆放，且位置离两边管卡的距离相等，在管道安装完成前由吊链或其他上部牵引设施保证管段不会在移动时导致木托跌落。

法兰孔需对正，螺栓紧固时应将管道放平直。法兰垫片应放在法兰密封面中心，不得倾斜或凸入管道内。法兰螺栓紧固时应对应交叉紧固，使其受力均匀。

管道全部安装完成后，仪器仪表根据现场情况进行安装或将预留口封堵，冷机等设备口提前使用钢板进行封堵，所有管口处理完成后方可进行管道注水冲洗，管道冲洗达标后进行管网压力试验。精密的仪表出厂前应拆下，在施工现场完成组装后再行安装，如图 9-27 所示。

3. 模块的运输

模块制作完成后，吊装至运输车辆运至施工现场。应选定合适的起重设备吊运，如图 9-28 所示。

图 9-27　模块组装示意　　　　　图 9-28　模块的吊装示意

模块吊装至机房层后条件允许时应采用叉车进行平行转运，转运时可考虑使用加长臂直接插起运输。空间较小时可考虑使用搬运坦克与叉车配套运输，将直行式搬运坦克放置在模块后边两侧，模块前边中间放置一个转向式搬运坦克，使用叉车为动力拉动前边转向坦克进行运输。

4. 模块的安装

模块运输至基础旁时使用爪式千斤顶与搬运坦克配套将模块运输至基础上，使用轴承撬棍进行位置微调。模块就位前应根据安装图纸在基础上提前做好位置标记。

与管线组装式安装、整体式安装相比，模块化安装具有底座或框架，无需土建的基础底座，从而使得安装调整非常便利。冷冻机模块及底座框架，如图 9-29 所示。

所有模块安装完成后，进行模块间的管道连接。管道连接前先确定管口位置。应先吊装水平管道，吊装完成后应对每个立管接口尺寸进行核对，与图纸尺寸核对无误后开始连接垂直立管。管道整体连接完成再进行仪器仪表、阀门的安装，安装压力表时应注意压力表表弯方向应统一。

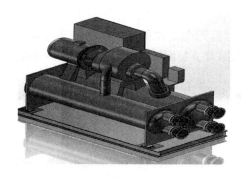

图 9-29　冷冻机模块及底座框架

安装原则：先主管后支管、先大管后小管、先高位后低位、先里后外的顺序。如智能高效制冷站的模块化安装，如图 9-30 所示。

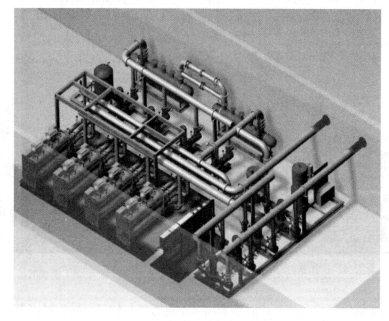

图 9-30　模块化安装的智能高效制冷站

5. 模块化安装展望

采用模块装配化技术和先进生产设备结合的机电安装工程装配化施工，确实提高了施工质量、节约了成本、缩短了施工周期、保证了施工安全，让施工更加简单、高效，提升了机电系统工程的集成化、精细化程度。

据统计，建筑全生命期内的运维成本 70% 属于机电损耗，因而必须提高机电安装工程的施工、运行效率，使整个机电系统在全生命期内的安全、高效运行。为达到这个目标，需要建立新的技术、思维理念，建立装配式技术体系，制定模块化装配的生产标准、安装标准、试验标准、验收标准，推动施工人员向产业工人的快速转型。制定模块的标准化预制图集及相关生产规程，使得设计、生产、现场装配能够流水线生产、标准化作业，从而实现机电安装工程的工业化生产的跨越式转变。

在模块的预制生产阶段，通过植入数字孪生技术，使得单运行管理转变至全生命期运行维护平台管理。如基于 BIM、物联网、大数据分析等数字孪生技术手段，将集成冷冻站的各种属性映射到虚拟空间中，形成可拆解、可复制、可转移、可修改、可删除、可重复操作的数字镜像，极大地加速操作人员对物理实体的了解，可以让很多原来由于物理条件限制、必须依赖于真实的物理实体而无法完成的操作，如模拟仿真、批量复制、虚拟装配、虚拟巡检等，成为触手可及的工具，能更便捷地进行施工管理、工艺优化、运行管理等服务。通过运行维护管理平台，在运行阶段进行故障分析和能耗分析，保证了集成制冷站的安全可靠运行，节能降耗，节约成本，如图 9-31 所示。

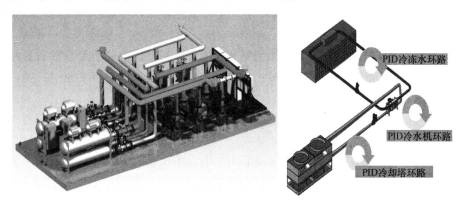

图 9-31　制冷站节能控制示意

第10章 调 试 及 检 测

系统调试是城市轨道交通工程建设阶段向运营阶段有序过渡的关键环节，通过综合联调，可以协调机电设备之间的接口技术，整合各系统的技术性能和使用功能，验证是否达到设计标准以及预定的各项性能指标。检测与认证制度是目前工程质量保证的重要环节，本章梳理了当前验收规范中有第三方检测要求的内容，对各机电安装专业常见的见证复检材料以及关键工序质量测试的抽样要求、依据方法、判定指标等进行了介绍。

10.1 城市轨道交通工程机电安装调试

城市轨道交通工程机电调试通常包括低压配电与照明系统、给水排水及消防系统、通风空调系统、火灾自动报警系统、环境与设备监控系统、门禁系统、气体自动灭火系统。调试阶段是考验整个工程的最后一关，它直接关系到产品、设备功能和安装质量是否能满足轨道交通工程的使用功能，是否达到设计功能的要求，为日后设备能否处于最佳运行状态创造先决条件。

10.1.1 机电系统联动调试概述

车站工程联调以综合监控为关键系统，设备与环境监控（BAS）、火灾自动报警（FAS）系统、通风空调系统为主要调试对象，其他专业相互配合。

在车控室或 BAS 控制室对站内设备进行监视，根据测好的相关温湿度数据和水位报警状况等，来自动调节相关设备的启停。

根据火灾报警设计运行模式要求，执行模式过程中，检测相关联动设备是否动作、防排烟功能能否实现、阀门"开""关"动作执行是否正常，须检查 BAS 与 FAS、BAS 与环控系统的联动控制。

配合地铁运营部门完成各有关应急预控，检查系统是否稳定、模式是否正常、是否满足设计功能要求。

工程各系统的配合调试工作包括动力照明、通风空调、给水排水及消防、弱电各专业之间在调试过程中的配合。各专业之间的总体协调与管理由项目技术负责人负责，各专业工程师负责本专业系统与其他相关联系统的调试协调工作，确保各系统调试工作正常进行，确保本系统与其他系统接点连接正确，确保联动调试正常进行。在进行联动调试时，各系统人员要配备到位，各司其职，积极配合。

电气工程是其他系统调试的前提条件，所以应先电气系统后其他系统，调试主线：前期电气系统调试，中期通风空调系统调试及检测，给水排水及消防各个单系统调试，后期弱电系统集成调试。通风空调系统及防排烟应在相关动力设备正常运行后进行调试及检测，并先与环境与设备监控系统系统联动，在联动调试时还要注意与火灾自动报警系统之间的联动。

10.1.2 机电系统联动调试的组织

项目部组织一个配合联动调试小组,由项目经理负责,组织和协调项目部各部门做好联动调试的配合工作。

单机调试及各系统调试阶段的专业调试组,在联动调试阶段,合并成一个大的联动调试组,互相配合、各司其职,以确保调试工作的顺利进行及调试结果的合格。

10.1.3 机电系统联动调试具备的条件

车站联动调试必须在各系统单元件、分部、分系统单体试验正常后进行。

(1) 电气装置的校验调试已符合设计部门对电网和回路的各种参数和保护特性要求,控制回路及继电保护装置、系统整组试验符合设计要求实际整定值,有关元件完整无损,所有测量表计检验合格。

(2) 配电装置、照明回路、电缆母线槽绝缘试验合格,各电机已检查并以受电运行。

(3) 各柜盘、电源箱、控制二次回路已进行模拟动作试验,受电试运行正常。

(4) 事故照明电源成套设备的受电调试,包括正常供电、充电(均充电、浮充电)停电、来电自动切换投入等已进行模拟调试。

(5) 各种防火阀、电动蝶阀、电动风阀已调试,校验及通电试运已正常。

(6) 冷冻循环系统机泵、空调柜机及盘管风机、单机运转正常。

(7) 各种水泵、污水泵、废水泵单体试运转正常。

(8) 消防自动报警系统,气体灭火系统已单系统调试正常。

(9) 车站电力监控设备安装完毕,单元件调试正常。

(10) 系统无负荷联合试运转:在竣工季节气温符合冷源的运行条件时,空调系统应做带冷源的联合试运转。

(11) 系统设计负荷联合试运转应在地下铁道试运期间达到或接近设计负荷的条件下进行。

10.1.4 机电系统联动调试的统筹措施

(1) 由于车站设备联调涉及多个系统不同承包商、供货商,中间接口多,故建议由业主牵头,监理工程师协调,成立以机电承包商为主,其他专业承包商积极参与的现场指挥小组。

(2) 由机电承包商专业提出联调计划和联调大纲,交监理工程师审批,其他各专业按计划及大纲要求派出专业人员参与。

(3) 每周定期由监理工程师召开联调协调会,汇报进度情况,及时处理联调过程中发现的问题和存在困难。

10.1.5 机电系统间接口测试及局部联动调试

(1) 电气系统本身的联调包括自动投入异地控制转换功能

1) 低压变电所及环控室主开关失压互投试验,先采用正常工作电压,接着用调压器降压，主开关和母联开关应能正常动作。

2）环控控制室 1 类、2 类负荷双回路自动切换联锁关系，模拟动作试验。模拟进线主开关，低电压跳闸试验。

3）系统结线回路中，继电器的相互动作检验及动作于开关和信号装置的检验。用一次电流和工作电压检验，继电保护装置及系统自动装置。

4）继电保护装置及系统自动装置整组检验。利用继电保护装置或系统装置跳开或投入开关的动作试验。

5）电气回路三地控制的联调。先断开设备监控的接口，进行就地、车控室的两地控制试验，再接上设备监控接口，进行三地控制联调，如果设备监控线路未有接上，可测量接口端的电压显示是否正常及符合要求。

（2）制冷联动控制必须具备下述各项功能

1）按程序和设定的时间表实现各设备间的联锁控制。

2）监测运行状态，故障报警各机泵的水流状态信号，在直接数字控制器上控制、记录、报警及显示。

3）监测冷冻水、供回水温度，压力冷冻循环水流量及冷却水供回水温度计算冷负荷。

4）根据冷冻水供水/回和主管水压力差值调节旁通阀，保证系统稳定运行。

5）消防状态下自动关闭冷冻系统，实现消防系统联动控制。

（3）通风防排烟系统与消防（FAS）、BAS 联动功能

1）车站空调通风系统，正常运行时为乘客及营运管理人员提供过渡性舒适环境，在火灾事故下冷冻空调系统停止运行，防排烟通风系统投入运行，排除烟气保证乘客和工作人员和设备的安全。

2）进入区间隧道的消防管道上的蝶阀平时关闭，当区间发生火灾时，电动蝶阀由设备监控系统开启（手动阀门为常开，值班人员只需检查是否已打开，进一步确认）。

3）区间隧道排烟系统消防联动控制

① 近车站的区间隧道位置发生火灾事故时，活塞通风组合风阀关闭，对应的隧道排烟组合风阀开启，启动隧道风机运行送风状态。

② 站远的区间隧道位置发生火灾事故时，活塞通风组合风阀关闭，对应的隧道排烟组合风阀开启，启动隧道风机运行排烟状态。

4）车站隧道排烟系统消防联动控制：当车站隧道发生火灾时，没有火灾的另一侧轨顶风管，站台底风道电动风阀关闭，关闭其中一台排烟风机电动风阀，启动另一台排烟风机进行排烟状态运行。

5）站台公共区排烟系统消防联动控制：当站台公共区发生火灾时，停止送风系统，关闭站厅层排风管电动阀门，并关闭回风电动风阀及排风机联动电动风阀，开启排烟风联动电动风阀，启动排烟风机，进行排烟状态运行（也可以启动隧道排烟系统协助排烟）。

6）站厅公共区消防联动控制：当站厅公共区发生火灾时，停止送风系统，关闭站台层排风管电动阀门，关闭回风电动风阀及排风机联动电动风阀，开启排烟风机联动电动风阀，启动排烟风机进行排烟状态运行。

7）小系统排烟系统消防联动控制：当没有排烟系统的房间、走道火灾时，停止送风

系统，关闭系统非火灾区域及回风电动阀门，启动双速风机进行高速排烟状态运行。

(4) 给水排水系统、消防给水系统与 BAS 的联动控制及监视

1) 排水系统监控联调

① 池水位高于启泵水位时，自动启泵，排水水位低于停泵水位时则自动停泵。

② 池水位高于启泵水位时，启动备用泵。

设备监控系统可控制消防泵、污水泵、废水泵起停及工开停状态、故障以及水位报警等信号。

2) 消防给水系统电动蝶阀的联动控制

在进入区间的消防管道上的电动蝶阀平时关闭，当区间发生火灾时，电动阀门由弱电设备监控系统开启，值班人员（消防员）应检查确认阀门是否在打开状态。

(5) 火灾自动报警及消防联动控制功能

1) 对空调系统控制：当火灾报警后，自动停止相应区域的空调机、送风机、排风机。关闭相应区域空调机送回风管的 70℃ 电动防火阀，并接收其反馈信号。

2) 非消防电源及警报装置控制：当确认火灾后，切断非消防电源，并接通相应区域声光讯及事故警报信号通知人员疏散，并开启相应区域的火灾报警装置。

3) 当发生火警时，主控屏自动切除非消防电源，按通火灾事故照明和疏散指示灯，并将信号反馈至主控屏。

4) 当没有排烟系统的房间、走道火灾时，消防中心可利用广播信号自动强制切换，背景音乐等公共广播，使系统进入紧急广播状态。

5) 接通紧急消防电话，外接 119 报警，可在界面单元配上紧急电话系统以便消防人员或工作人员利用设于各区域的通话插座与控制主机直接对话。

6) 消火栓系统有下列控制及显示功能：当任何一个消火破碎按钮被触动，动作后即通过系统的界面单元启动电动水阀，并将工作状态反馈至消防中心主控屏。

7) 排烟系统

① 大系统排烟系统：当火警发生时可通过系统界面单元指令回/排风机停止，回/排电动阀门关闭（该系统非火灾区域，电动阀门关闭），开启排烟电动风阀启动排烟风机进行排烟。

② 小系统排烟系统：当火警发生时通过系统界面单元指令回风电动风阀关闭（该系统非火灾区域电动风阀关闭）启动排烟风机高速排烟运行。

8) 送风系统：当火灾发生时，设备房供应新鲜空气的送风系统要马上停止工作以压制火势的迅速蔓延。

9) 关闭有关部位防火门，下降挡烟垂壁，当距出入口疏散通道最近的探测器动作后，主控屏接收其反馈信号，并发出释放挡烟垂壁指令，由控制箱控制挡烟垂壁下降（分两次下降）。

10) 电动蝶阀与设备监控联动控制：区间防灾联络通道内消防管道上的电动蝶阀平时关闭，当区间发生火灾时，电动蝶阀由弱电设备监控系统开启。

10.1.6　机电系统总体联动调试框图

车站各系统各专业联合调试相互关系如图 10-1 所示。

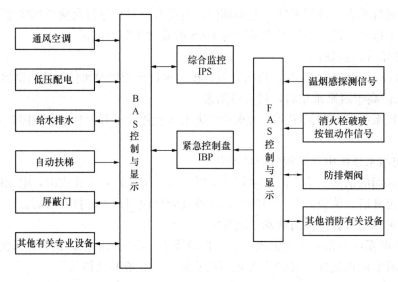

图 10-1 车站设备联调框图

10.1.7 机电系统调试报告

调试报告主要包括以下内容:

(1) 管道消毒记录。

(2) 管道吹洗记录。

(3) 回路送电检查测试记录。

(4) 电力电缆试验记录。

(5) 照明回路试亮试照记录。

(6) 电气设备绝缘检查记录。

(7) 仪表试验记录。

(8) 低压电流互感器试验记录。

(9) 电动机检查试运转。

(10) 水泵启动试运转记录。

(11) 组合式空调机组调试检验。

(12) 检测报告。

(13) 隧道风机调试报告。

(14) 风道漏风量测试记录。

(15) 通风机性能与通风系统总风量测量调整记录。

(16) 空调器性能测定与室内空气参数测定调整记录。

(17) 通风管网(分支管)技术试验(调整)记录。

(18) 风口风量测试调整记录。

(19) 单机试运转设备记录。

(20) 设备机组试车试运转记录。

(21) 调试系统图。

(22) 设备单机试车记录。

10.2 城市轨道交通工程机电安装检测

检测与认证制度是目前工程质量保证的重要环节，依据中共中央国务院关于开展质量提升行动的指导意见精神，践行工程质量检测监管工作改革，强化建设单位和检测机构的质量责任，检测工作不再是以往的"仅对来样负责"，检测机构不仅承担工程所用原材料的抽检任务，还承担现场施工质量管控技术服务工作，根据有关规范、业主的要求及工程特点，事前建立工作流程、检测频率、控制指标，事中进行过程控制、严格把关，事后进行检查分析总结、优化提高，把握工程产品的质量特征值，为工程质量控制提供数据和建设性意见。

10.2.1 材料设备的检测

城市轨道交通机电安装工程所用材料设备及附属制品必须符合国家或行业标准和设计要求，并按有关规定具备产品出厂合格证明和检验检测报告。属于国家工业产品生产许可证管理目录内的产品，应验证生产许可证明；属于中华人民共和国实行能源效率标识的产品目录的产品，应验证能效标识证明；进口电气设备、器具和材料进场验收，应提供商检证明、规格、型号、性能检测报告以及中文的安装、使用、维修和试验要求等技术文件；消防器材部件必须经检测机构强制检验或型式检验合格认可、并准许使用，包括固定灭火系统和耐火构件；在《CCC认证和型式认可消防产品目录》内的产品和部件还应取得CCC认证，提供鉴定证书、型式检验报告、型式认可证书及CCC认证证书。

有复验规定的材料设备，应按照有关规定从施工现场随机抽取试样，送至具备相应资质的检验检测机构进行检验。常见主要材料设备有：

1. 风机盘管机组

（1）目的与要求

风机盘管机组简称风机盘管，如图 10-2 所示，它是由小型风机、电动机和盘管（空气换热器）等组成的空调系统末端装置。按结构形式分为立式、卧式、壁挂式、卡式；按安装形式分为明装和暗装；按进水方位分为左式和右式；按出口静压分为低静压型和高静

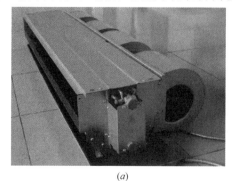

(a)   (b)

图 10-2 风机盘管

(a) 卧式风机盘管机组；(b) 风机盘管机组试验

压型；按特征分为单盘管机组、双盘管机组及其他。检测参数应包含：供冷量、供热量、风量、水压、噪声、功率。

(2) 方法与判定

《建筑节能工程施工质量验收标准》GB 50411—2019 要求同一厂家的风机盘管机组按不少于2台的比例抽样见证复验。检测参数应符合《风机盘管机组》GB/T 19232的规定。供冷量和供热量实测值不低于额定值的95%，风量实测值不低于额定值的95%，输入功率实测值应不大于表10-1规定值的110%，实测声压级噪声应不大于表10-1规定值。基本规格风机盘管的输入功率、噪声值见表10-1。

基本规格风机盘管的输入功率、噪声　　　　表10-1

规格	风量 (m³/h)	输入功率（W）			噪声[dB（A）]		
		低静压机组	高静压机组		低静压机组	高静压机组	
			30Pa	50Pa		30Pa	50Pa
FP-34	340	37	44	49	37	40	42
FP-51	510	52	59	66	39	42	44
FP-68	680	62	72	84	41	44	46
FP-85	850	76	87	100	43	46	47
FP-102	1020	96	108	118	45	47	49
FP-136	1360	134	156	174	46	48	50
FP-170	1700	152	174	210	48	50	52
FP-204	2040	189	212	250	50	52	54
FP-238	2380	228	253	300	52	54	56

2. 绝热材料

(1) 目的与要求

绝热材料是指能阻滞热流传递的材料，又称热绝缘材料。传统绝热材料，如玻璃纤维、石棉、岩棉、硅酸盐等，新型绝热材料，如气凝胶毡、真空板等，如图10-3所示。它们用于建筑围护或者热工设备、阻抗热流传递的材料或者材料复合体，既包括保温材料，也包括保冷材料。绝热材料一方面满足了建筑空间或热工设备的热环境，另一方面也节约了能源。

依据《建筑节能工程施工质量验收标准》GB 50411—2019，同一厂家同材质的保温材料见证取样送检的次数不得少于2次；依据《绿色建筑工程施工质量验收规范》DGJ32/J 19—2015，同厂家、同材质的保温材料，其复验次数不得少于2次。具体取样数量为：有机板材10m²；无机板材3m²。检测参数：导热系数、密度、吸水率、燃烧性能。

(2) 方法与判定

吸水率按现行国家标准《矿物棉及其制品试验方法》GB/T 5480规定，燃烧性能按现行国家标准《建筑材料不燃性试验方法》GB/T 5464规定，导热系数和密度按现行国

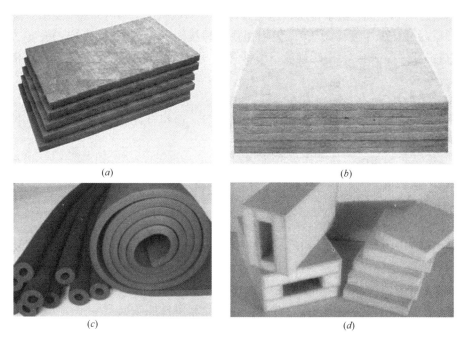

图 10-3 绝热材料
(a) 岩棉板；(b) 玻璃棉板；(c) 柔性泡沫橡塑；(d) 玻镁风管

家标准《绝热材料稳态热阻及有关特性的测定 防护热板法》GB/T 10294、《绝热材料稳态热阻及有关特性的测定 热流计法》GB/T 10295 和《绝热层稳态传热性质的测定 圆管法》GB/T 10296 规定。

3. 金属管材

(1) 目的与要求

金属管材以材料来分，主要有钢管、铸铁管、铜管、不锈钢管等；以生产工艺和用途来分，主要有一般用途焊接钢管、低压流体输送用焊接钢管、普通流体输送管道用埋弧焊钢管、污水用球墨铸铁管等，其中建筑给水排水工程中常用的金属管材为焊接钢管和铸铁管两类，如图 10-4 所示。

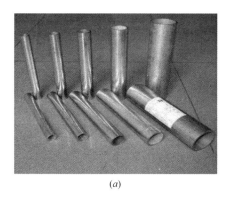

图 10-4 金属管材
(a) 镀锌钢管图；(b) 铸铁管

根据现行国家标准《给水排水管道工程施工及验收规范》GB 50268 要求检测以下参数：镀锌层质量（焊接镀锌钢管）、无损探伤（焊接镀锌钢管）、接头抗拉强度（焊缝钢管）、抗拉强度（铸铁管）、布氏硬度（铸铁管）、焊缝质量（焊接钢管）、尺寸规格、表面及涂覆质量、水压试验。

（2）方法与判定

1）焊缝质量（焊接钢管）、涂覆质量（铸铁管）应符合现行国家标准《给水排水管道工程施工及验收规范》GB 50268 要求。

2）其他参数按相应产品标准要求判定。

3）检测结果除应满足以上标准外，尚应满足设计文件的要求。

4. 电线电缆

（1）目的与要求

电线电缆如图 10-5 所示，广泛应用于工程建设当中，是电气工程中不可或缺的一部分。2017 年西安地铁三号线出现的问题电缆，已经给全国的工程建设以及产品质量敲响了警钟。按标准规范要求现场抽样检测绝缘厚度、非金属护套厚度、绝缘材料机械性能、护套材料机械性能、导体电阻、绝缘电阻、电压试验等性能参数。

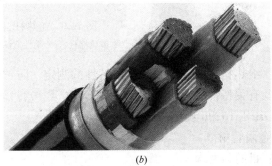

(a)   (b)

图 10-5 电线电缆
(a) 普通聚氯乙烯绝缘电线；(b) 电力电缆

（2）方法与判定

电线电缆的技术指标应满足表 10-2 的要求。

电线电缆的技术指标　　　　　　表 10-2

检测项目	技术指标
绝缘厚度	平均值、最小值≥指标
非金属护套厚度	平均值、最小值≥指标
绝缘材料机械性能	抗张强度、断裂伸长率中间值≥指标，变化率中间值≤指标
护套材料机械性能	抗张强度、断裂伸长率中间值≥指标，变化率中间值≤指标
导体电阻	符合《电缆的导体》GB/T 3956 要求
绝缘电阻	≥指标
电压试验	不击穿

5. 建筑机电设备抗震支吊架

（1）目的与要求

建筑机电设备抗震支吊架与建筑结构体牢固连接，以地震力为主要荷载的抗震支撑设施。由锚固体、加固吊杆、抗震连接构件及抗震斜撑组成，如图 10-6 所示，其质量直接影响建筑的安全使用。根据现行行业标准《建筑机电设备抗震支吊架通用技术条件》CJ/T 476 要求，对外观、尺寸、部件荷载性能、组件荷载性能、抗疲劳性能、防腐蚀性能、耐火性能等项目进行检验。

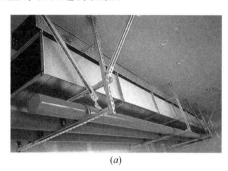

(a)   (b)

图 10-6 建筑机电设备抗震支吊架
（a）建筑机电设备抗震支吊架；（b）单管斜撑支吊架组件荷载性能

（2）方法与判定

设计、材料和施工条件相同的抗震支吊架工程，同层每 100 套为一个检验批，不足 100 套也应划分为一个独立检验批。每个检验批，应至少抽查 3 套；重要机房中的抗震支吊架应全检。建筑机电设备抗震支吊架技术指标应满足表 10-3 的要求。

建筑机电设备抗震支吊架的技术指标　　　　表 10-3

检测项目	技术指标
外观	表面工整光洁，无加工缺陷、碰伤、毛刺
尺寸	制造公差符合规定
部件荷载性能	额定荷载作用下，持续 1min，部件无断裂和永久变形
组件荷载性能	15 次循环加载，样品无断裂和超过范围的变形

10.2.2 通风空调系统检测

通风及空调系统调试工作是施工合同造价一部分，工作量较大，需要施工单位投入较多的技术人员和工人，如果没有做好调试会产生制冷效果不好、部分区域等风量不平衡（如没风或风小）、设备报警、风机反转和烧毁等后果。通过检测可以验证设计是否合理、施工是否规范、调试是否到位、结果是否符合。

1. 风管强度与严密性

（1）目的与要求

风管的强度和严密性试验是检验风管安装质量的有效手段，如图 10-7 所示。风管强度低或不严密可能导致风管漏风量偏大，从而增加了系统的能耗，室内温度和相对湿度难以达到设计要求。《通风与空调工程施工质量验收规范》GB 50243—2016 要求以总管和干

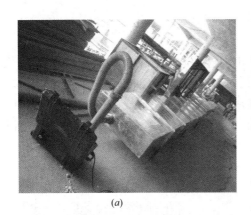 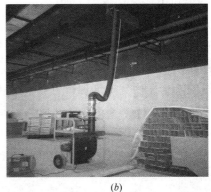

图 10-7 风管强度和严密性试验
(a) 安装前的风管强度试验；(b) 安装后的风管严密性试验

管为主要抽检对象，采用分段检测，汇总综合分析的方法。检验样本风管宜为 3 节及以上组成，且总表面积不应少于 15m²。

(2) 方法与判定

1) 风管强度：风管强度应满足微压和低压风管在 1.5 倍的工作压力、中压风管在 1.2 倍的工作压力且不低于 750Pa、高压风管在 1.2 倍的工作压力下，保持 5min 及以上，接缝处无开裂，整体结构无永久性的变形及损伤为合格。

2) 风管严密性：风管的严密性测试应分为观感质量检验与漏风量检测。

① 观感质量检验：可应用于微压风管，也可作为其他压力风管工艺质量的检验，结构严密与无明显穿透的缝隙和孔洞应为合格。

② 漏风量检测：在规定工作压力下，风管系统漏风量不大于表 10-4 规定值应为合格。

风管允许漏风量　　　　表 10-4

风管类别	允许漏风量[m³/(h·m²)]
低压风管	$Q_l \leqslant 0.1056P^{0.65}$
中压风管	$Q_m \leqslant 0.0352P^{0.65}$
高压风管	$Q_h \leqslant 0.0117P^{0.65}$

2. 现场组装的组合式空调机组漏风率

(1) 目的与要求

组合式空调机组不自带冷热源，由各空气处理功能段组装而成，适用于阻力不小于 100Pa 的空调系统，空气处理功能段有空气混合、均流、过滤、冷却、一次和二次加热、去湿、加湿、送风、回风、喷水、消声、热回收等功能，是城市轨道交通工程地下车站公共区域（站厅、站台）及人员设备管理用房的空气调节常用的集中供给方式。

组合式空调机组漏风过多直接导致送风量不足；在夏季，处于负压的空气处理室漏风，会使未经处理的热湿空气进入送风系统，导致机器露点不能满足设计要求，送风温度参数也就无法得到保证。

(2) 方法与判定

1) 多进风口机组，应将各进风口汇集成一个测量风管；试验机组进风口至测量断面应严密，不允许漏气，如图 10-8 所示。

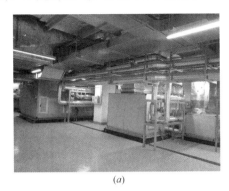 

(a) (b)

图 10-8 机组漏风率试验

(a) 现场组装的合式空调机组；(b) 机组漏风率现场试验

2) 仅在负压段工作的机组，按负压 400Pa 试验；在正压下工作的机组，按正压 700Pa 试验，漏风率不应大于 2%。

3. 多联机空调系统（VRV 空调）制冷剂管道的气密性

(1) 目的与要求

制冷剂管道系统的作用是将制冷压缩机、冷凝器、节流阀和蒸发器等制冷设备、阀门和仪表等连结在一起，构成一个封闭循环系统，输送或使制冷剂在管道系统内往复循环，从而将冷（热）量传送到末端，管道缺陷将直接影响使用功能，如图 10-9（a）所示。

(2) 方法与判定

气密性试验应采用干燥压缩空气或氮气进行。实验前应检查系统各控制阀门的开启状况，保证系统的手动阀和电磁阀全部开启，并应拆除或隔离系统中易被高压损坏的器件。

系统检漏时，应在规定的试验压力下，用肥皂水或其他发泡剂刷抹在焊缝、喇叭口扩口连接处等处检查，不得泄漏，如图 10-9（b）所示。系统保压时，应充气至规定的试验压力，并记录压力表读数，经 24h 以后再检查压力表读数，其压力降应按式（10-1）计算，且压力降不应大于试验压力的 1%。

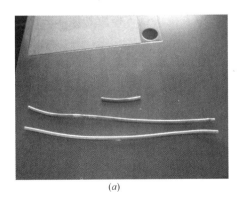 

(a) (b)

图 10-9 制冷剂管道

(a) 有缺陷的制冷剂管道；(b) 制冷剂管道气密性现场试验

$$\Delta p = p_1 - \frac{273+t_1}{273+t_2}p_2 \tag{10-1}$$

式中 Δp——压力降（MPa）；

p_1——开始时系统中的气体压力（MPa，绝对压力）；

p_2——结束时系统中的气体压力（MPa，绝对压力）；

t_1——开始时环境的温度（℃）；

t_2——结束时环境的温度（℃）。

4. 空调水管道的水压试验

（1）目的与要求

为了检查空调水系统管路的机械强度与严密性，管道系统安装完毕，外观检查合格后，管道保温之前进行水压试验，如图10-10所示。试验压力应符合设计要求。当设计未注明时，应符合下列规定：

(a)

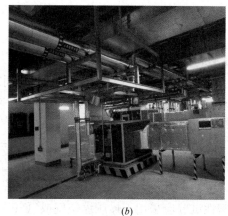
(b)

图 10-10 空调水管道

(a) 隐蔽前的管道水压试验；(b) 施工完的空调水管道

1）蒸汽、热水采暖系统，应以系统顶点工作压力加 0.1MPa 作水压试验，同时在系统顶点的试验压力不小于 0.3MPa。

2）高温热水采暖系统，试验压力应为系统顶点工作压力加 0.4MPa。

3）使用塑料管及复合管的热水采暖系统，应以系统顶点工作压力加 0.2MPa 作水压试验，同时在系统顶点的试验压力不小于 0.4MPa。

4）冷（热）水、冷却水与蓄能（冷、热）系统的试验压力，当工作压力小于或等于 1.0MPa 时，应为 1.5 倍工作压力，最低不应小于 0.6MPa；当工作压力大于 1.0MPa 时，应为工作压力加 0.5MPa。

（2）方法与判定

使用钢管及复合管的采暖系统应在试验压力下 10min 内压力降不大于 0.02MPa，降至工作压力后检查，不渗、不漏；使用塑料管的采暖系统应在试验压力下 1h 内压力降不大于 0.05MPa，然后降压至工作压力的 1.15 倍，稳压 2h，压力降不大于 0.03MPa，同时各连接处不渗、不漏；对于大型、高层建筑等垂直位差较大的冷（热）水、冷却水管道系统，当采用分区、分层试压时，在该部位的试验压力下，应稳压在 10min，压力不得下降,再将系统压力降至该部位的工作压力,在60min内压力不得下降、外观检查无渗漏为合格。

5.通风空调系统(环控系统)综合效能与系统节能性能

(1)目的与要求

轨道交通工程与民用建筑通风空调系统区别较大,主要是因为轨道交通工程的地下部分通风空调系统的运行模式多。按系统形式可以分开式系统、闭式系统(集成闭式系统)、屏蔽门系统,子系统包括区间通风系统、车站隧道通风系统、车站公共区通风空调系统、车站设备及管理用房通风空调系统、车站制冷供冷系统、高架站多联机空调系统。通风空调系统作为环境控制核心部分,担负着正常工况的通风、供冷、供热以及事故工况的火灾通风等功能,在工程中占有重要的地位。通过对影响环境的温度、相对湿度、空气流速和空气品质等主要因素的控制来排除余热和余湿,提供人员所需的新风量,创造出一个适于工业设备正常运转、人员安全舒适的人工环境。

根据现行国家标准《通风与空调工程施工质量验收规范》GB 50243、《建筑节能工程施工质量验收标准》GB 50411要求检测室内温度、相对湿度、室内噪声、各风口风量、通风与空调系统总风量、空调机组水流量、空调系统冷热水、冷却水总流量,并满足以下抽样要求:

1)室内温度、相对湿度、噪声按房间总数抽测10%;各风口风量按风管系统数量抽查10%,且不得少于1个系统。

2)通风与空调系统总风量按风管系统数量抽查10%,且不得少于1个系统。

3)空调机组水流量按系统数量抽查10%,且不得少于1个系统。

4)空调系统冷热水、冷却水总流量全数检测,如图10-11(a)所示。

(a) (b)

图10-11 通风空调系统综合效能检测
(a)系统水流量检测;(b)风口风量平衡检测

(2)方法与判定

1)室内温度、相对湿度:舒适性空调的室内温度、相对湿度及波动范围应符合或优于或设计要求。

2)室内噪声:室内噪声应符合设计要求。

3) 各风口风量：系统经过风量平衡调整，各风口及吸风罩的风量与设计风量的允许偏差不应大于15%；变风量末端装置的最大风量调节结果与设计风量的允许偏差应为0~15%，如图10-11（b）所示。

4) 系统总风量：系统总风量调试结果与设计风量的允许偏差应为－5%~10%，新风量的允许偏差应为0~10%。

5) 空调机组水流量：水系统平衡调整后，定流量系统的各空气处理机组的水流量应符合设计要求，允许偏差应为15%，变流量系统的各空气处理机组的水流量应符合设计要求，允许偏差应为10%。

6) 空调水系统总流量：各台制冷机及冷却塔的水流量与设计流量的偏差不应大于10%。

10.2.3 给水排水系统检测

城市轨道交通工程给水排水系统分室内给水系统、室内排水系统、卫生器具、室外给水管网、室外排水管网五个子分部，随着节地、节水、节材、节能的力度不断加大，绿色建筑的不断推广，有些地铁车辆段工程设计了室内热水系统、建筑中水系统及雨水利用系统。检测的主要内容有管网强度试验、严密性试验、灌水试验、通球试验、给水管道水质检测等。

1. 室内给水系统试验

（1）目的与要求

室内给水管道的水压试验必须符合设计要求。当设计未注明时，各种材质的给水管道系统试验压力均为工作压力的1.5倍，但不得小于0.6MPa。

（2）方法与判定

金属及复合管给水管道在试验压力下观测10min，压力降不应大于0.02MPa，然后降到工作压力进行检查，应不渗不漏；塑料管给水系统应在试验压力下稳压1h，压力降不得超过0.05MPa，然后在工作压力的1.15倍状态下稳压2h，压力降不得超过0.03MPa，同时检查各连接处不得渗漏。

2. 室外给水系统试验

（1）目的与要求

室外给水管道系统试验压力为工作压力的1.5倍，但不得小于0.6MPa。

（2）方法与判定

管材为钢管、铸铁管时，在试验压力下观测10min，压力降不应大于0.05MPa，然后降到工作压力进行检查，压力应保持不变，不渗不漏；管材为塑料管时，在试验压力下稳压1h，压力降不大于0.05MPa，然后降到工作压力进行检查，压力应保持不变，不渗不漏。

3. 无压力管道闭气试验

（1）目的与要求

按现行国家标准《给水排水管道工程施工及验收规范》GB 50268要求进行气体压力检测，闭气试验时，地下水位低于管外底150mm，环境温度应为－15~50℃，对闭气试验的排水管道两端管口与管堵接触部分的内壁应进行处理，使其洁净磨光。

(2) 方法与判定

规定标准闭气试验时间下，管内实测气体压力 $P \geqslant 1500Pa$，则管道闭气试验合格。

4. 通球试验

(1) 目的与要求

室内排水立管或干管在安装结束后，为了测试建筑管道的防堵塞能力，需用直径不小于管径 2/3 的橡胶球、铁球或木球进行管道通球试验。现场检测时，检测管道必须完全符合图纸，即按图施工；管道检测前应预先清洁，可用水冲洗。

(2) 方法与判定

通球试验必须 100% 合格。

10.2.4 配电及照明系统检测

本节主要依据《建筑电气工程施工质量验收规范》GB 50303—2015 介绍电气系统的绝缘测试、照明系统的照度测试以及防雷接地测试。线路的绝缘性能是电气安全的重要指标，常见因材料质量问题导致电缆绝缘和护套老化；或因施工原因，敷设过程中刮破护套及绝缘层，也会造成绝缘电阻不合格。随着我国国民经济的迅速发展，智能设备及电子信息系统的广泛应用对雷击灾害的预防越来越严苛，雷电灾害的发生往往对此类场所造成极其严重后果。为把雷电灾害减少到最低程度，我们必须增强防雷减灾意识，防雷装置安全检测尤其值得我们重视。

1. 线路绝缘

(1) 目的与要求

线路的绝缘性能是电气安全的重要指标，要求在各种电气设备的保养、维修、试验及检定中每检验批的线路数量抽检 20% 作绝缘测试。

(2) 方法与判定

回路电压 500V 以下的低压或特低电压配电线路线间和线对地间的绝缘电阻测试电压及绝缘电阻值不应小于 $0.5M\Omega$；回路电压 500V 以上的低压或特低电压配电线路线间和线对地间的绝缘电阻测试电压及绝缘电阻值不应小于 $1M\Omega$，矿物绝缘电缆线间和线对地间的绝缘电阻应符合产品技术标准的规定。

2. 照明

(1) 目的与要求

轨道交通作为人流密集的地下公共空间，灯光照明设计在地铁环境设计扮演着举足轻重的角色。受自然采光、人流密度、区域功能、光环境舒适度等因素影响，不同区域的照明需求不尽相同。一般采用的照明方式有基础照明、导向照明、装饰照明、区间照明、广告照明、应急照明。

(2) 方法与判定

照度、显色指数、统一眩光值、照明功率密度应满足现行国家标准《城市轨道交通照明》GB/T 16275、《建筑照明设计标准》GB 50034 和设计文件中相关功能区域的技术要求，如图 10-12 所示。

3. 防雷接地

(1) 目的与要求

图 10-12 照明检测
(a) 站厅层现场检测；(b) 道岔区现场检测

雷电灾害的发生往往会对智能设备及电子信息系统造成严重后果，检测工作应根据建构筑物防雷措施的实际情况及设计图纸，依照不同防雷措施的特点全面、有序地开展工作，同时注重重点场所，重点部位的雷电防护安全性能的检测工作，真实反映建筑物综合防雷系统安全性能的实际状况，如图 10-13 所示。

图 10-13 雷电防护安全性的检测
(a) 利用底板钢筋网作接地连接线；(b) 利用柱主筋作防雷引下线；
(c) 等电位连接测试；(d) 接地电阻测试

（2）方法与判定

1）应对接闪器材料规格、施工工艺、过渡电阻进行检测。检测时，选取不同类型接闪器或不同材料接闪器一个点。现场检测注意，下雨天或雷暴天应停止检测，需登高作业应佩戴安全带等必要防护设备。

2）引下线应检测材料规格、施工工艺、过渡电阻。检测时，选取任一引下线的一点，过渡电阻应全数检测。下雨天或雷暴天应停止检测，需登高作业应佩戴安全带等必要防护设备。

3）接地装置需检测接地电阻，每一个建筑物的接地装置选择一个检测点。检测前应向受检单位要求设计施工图，接地桩位置应避开地下管线，下雨天或土壤冻结时不宜进行检测。

4）所有的浪涌保护器均需要检测压敏电压、泄露电流、绝缘电阻。检测必须在电气线路未通电时进行，必须提供相应的施工图纸和技术核定文件。

参 考 文 献

[1] 中华人民共和国国家标准. 地下铁道工程施工质量验收标准 GB 50299—2018[S]. 北京：中国建筑工业出版社，2018.

[2] 国家建筑标准设计图集. 地铁电气工程设计与施工 14DX010[S]. 北京：中国建筑标准设计研究院，2014.

[3] 地铁工程机电设备系统重点施工工艺 14ST201-16[S]. 北京：中国建筑标准设计研究院，2015.

[4] 中华人民共和国国家标准. 通风与空调工程施工质量验收规范 GB 50243—2016[S]. 北京：中国建筑工业出版社，2016.

[5] 中华人民共和国国家标准. 地铁设计规范 GB 50157—2013[S]. 北京：中国建筑工业出版社，2013.

[6] 中华人民共和国国家标准. 自动喷水灭火系统施工及验收规范 GB 50261—2017[S]. 北京：中国建筑工业出版社，2017.

[7] 中华人民共和国国家标准. 建筑工程施工质量验收统一标准 GB 50300—2001[S]. 北京：中国建筑工业出版社，2013.

[8] 中华人民共和国国家标准. 制冷设备、空气分离设备安装工程施工及验收规范 GB 50274—2010[S]. 北京：中国建筑工业出版社，2010.

[9] 中华人民共和国国家标准. 工业金属管道工程施工规范 GB 50235—2010[S]. 北京：中国建筑工业出版社，2010.

[10] 中华人民共和国国家标准. 工业设备及管道绝热工程设计规范 GB 50264—2008[S]. 北京：中国建筑工业出版社，2008.

[11] 中华人民共和国国家标准. 风机、压缩机、泵安装工程施工及验收规范 GB 50275—2010[S]. 北京：中国建筑工业出版社，2014.

[12] 中华人民共和国国家标准. 工业阀门 标志 GB/T 12220—2015[S]. 北京：中国建筑工业出版社，1990.

[13] 中华人民共和国国家标准. 通风管道耐火试验方法 GB/T 17428—2009[S]. 北京：中国建筑工业出版社，2009.

[14] 城市轨道交通工程质量监督实务[M]. 南京：东南大学出版社，2018.

[15] 城市轨道交通工程设备安装调试作业指南[M]. 北京：中国建筑工业出版社，2015.

[16] 中华人民共和国国家标准. 给水排水管道工程施工及验收规范 GB 50268—2008[S]. 北京：中国建筑工业出版社，2008.

[17] 中华人民共和国国家标准. 建筑给水排水及采暖工程施工质量验收规范 GB 50242—2002[S]. 北京：中国建筑工业出版社，2002.

[18] 中华人民共和国国家标准. 建筑给水排水设计标准 GB 50015—2019[S]. 北京：中国建筑工业出版社，2009.

[19] 中华人民共和国国家标准. 城市轨道交通给水排水系统技术标准 GB/T 51293—2018[S]. 北京：中国建筑工业出版社，2018.

[20] 杨雪明. 浅谈机电安装工程预制装配化施工技术[J]. 安装，2018(6).

[21] 程建波. 机电安装工程预制装配式施工技术及其发展趋势[J]. 江西建材,2018,237(12):13-14.
[22] 肖俊阳,陈侣辰,郝哲. 整体预制装配技术在机电安装工程的应用[J]. 中国设备工程,2018,403(18):118-119.
[23] 王润华. 预制装配式建筑施工技术及其配套装备的创新研究[J]. 工程建设与设计,2018,394(20):211-212.